职业教育“人工智能+”新形态一体化教材

Web 前端开发技术（AIGC版）

主　编◎蓝永健　刘径平

副主编◎古振忠　谢秀玲　蔡秀梅

参　编◎何倍廷　韦　权　黄洁燕

李天凤　邓爱玲　林丽婷

陈晓丽　陈利娟　范智峰

本书秉持“学生易学”的理念，注重实践能力训练，内容编排遵循“零基础入门—— 技能进阶—— 实战应用”的递进式教学路径，以企业级项目实战任务为载体，精选了“企业网站”“美丽乡村网站”“数字智慧党建网站”3 个真实的案例。主教材把这 3 个案例分解成 9 个单元，内容包括搭建开发环境、HTML 基础、HTML 进阶、CSS 基础、CSS 盒子模型、CSS 弹性布局、CSS 动画、JavaScript 基础和 JavaScript 进阶，侧重理论讲解与示例演示。实训手册共 10 个单元，在主教材对应实训内容的基础上增加了制作数字智慧党建网站的完整项目实战，并采用 AIGC 辅助开发的模式，帮助读者实现自然语言生成代码、代码续写、代码优化、代码解释、注释生成以及研发智能问答等 多项功能。主教材与实训手册相辅相成，引导学生运用人工智能工具完成网页开发全流程，形成了一套融“教、学、做、用”于一体的系统化教学方法。

本书可以作为各类职业院校 Web 前端开发和网站开发相关课程的教材，也可以作为 Web 前端开发爱好者的学习参考书。

本书配有微课视频、教学课件、课程标准、习题答案、程序源代码、实训手册、拓展任务案例和考试试卷，选用本书作为教材的教师可登录机械工业出版社教育服务网（www.cmpedu.com）注册后免费下载，或联系编辑（010-88379194）咨询。本书还整合了超星“示范教学包”，为师生提供一站式的“能学、辅教”的数字化课程资源服务，提升教学质量与效率。

图书在版编目（CIP）数据

Web 前端开发技术 ： AIGC 版 / 蓝永健，刘径平主编．北京 ： 机械工业出版社，2025. 6. --（职业教育“人工智能 +”新形态一体化教材）. -- ISBN 978-7-111-78754-9

Ⅰ. TP393. 092. 2

中国国家版本馆 CIP 数据核字第 2025LD9714 号

机械工业出版社（北京市百万庄大街 22 号　邮政编码 100037）

策划编辑：李绍坤　　　责任编辑：李绍坤　张星瑶

责任校对：龚思文　张亚楠　　　封面设计：马精明

责任印制：邓　博

北京中科印刷有限公司印刷

2025 年 9 月第 1 版第 1 次印刷

184mm×260mm • 17.75 印张 • 427 千字

标准书号：ISBN 978-7-111-78754-9

定价：54.90 元（含实训手册）

电话服务

客服电话：010-88361066

010-88379833

010-68326294

网络服务

机　工　官　网：www.cmpbook.com

机　工　官　博：weibo.com/cmp1952

金　　书　　网：www.golden-book.com

机工教育服务网：www.cmpedu.com

前言

本书由主教材和实训手册两部分组成，结合Web前端开发课程的发展背景，以实际项目为驱动，系统地介绍了Web前端开发的相关知识和技能。本书以社会主义核心价值观为引领，传承中华传统文化，内容体现时代性和创造性，注重立德树人，采用“项目引导、单元驱动”式教学法，设计了9个单元，通过实际操作提升学生的实践能力。

一、编写特色

1. 注重学生素养提升，落实立德树人根本任务

在编写过程中，注重将立德树人的教育理念融入教材内容中，系统地设计了工匠精神、精益求精，家国情怀、为国育人，技术自信、勇于创新，严谨规范、攻坚克难，与时俱进、终身学习等学生素养元素主线，贯穿于整本教材，体现“价值塑造、知识传授、能力培养”三位一体的人才培养目标。

2. 融入 AIGC 辅助学习工具，提升学习效率和质量

本书巧妙地融入了AIGC（人工智能生成内容）辅助学习工具，并在实训手册中重点练习。利用这些工具，学生可以实现自然语言生成代码、行级和函数级代码续写、代码优化、代码注释生成、测试数据生成、代码解释以及研发智能问答等多项功能，极大地提升了学习效率和质量，满足个性化学习需要，提升学生的人工智能素养。

在实训手册中，构建“AI+场景化开发”训练体系，详细设计了与AIGC辅助学习工具的结合使用方法。在局部网页模块制作阶段，通过自然语言交互生成HTML、CSS布局代码；在全站网页开发阶段，支持HTML、JavaScript和CSS智能代码补全，以及实时代码注释和解释；在调试阶段，可根据输入报错信息获得AI建议和指导。同时，设置大量的企业案例实战练习，让学生在使用AIGC工具解决具体问题的过程中，深化对知识的理解，在真实工程场景中掌握Web前端开发技术和经验。

3. 项目引导、单元驱动，力求“学生易学、乐学”

本书内容编排遵循“零基础入门——技能进阶——实战应用”的递进式教学路径，精选了3个真实的项目案例，并将其分解为9个单元，每个单元再细化为2～5个子任务，形成了一套融“教、学、做、用”于一体的教学系统。

4. 提供教学“一站式”解决方案，践行“老师易教、乐教”

本书提供了丰富的数字化、立体化教学资源，包括微课视频、教学课件、课程标准、习题答案、程序源代码、实训手册、拓展任务案例和考试试卷，最大限度地满足教学实施、课程考评等需求。此外，本书配套建立超星“示范教学包”，定位“能学、辅教”，共享优质教学资源。

5. 校企双元开发，融合企业真实案例

本书由职业院校与企业资深工程师共同完成，引入3个企业真实案例，以项目化理念重构教学内容。编写成员包括具有多年教学经验的双师型职业院校教师以及来自企业开发一线、具有丰富实践经验的工程师；企业工程师参与教材项目的选取、项目的设计和资源制作等环节。

二、主要内容

本书采用双线并行设计：教学主线以“企业网站”和“美丽乡村网站”贯穿始终，循序渐进地讲解核心知识；研发线则以“数字智慧党建网站”为综合实践项目，系统地培养学生运用HTML、CSS、JavaScript和JSON的工程能力。下表是学时分配建议，教学实施时可参考并灵活调整。

单元	技能点	任务规划	72学时	90学时
单元1　搭建开发环境	Web前端开发概述，Web前端开发常用术语，HTML5的基本结构，Web浏览器简介，Web开发工具简介，AI辅助编程工具简介	HBuilder X的安装和使用，Visual Studio Code的安装和使用，浏览器的安装和使用，Dreamweaver的安装和使用，PHPStudy的安装和使用	2	4
单元2　HTML基础	HTML标记和语义元素，HTML文本标记，HTML超链接，HTML图像，HTML表格	制作企业简介网页，制作企业统计表网页，制作企业联系方式网页	6	8
单元3　HTML进阶	HTML列表，HTML5媒体元素，HTML5表单控件，HTML内联框架	制作企业视频宣传网页，制作志愿活动征集表单网页，制作音频播放网页和招聘报名网页	6	8
单元4　CSS基础	CSS和CSS3简介，引入CSS，CSS基本语法，CSS文本属性，CSS常用背景属性，CSS的选择器与权重，CSS表格与列表属性	美化企业简介网页，制作工匠技能认证网页，美化用户登录网页和招聘报名网页	8	10
单元5　CSS盒子模型	盒子模型的概念，盒子模型的构成属性，盒子模型的定位	制作美丽乡村首页，制作下拉菜单式网站导航，制作民宿详情网页	8	10
单元6　CSS弹性布局	Flex布局简介，Flex容器属性，Flex项目属性，媒体查询与响应式布局	制作美丽乡村新闻网页，制作瀑布流相册，制作新闻详情介绍网页	8	10
单元7　CSS动画	CSS动画简介和坐标系，transform变形属性，transition过渡属性，animation动画属性	制作美丽乡村照片墙网页，制作客栈网页的遮罩效果，制作新闻网页的动画效果	8	8
单元8　JavaScript基础	JavaScript简介，语法基础，数据类型，运算符，数据类型转换，流程控制语句，函数，对象	制作网页版计算器，制作网页贷款计算器，制作表单注册验证网页	8	12
单元9　JavaScript进阶	DOM简介，DOM对象操作，BOM简介和操作，JavaScript事件处理，JavaScript JSON，JavaScript Ajax	渲染美丽乡村网站首页；制作Tab选项卡效果，制作直播评论弹幕网页	10	12
单元10　制作数字智慧党建网站		项目描述，网站规划，制作管理后台的注册网页和登录网页，制作管理后台的用户列表网页，制作网站的图片列表网页，制作网站的新闻列表网页，制作网站的首页	8	8

主教材侧重理论讲解与示例演示，对应“技能点”模块；实训手册创新采用AIGC辅助开发模式，通过企业级项目实战任务，引导学生运用智能工具完成网页开发全流程，对应“任务规划”模块，充分体现“项目驱动、任务引领”的职业教育特色。

三、编写队伍及分工

本书由蓝永健和刘径平担任主编，古振忠、谢秀玲、蔡秀梅担任副主编，何倍廷、韦权、黄洁燕、李天凤、邓爱玲、林丽婷、陈晓丽、陈利娟和范智峰参加编写。其中，蓝永健编写了单元2、单元3和实训手册的单元10，刘径平编写了单元8和单元9，古振忠编写了单元5和单元6，谢秀玲编写了单元1和单元7，蔡秀梅编写了单元4。何倍廷、韦权、黄洁燕、李天凤、邓爱玲、林丽婷、陈晓丽和陈利娟分别完成了单元2～单元9练习题库、拓展任务和实训任务书的编写工作。范智峰提供了企业项目和案例并参与了单元项目的设计和资源制作。全书由蓝永健统稿。

由于编者水平有限，书中难免存在不妥和疏漏之处，欢迎广大读者提出宝贵意见。

编　者

二维码索引

（续）

名称	图形	页码	名称	图形	页码
5-4 元素的定位属性position设置示例		076	7-2 水果放大效果展示页演练		101
6-1 Flex弹性布局应用演示		081	7-3 图片立方体展示页演练		103
6-2 flex-direction属性演示		082	7-4 水果图片过渡效果演练		105
6-3 flex-wrap属性演示		084	7-5 网页进度条动画		108
6-4 justify-content属性演示		085	7-6 民宿酒店轮播图网页演练		110
6-5 align-content属性演示		087	8-1 第一个JavaScript程序		116
6-6 align-items属性演示		089	8-2 JavaScript对象的定义和使用		117
6-7 flex-grow属性演示		091	8-3 JavaScript数组的定义和使用		118
6-8 flex-shrink属性演示		092	8-4 JavaScript条件和字符运算符的使用		120
6-9 媒体查询语法演示		095	8-5 JavaScript数据类型转换		122
7-1 2D变形的综合演示		100	8-6 成绩等级情况判断		124

（续）

名称	图形	页码	名称	图形	页码
8-7　星期的判断		125	9-3　navigator和screen对象示例		140
8-8　for循环结构		126	9-4　history和location对象示例		142
8-9　计算1～100的所有整数的累加和		127	9-5　鼠标、键盘、窗口事件示例		144
8-10　使用break和continue跳出循环		128	9-6　表单事件示例		145
8-11　函数的定义和使用		129	9-7　事件绑定与监听示例		147
8-12　字符串和数组函数的使用		131	9-8　解除事件绑定与监听示例		148
9-1　DOM元素的增删改查		134	9-9　Ajax的使用示例		151
9-2　遍历DOM并执行操作		136			

目录

单元 1

搭建开发环境

情景导入

想象一下，站在一座宏伟的城堡前，这座城堡是梦想之地——互联网世界。如果想要成为这片领地的建筑师，用代码建造出属于自己的网页城堡，则需要在开始建造之前准备好工具和材料，搭建起一个稳固的开发环境。

同样，作为网页开发者，也需要一个强大的编辑器来编写代码，一个可靠的浏览器来浏览作品，以及其他必要的开发工具来提升工作效率。现在，即将踏上这个令人兴奋的旅程，搭建起开发环境，并创建出第一个网页。这个网页可能很简单，但它将是编程之路的起点，标志着正式踏入前端开发的大门。

在这个过程中，不仅可以学会如何搭建一个高效的开发环境，还可以初步了解HTML、CSS和JavaScript等技术，这些知识将成为未来网页开发的基石。一起开始这个旅程，搭建开发环境，创建第一个网页，并一步步走上成为前端开发工程师的道路吧！

学习目标

- 了解Web前端开发的发展历程和特点。
- 了解Web前端开发的常用术语。
- 掌握HTML文档的结构和组成部分。
- 了解常见的Web浏览器。
- 了解Web开发工具，掌握安装Visual Studio Code和HBuilderX软件的方法。
- 了解辅助编程的AI工具或者插件。
- 学会创建第一个网页并在浏览器中调试网页的效果。
- 通过实际操作和练习，培养解决问题和动手实践的能力，为后续的学习和开发打下坚实的基础。

1.1 Web 前端开发概述

1.1.1 Web 前端开发的发展历程

20 世纪 90 年代，互联网刚刚兴起，网页设计主要通过 HTML（超文本标记语言）来实现。HTML 是一种用于创建网页的标准标记语言，可以描述网页的结构和内容。最初的网页非常简单，主要是静态的，没有太多的交互和动态效果。随着技术的演进与需求增长，网页设计开始逐渐复杂化。为了实现更丰富的视觉效果和交互功能，JavaScript 和 CSS（层叠样式表）等技术开始被广泛应用。JavaScript 用于实现网页的动态效果和交互功能，而 CSS 则用来控制网页的布局和样式。进入 21 世纪后，随着互联网的快速发展，网页设计的需求也在不断增长。为了提高开发效率和代码质量，各种前端框架和工具开始出现，例如，Bootstrap、React 和 Vue.js 等，它们简化了开发过程并提供了更多功能。

1.1.2 现代 Web 前端开发的特点

Web 前端开发是指通过使用 HTML、CSS 和 JavaScript 等前端开发技术，开发和设计用于互联网的网页和应用程序的过程，它是构建用户界面的一种技术，旨在通过编写和组织代码，使用户能够直观地与网页进行交互。

现代的 Web 前端开发已经不仅仅局限于 HTML、CSS 和 JavaScript 的基础应用。它还包括了响应式设计、性能优化、组件化开发和与后端的交互等多个方面。

前端开发者需要不断学习和适应新的技术和方法，以满足不断变化的市场需求和用户期望。Web 前端开发的由来与互联网的发展紧密相连。随着技术的不断进步和用户需求的变化，前端开发也在不断演进和发展。

1.2 Web 前端开发常用术语

Web 前端开发常用术语包括但不限于下面列举的内容。

1）HTML：HTML（Hypertext Markup Language，超文本标记语言）是一种用来制作网页的标记语言，通过标记式的指令（Tag）来标识网页中的各个部分，包括文字、图形、动画、声音、表格和超链接等内容。这些被 HTML 标记的内容可以被浏览器识别，并以不同的形式展示。HTML 不需要编译，直接由浏览器解释执行。同时，HTML 文件是一种文本文件，可以使用任何文本编辑器进行编辑，是创建网页内容和结构的基础。

2）CSS：CSS（Cascading Style Sheets，层叠样式表）用于描述 HTML 文档的样式，包括颜色、布局和字体等。通过使用 CSS，开发者可以控制网页中元素的外观和布局，实现美观且易于阅读的界面。

3）JavaScript：JavaScript 是一种编程语言，用于实现网页的动态交互功能。通过使用 JavaScript，开发者可以创建响应用户操作（例如，单击按钮、输入文本等）的复杂行为，以及从服务器获取数据并更新网页内容等。

4）DOM：DOM（Document Object Model，文档对象模型）是HTML和XML文档的编程接口，允许程序和脚本动态地访问和更新文档的内容、结构和样式。

5）Ajax：Ajax（Asynchronous Java Script And XML，异步JavaScript和XML）是一种在无须重新加载整个网页的情况下，与服务器交换数据并更新部分网页内容的技术。

6）jQuery：jQuery是一个快速、简洁的JavaScript库，旨在简化HTML文档遍历、事件处理、动画和Ajax交互。

7）React：React是一个用于构建用户界面的JavaScript库，特别适合用于构建单网页应用程序。

8）Vue.js：Vue.js是一套构建用户界面的渐进式框架，旨在通过简洁的API实现响应式数据绑定和组合的视图组件。

9）Angular：Angular是一个基于TypeScript的开源Web应用框架，由Google领导开发，用于构建单网页应用程序。

10）Bootstrap：Bootstrap是一个开源的前端框架，包含了一系列的HTML、CSS和Java Script组件，可以帮助开发者快速构建响应式网站。

11）Webpack：Webpack是一个模块打包器，可以将许多模块打包成一个或多个打包后的文件，以便在浏览器中使用。

12）npm：npm是Node.js的包管理器，用于安装和管理Node.js的模块和包。

13）SVG：SVG是可缩放矢量图形，是一种基于XML的二维矢量图像格式，可以使图像在任何尺寸下都保持清晰。

14）Canvas：Canvas是HTML5中的一个元素，可以用于在网页上绘制图形。

15）Flexbox：Flexbox是CSS3中的一个布局模型，可以设计复杂的布局结构，并对齐其中的项目。

16）Grid：Grid是一个二维布局系统，可以同时处理行和列，使得更复杂的布局成为可能。

17）Responsive Design：Responsive Design是响应式设计，指的是网页能够自适应不同的屏幕尺寸和设备类型，以提供最佳的用户体验。

18）RESTful API：RESTful API是一种软件架构风格，使用HTTP和标准的Web动词（例如，GET、POST、PUT和DELETE）来进行数据交互。

19）SPA：SPA（Single Page Application，单网页应用程序）是一种Web应用程序，通过动态地更新当前网页而无须重新加载整个网页来提供更流畅的用户体验。

20）CORS：CORS（Cross-Origin Resource Sharing，跨域资源共享）是一种允许浏览器向不同源的服务器发出XMLHttpRequest请求的技术。

这些术语涵盖了Web前端开发中的基础技术、框架、工具和设计理念等方面。随着技术的不断发展，新的术语和概念也会不断涌现。

1.3 HTML5的基本结构

HTML5的基本结构通常包括以下几个主要部分，网页代码如下。网页效果图如图1-1所示。

```
<!DOCTYPE html>
<html lang="zh-CN">
```

```
<head>
    <meta charset="UTF-8"/>
    <meta name="viewport"content="width=device-width, initial-scale=1.0"/>
    <title> 我的思政网页 </title>
    <!-- 其他头部信息，如链接到 CSS 文件 -->
    <link rel="stylesheet" href="styles.css"/>
    <!-- 可选的脚本引用 -->
    <script src="scripts.js" defer></script>
</head>
<body>
    <!-- 这里是网页的主要内容 -->
    <h1> 欢迎来到我的思政网页 </h1>
    <p> 我们将一起学习和探讨关于爱国主义、社会主义核心价值观等思政主题。</p>
    <h2> 相关超链接 </h2>
    <ul>
        <li><a href="https://example.com/some-article"> 关于社会主义核心价值观的文章 </a></li>
        <li><a href="https://example.com/another-article"> 关于爱国主义的历史事件 </a></li>
    </ul>
    ……
    <!-- 其他 HTML 元素，如表单、图片、超链接等 -->
</body>
</html>
```

图 1-1　网页效果图

下面是每个部分代码的简要说明。

1）<!DOCTYPE html>：文档类型声明。它告诉浏览器当前文档使用的是 HTML5。

2）<html lang="zh-CN">：<html> 标签是 HTML 网页的根元素。lang 属性用于指定网页内容的语言，这里用“zh-CN”表示简体中文。

3）<head>：<head> 标签包含了所有的元数据元素。元数据不会显示在网页上，但对于计算机是可读的。例如，<meta charset="UTF-8"> 定义了字符编码为 UTF-8，<title> 标签定义了浏览器工具栏的标题以及当把网页添加到收藏夹时显示的标题。在 <head> 标签中，可以使用 <link> 标签来链接外部的 CSS，使用 <script> 标签来引入 JavaScript 文件。这些文件可以包含用于美化网页样式或添加网页交互功能的代码。

4）<body>：<body> 标签包含了所有可见的网页内容，例如，标题标签、段落标签、图片标签、超链接标签和列表标签等。

1.4 Web 浏览器简介

Web 浏览器负责将 HTML、CSS 和 JavaScript 等代码解析成用户可以看到的网页内容。

最早的网页浏览器是由蒂姆·伯纳斯李（Tim BernersLee）开发的 World Wide Web 浏览器，它是世界上第一个图形化的网页浏览器。随后，马克·安德森（Mark Andreessen）和埃里克·比纳（Eric Bina）开发了 Mosaic 浏览器，它是第一个支持图形和多媒体的网页浏览器。1995 年，微软推出了 Internet Explorer 浏览器，它是 Windows 操作系统的一部分，并在很长一段时间内占据了主导地位。

目前，市面上流行的 Web 浏览器主要有 Google Chrome、Mozilla Firefox、Apple Safari、Microsoft Edge 和 Opera 等。

1）Google Chrome：由 Google 公司开发的开源浏览器，又称为 Google 浏览器，具有速度快、安全性高和扩展性强等特点。

2）Mozilla Firefox：由 Mozilla 基金会开发的浏览器，注重隐私保护，自定义程度高。

3）Apple Safari：Apple 公司开发的浏览器，专门为 Mac 和 iOS 设备设计，与 Apple 设备集成度高。

4）Microsoft Edge：Microsoft 公司开发的浏览器，接替了旧版的 Internet Explorer，具有更好的性能和兼容性。

5）Opera：一款由挪威 Opera Software ASA 公司制作的 Web 浏览器。它可以在 Windows、Mac 和 Linux 等多个操作系统平台上运行，为用户提供了一致的浏览体验。

目前 Google Chrome 浏览器的使用较为广泛。

1.5 Web 开发工具简介

对于 HTML5 开发人员来说，好的开发工具会带来事半功倍的效果。用于开发 Web 前端的工具有很多，例如，Dreamweaver、Visual Studio Code、Sublime Text、Webstorm、HBuilderX 和 NotePad 等，开发人员可以根据使用习惯进行选择。其中 Visual Studio Code、HBuilderX 是目前前端开发常用的开发工具。

1.5.1 HBuilderX

HBuilderX 是一款功能强大、易用性高的 Web 前端开发工具，基于 Electron 框架开发，支持跨平台运行，可以在 Windows、macOS 和 Linux 等操作系统上使用。HBuilderX 集成了多种开发工具和语言，包括 HTML、CSS、JavaScript、TypeScript、Vue.js 和 React 等，可以帮助开发者更高效地进行 Web 前端开发。它提供了代码智能提示、自动补全、格式化和语法检查等功能，可以提高开发效率和代码质量。同时，HBuilderX 还支持在线调试和真机调试，开发者可以在不同的设备上进行实时测试和调试。HBuilderX 软件界面，如图 1-2 所示。

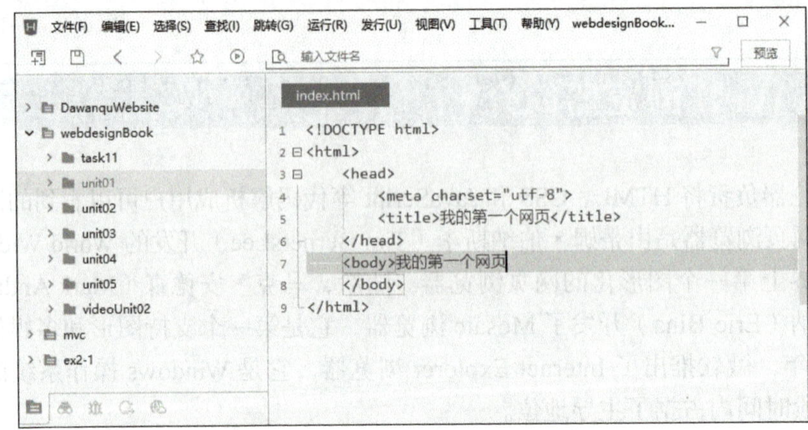

图 1-2　HBuilderX 软件界面

知识链接

近年来，随着我国科技的迅速发展，国产集成开发环境（IDE）工具逐渐崛起。越来越多的国内开发者开始重视本土 IDE 工具的开发和应用。这些国产 IDE 工具不仅提供了本土化的用户体验和开发环境，还针对国内市场的需求提供了诸多特色功能。这为国内开发者提供了更多选择，也为国家信息化建设做出了积极贡献。

HBuilderX 是由 DCloud 公司（数字天堂（北京）网络技术有限公司）推出的一款专门用于 Web 前端开发的跨平台集成开发环境。

阿里巴巴集团及蚂蚁集团共同研发并推出 OpenSumi，它是一款面向垂直领域，低门槛、高性能和高定制性的双端（Web 及 Electron）IDE 研发框架。

DevEco Studio 是华为推出的一个针对 Harmony 操作系统的集成开发环境，提供了一系列功能来帮助开发者进行 Harmony 应用程序的开发和调试，并支持 AI 辅助编程工具插件。

1.5.2　Visual Studio Code

Visual Studio Code（以下简称“VS Code”）是 Microsoft 开发的一款免费、开源的跨平台源代码编辑软件，支持 Mac OS X、Windows 和 Linux 操作系统，适用于各种类型的应用程序开发，包括 Web 应用程序、桌面应用程序和移动应用程序等。它提供了丰富的功能和插件扩展生态系统，使开发者能够更高效地编写和调试代码。VS Code 提供了智能感知功能，可以自动补全代码、提示关键字等，减少开发者出错的可能性。同时，它还拥有强大的调试工具，支持多种编程语言和框架，帮助开发者快速定位和解决问题。VS Code 具有丰富的插件扩展生态系统，开发者可以根据需要安装各种插件，扩展编辑器的功能。VS Code 软件界面，如图 1-3 所示。

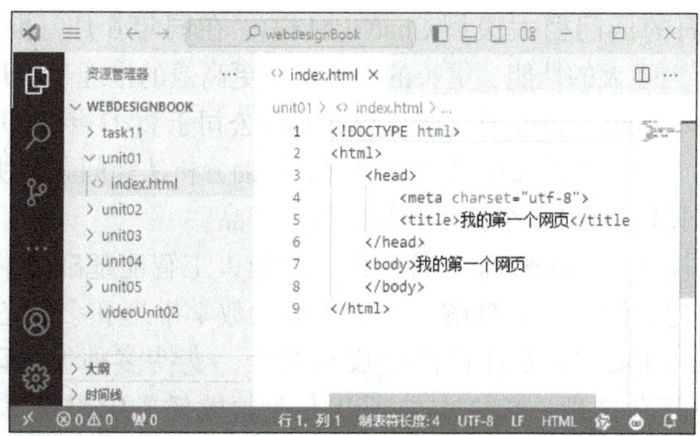

图 1-3　VS Code 软件界面

1.6　AI 辅助编程工具简介

1.6.1　AI 大模型简介

通常 AI 辅助编程工具是建立在 AI 大模型之上的，了解 AIGC 辅助编程工具前需要先了解 AI 大模型。AI 大模型是通过深度学习算法和人工神经网络训练出的具有庞大规模参数的人工智能模型。这些模型使用大量数据资源作为输入，并通过复杂的数学运算和优化算法来完成大规模的训练，以学习和理解输入数据的模式和特征。

当前，人工智能领域涌现出了许多强大的 AI 大模型，下面是一些 AI 大模型的举例。

1）OpenAI GPT 大模型组。ChatGPT 是 OpenAI 于 2022 年 11 月发布的。它在自然语言的理解和生成上的卓越表现使得其在短短两个月的时间用户数突破 1 亿大关。它是基于 GPT（Generative Pre-trained Transformer）架构开发的大型语言模型，为对话式交互提供更好的支持和响应，并在社交对话、问题回答和一般性对话等场景中展现出优秀的性能。

2）Google PaLM 大模型组。它是由 Google Research 团队发布的一种用于自然语言处理任务的预训练和微调模型，凭借改进的数学、逻辑和推理技能，可以帮助生成、解释和调试 20 多种编程语言的代码。

3）百度文心大模型组。它是百度公司发布的 AI 大模型，基于百度智能云技术构建，被广泛集成到百度的多项业务中，并且推出了文心 NLP 大模型、文心 CV 大模型、文心跨模态大模型、文心生物计算大模型和文心行业大模型等。

4）讯飞星火认知大模型。科大讯飞于 2023 年 5 月正式发布星火认知大模型，具有 7 大核心能力，即文本生成、语言理解、知识问答、逻辑推理、数学能力、代码能力和多模态能力。

5）阿里通义大模型。阿里通义大模型是阿里云推出的超大规模语言模型，支持多轮对话、文案创作等，融合多模态知识理解，拥有深厚的语言理解能力和高效的生成能力，支持多语言，是 AI 领域的重要成果。

6）清华开源大模型 ChatGLM。GLM-130B 是清华智谱 AI 开源项目，其目的是训练出开源的高精度千亿中英双语模型，能够让更多研发者用上千亿参数模型，并且在 2023

年 3 月开源了更精简的低门槛大模型 ChatGLM-6B；在同年 6 月，推出了二代开源模型 ChatGLM2-6B，具有更强大的性能、更长的上下文、更高效的推理和更开放的开源协议。

7）Kimi 大模型。Kimi 是北京月之暗面科技有限公司于 2023 年 10 月推出的一款智能助手，主要应用场景为专业学术论文的翻译和理解、辅助分析法律问题、快速理解 API 开发文档等，是全球首个支持输入 20 万个汉字的智能助手产品。

8）DeepSeek 大模型。DeepSeek 是杭州深度求索人工智能基础技术研究有限公司推出的先进 AI 大模型系列，涵盖语言理解、代码生成、数学推理和多模态交互等核心能力。其开源模型如 DeepSeek-Coder 专注代码生成与补全，支持多种编程语言；DeepSeek-V2/V3 等通用大模型在复杂推理、长文本处理及专业领域任务中表现卓越。2024 年推出的 DeepSeek-R1（如 DeepSeek-MoE-16b）采用混合专家架构（MoE），兼顾高性能与训练效率。DeepSeek 大模型以开源生态和 API 服务为特色，广泛应用于企业解决方案、学术研究及开发者工具链。

另外，还有腾讯的混元大模型、字节跳动的豆包大模型、华为的盘古大模型和京东的言犀大模型等。

1.6.2 AI 辅助编程工具简介

随着 AI 大模型的推广和应用，生成式人工智能 AIGC（Artificial Intelligence Generated Content）也受到了人们的关注。AIGC 技术的核心思想是利用人工智能算法生成具有一定创意和质量的内容。通过训练模型和学习大量数据，AIGC 可以根据输入的条件或指导，生成与之相关的内容。例如，通过输入关键词、描述或样本，AIGC 可以生成与之相匹配的代码、文章、图像和音频等。

AI 辅助编程工具是一种利用人工智能技术来帮助程序员更高效地编写和维护代码的工具。这些工具使用机器学习算法来分析代码库、学习编程模式和偏好，并自动完成编程任务，从而减少了程序员的工作量和错误。AI 辅助编程工具的作用和优势主要有以下几方面：

1）代码自动生成。AI 辅助编程工具可以根据开发者的需求和意图，自动生成相应的代码片段。例如，通过自然语言描述他们的需求或意图，AI 能够将这些想法迅速转化为实际的代码。这不仅提高了编程速度，还降低了出错率，使开发者能够更专注于实现业务逻辑。

2）实时语法检查与错误提示。AI 辅助编程工具在集成开发环境中能够实时监控代码的语法和逻辑错误，并为开发者提供实时反馈。这意味着在编写代码的过程中，开发者可以及时发现并修正错误，从而提高代码质量。

3）代码优化建议。AI 通过对大量代码的学习和分析，能够为开发者提供有针对性的优化建议。这些建议可能涉及算法改进、性能优化等方面，有助于提升代码的执行效率和可维护性。

4）代码注释和解析。AI 辅助编程工具能够自动解析代码的结构、逻辑和依赖关系。它们通过深度学习和自然语言处理技术，理解代码的语法和语义，从而为开发者提供有用的信息。AI 辅助编程工具能够基于代码的逻辑和功能，自动生成注释、检查注释和生成代码文档等。

在编写 HTML 代码的各种集成开发环境中，例如，VS Code 和 JetBrains 系列（IntelliJ

IDEA、Clion、PyCharm、WebStorm、Android Studio），支持安装一些 AIGC 插件，合理使用这些插件可提高开发者的编程效率。常见的 AIGC 插件如下。

1）Github Copilot：它是由 OpenAI 和 GitHub 联合开发的人工智能代码辅助工具，使用 OpenAI 的 GPT 模型来分析代码上下文，预测并生成新的代码。它能够在多种编程语言中生成代码片段、函数、类甚至整个程序。

2）CodeGeeX：它是由清华大学和智谱 AI 联合开发的基于大模型的智能编程助手。它可以实现代码的生成与补全、自动添加注释、代码翻译以及智能问答等功能，帮助开发者显著提高工作效率。

3）iFlyCode：它是科大讯飞开发的一款智能编程助手插件，可以在程序员编程过程中沉浸式交互生成代码建议，助力程序员提升编程效率和企业敏捷开发。

4）TONGYI Lingma：它是一款基于阿里通义大模型打造的智能编程助手，也叫通义灵码。它提供行级 / 函数级实时续写、自然语言生成代码、单元测试生成、代码注释生成、代码解释、研发智能问答和异常报错排查等功能，并针对阿里云 SDK/OpenAPI 的使用场景调优，助力开发者编程。

5）Baidu Comate：它是一款集成了百度文心一言技术的免费智能代码生成器。它不仅能够提供代码续写、代码补全、代码注释、代码解释、代码修复、单元测试、代码 debug、注释生成代码、代码重构、修复建议、自然语言生成代码、代码问答以及长函数拆分等多项功能，而且能够显著提升开发者的编程效率，优化代码质量。

技能实训

请参考本书配套的实训手册，完成实训训练。

小结

本单元回顾了 Web 前端开发的发展历程，探讨了现代 Web 前端开发的特点，介绍一些 Web 前端开发的常用术语。在 HTML5 的基本结构方面，详细讲解了 HTML 文档的基本框架。在常用 Web 浏览器方面，介绍了目前市场上主流的浏览器，例如，Chrome、Firefox、Safari 和 Edge 等，了解了不同浏览器的特点和兼容性情况，这对于前端开发者来说至关重要，因为不同的浏览器可能对同一段代码有不同的渲染效果。在 Web 开发工具方面，介绍了一些常用的开发工具，例如，VS Code、HBuilderX 等。最后，介绍了一些常用的 AI 大模型和 AIGC 辅助编程工具。

通过本单元的学习，读者可以更加深入地了解 Web 前端开发，为后续的学习和实践打下坚实的基础。

单元 2

HTML 基础

情景导入

自古以来中国对于基建设施都是非常看重的，有抵御外族入侵的万里长城，有促进经济发展的京杭大运河，还有赵州桥这样的桥梁建筑等。近年来，中国的发展速度让世界惊叹，基建实力更是世界闻名。“中国速度”举世瞩目，中国高铁更是成为走向世界的“中国名片”。在桥梁建设方面，中国建成了港珠澳大桥、北盘江第一桥等一系列世界级工程，展现了高超的建造技艺。

大湾区基建创新发展有限公司为了做好进军基建行业坚实的一步，要设计开发并上线自己的企业网站。通过它提升品牌形象，全天候在线展示产品或服务，拓展市场渠道，加强与客户的互动和沟通。网站前端开发工程师们接到该网站的开发任务后，经过项目调研、客户需求分析等工作，决定先完成一些比较简单的网页，再与客户沟通并进行修改和完善，以最终确定网站总体的设计风格和技术路线。

学习目标

- 了解 HTML5 网页的基本结构。
- 了解 HTML 的标记和属性的语法。
- 认识常用的 HTML 文本标记、HTML 图像标记和 HTML5 新元素。
- 认识表格的定义和合并单元格的方法，能灵活地使用表格进行网页的布局。
- 掌握 HTML 的文本格式化的操作方法。
- 掌握制作简单 HTML 网页的操作流程和方法。
- 通过了解中国基建的发展，培养民族自豪感，认识企业网站的宣传价值，在网站设计过程用心做好用户体验的设计。

2.1 HTML 标记和语义元素

网页是由一系列 HTML 代码组成的。在制作网站各网页之前，需要了解 HTML 网页的基本结构和常用的 HTML5 标签与属性。

2.1.1 HTML 的标签和属性

标签是 HTML 中的基本单位，用于定义网页内容的结构。一个标签通常由尖括号“<>”和“标签名”构成。标签通常成对出现，由一个开始标签“< 标签名 >”和一个结束标签“</ 标签名 >”组成，例如，<head></head>，<head> 是开始（也称起始）标签，</head> 是结束（也称闭合）标签。标签中也可以有属性。标签和属性的语法和举例如下。

```
< 标签名  属性 1=" 属性值 1"  属性 2=" 属性值 2" > 标记的内容  </ 标签名 >
<p> 这是一个段落。</p>
<a href="http://www/baidu.com" target="_blank"> 打开百度网页 </a>
<img src="image.jpg" alt=" 一张图片 " />
```

◆ 经验分享

① 开始标签中“<>”和“标签名”之间不能有空格。

② 标签不区分字母的大小写，推荐小写字母。

③ 元素（Element）：开始标签、结束标签与其之间的内容，组成一个完整的元素。

④ 有些标签是单个出现的，因为能完整表示元素，所以不需要结束标签，叫自闭合标签（或称为空标签、单标签），例如，<img />、<meta />。

⑤ 属性只能放在开始标签中的标签名称后面，多个属性之间用空格隔开。

2.1.2 HTML 语义元素

语义元素是指清楚地向浏览器和开发者描述其意义的元素。HTML 中有 100 多个语义元素可供选择。语义元素可以根据其显示方式进行分类，主要包括块级元素、行内元素和行内块元素。

1. 块级元素（Block）

块级元素通常占据其父元素的整个宽度，即使内容可能小于这个宽度。它们通常在其前后都生成“换行”，这意味着它们会在新的一行开始和结束。块级元素可以包含其他块级元素和行内元素，并能设置高度和宽度。常见的块级元素包括 <div>、<p>、<h1>、<h2>、<h3>、<h4>、<h5>、<h6>、<ol>、<ul>、<li>、<section>、<article>、<aside>、<header>、<fieldset> 和 <noscript> 等。

2. 行内元素（Inline）

行内元素不会在其前后生成“换行”，它们只占据内容所需的空间。行内元素不能直接控制宽度、高度以及盒子模型的相关 CSS 属性。行内元素只能包含数据和其他行内元素，一般不嵌套其他块级元素。常见的行内元素包括 <span>、<a>、<img>、<button>、<input>、<label>、<strong>、<em>、<b>、<i>、<u>、<sub> 和 <sup> 等。

3. 行内块元素（Inline-block）

行内块元素结合了块级元素和行内元素的特性。它们像块级元素一样可以设置宽度和高度，但又像行内元素一样不会在其前后生成“换行”。行内块元素可以包含其他行内块元素和行内元素。常见的行内块元素包括 <img>、<input>、<td>、<th> 和 <textarea> 等。

4. HTML5 中新增的语义元素

HTML5 中新增的语义元素主要有 <header>、<aside>、<nav>、<section>、<article> 和 <footer>，简要介绍如下。

<header>：定义网页的头部内容，例如，网站的 logo、导航菜单等。

<nav>：定义网页的导航部分，通常包括链接到其他网页的导航菜单。

<section>：定义网页的一个区域，通常包含一些相关的内容。

<article>：定义独立的文章、新闻和博客等内容。

<aside>：定义网页的附加信息部分，例如，侧边栏。

<footer>：定义网页的底部内容，通常包括版权信息、联系方式等。

这些新增的语义元素可以帮助开发者更好地组织和描述网页的内容，提升网站的可读性和可访问性，同时也有利于搜索引擎优化（SEO）。

2.2 HTML 文本标记

HTML 中的常用文本标记（元素）比较多，包括标题、段落、水平线、换行、字体样式和特殊字符等。

2.2.1 常用的文本标记

在网页中经常要对文本进行排版，文本标记就类似于 Word 软件中的文字排版。一些常用的文本标记如下。

<h1> 到 <h6>：定义 6 个不同级别的标题，<h1> 是级别最大的标题，<h6> 是级别最小的标题。

<p>：定义段落。一个 <p> 元素通常代表文本中的一个段落。

：插入一个换行符。它是一个空元素，意味着它没有结束标签。

<hr>：创建一条水平线，通常用于分隔内容。

<b> 和 <strong>：使文本加粗。

<i> 和 <em>：使文本斜体。

<u>：给文本添加下画线。

<s> 和 <del>：使文本呈现删除效果，即显示为带有删除线的文本。

<ins>：定义插入的文本，通常显示为带有下画线的文本。

<sub> 和 <sup>：分别定义下标和上标文本，例如，用于数学公式或脚注。

【示例 2-1】古诗文网页演练

在 HTML 中，以介绍《过零丁洋》作为素材制作网页。在网页中根据需要选择使用 <h1>、<h6>、<p>、
、<hr>、<b>、<i>、<u>、<sub> 和 <sup> 等文本标记，并要求不编写 CSS。它在浏览器中的预览效果如图 2-1 所示。

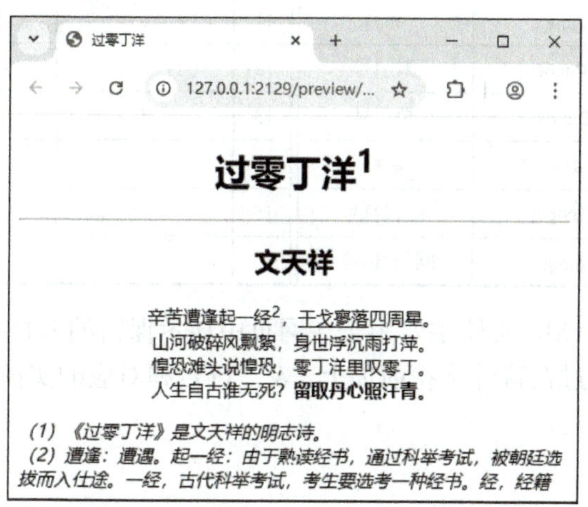

图 2-1　预览效果

扫码观看视频

```
<!doctype html>
<html>
    <head>
        <meta charset="utf-8">
        <title> 过零丁洋 </title>
    </head>
    <body>
        <h1 align="center"> 过零丁洋 <sup>1</sup></h1>
        <hr>
        <h2 align="center"> <strong> 文天祥 </strong></h2>
        <p align="center"> 辛苦遭逢起一经 <sup>2</sup>，<u> 干戈寥落 </u> 四周星。 <br>
            山河破碎风飘絮，身世浮沉雨打萍。 <br>
            惶恐滩头说惶恐，零丁洋里叹零丁。 <br>
            人生自古谁无死？ <b> 留取丹心照汗青。</b> </p>
        <p></p>
        <i>（1）《过零丁洋》是文天祥的明志诗。 </i> <br>
        <i>（2）遭逢：遭遇。起一经：由于熟读经书，通过科举考试，被朝廷选拔而入仕途。一经，古
代科举考试，考生要选考一种经书。经，经籍 </i>
    </body>
</html>
```

2.2.2　特殊字符

在 HTML 中，某些字符具有特殊的含义，因此不能直接使用。要显示这些特殊字符，需要使用它们的 HTML 实体或转义序列。一些常用的 HTML 特殊字符及其含义描述，见表 2-1。

表 2-1　HTML 的常用特殊字符及其含义描述

序号	特殊字符	HTML 实体	含义描述	序号	特殊字符	HTML 实体	含义描述
1	<	<	小于号	9	™	™	商标符号
2	>	>	大于号	10	×	×	乘号
3	&	&	和号	11	÷	÷	除号
4	"	"	双引号	12	¬	¬	逻辑非符号
5	'	'	单引号	13	²	²	上标 2
6	/	/	斜杠	14	³	³	上标 3
7	©	©	版权符号	15			空格
8	®	®	注册商标符号				

这些特殊字符的 HTML 实体主要用于在网页中显示保留的 HTML 字符，以及需要避免解释器误解的字符。通过在特殊字符前加上“&”符号和对应的实体名称，可以确保这些字符被正确地显示在网页上。

2.3　HTML 超链接

2.3.1　超链接的分类和标记语法

超链接可以实现网页内或网页之间的跳转功能，它一般有以下几种形式。

1）外部超链接：指向其他网站的超链接，用于导航至外部资源或网页间的跳转。

2）锚点超链接：在同一网页内或跨网页跳转到指定位置，便于快速导航。

3）空超链接：无实际跳转目标的超链接，常用于占位或样式效果。

4）电子邮件超链接：单击后直接打开电子邮件客户端，用于发送电子邮件。

5）JavaScript 超链接：通过 JavaScript 实现网页跳转或其他交互效果。

超链接的语法举例如下。

```
<a href=" 目标网页 URL" target="_blank" title=" 超链接标题 " rel="noopener noreferrer" class=" 超链接样式类 "> 超链接文本 </a>
```

下面是各个属性的解释：

1）href：它指定了当用户单击超链接时要跳转到的目标 URL。

2）target：定义如何打开超链接的目标 URL。属性值“_blank”表示在新的浏览器窗口或标签页中打开超链接；“_self”（默认值）表示在当前窗口或标签页中打开超链接；“_parent”表示在父框架中打开超链接；“_top”表示在整个窗口或标签页中打开超链接。该属性值也可以自定义名称，例如，“news”“main”“top”等个性化的名称。

3）title：这个属性为超链接提供了一个描述性的提示，通常当鼠标悬停在超链接上时显示。

4）rel：这个属性用于定义当前文档与目标 URL 之间的关系。“noopener”表示新网页不应该被作为 opener（打开者），有助于防止潜在的安全风险。“noreferrer”表示在导航到新网页时不应发送引用信息，有助于保护用户隐私。

5）class：这个属性用于为超链接指定一个或多个 CSS 类，以便通过 CSS 对其进行格式的渲染。

2.3.2　常见超链接的用法

超链接是网页中的重要工具，它可以实现网页间的跳转、文件的下载、启动发送电子邮件的客户端工具和使用 JavaScript 代码实现更多的交互功能等。

在 HTML 中写超链接经常要遇到 URL 路径的书写。URL 路径可以分为绝对路径和相对路径。相对路径又有几种不同的表示方式，包括“..”和“/”。URL 路径的含义见表 2-2。

表 2-2　URL 路径的含义

序号	名称	HTML 举例	描述
1	绝对路径	<a href="http://www.example.com/page.html"> 超链接 </a>	绝对路径包含完整的 URL，包括协议（如 http:// 或 https://）、域名和完整的路径。它不依赖当前网页的位置
2	相对路径（当前目录）	<a href="page.html"> 超链接 </a>	相对路径是相对于当前 HTML 文件所在的目录来指定超链接目标的。如果目标文件在当前目录下，则只需要提供文件名
3	相对路径（子目录）	<a href="subdirectory/page.html"> 超链接 </a>	如果目标文件位于当前目录的子目录中，则需要在路径中包含子目录名称
4	相对路径（父目录）	<a href="../page.html"> 超链接 </a>	如果目标文件位于当前目录的父目录中，则可以使用“..”来表示上一级目录
5	相对路径（根目录）	<a href="/rootpage.html"> 超链接 </a>	根目录路径以“/”开头，它始终指向网站的根目录，无论当前网页位于哪个目录下。这是服务器上的绝对路径，但它是相对于网站的根目录，而不是完整的 URL

【示例 2-2】中国高铁简介网页演练

在 HTML 中，以“中国高铁简介”作为素材制作网页。在网页中根据需要选择使用外部超链接、空超链接、电子邮件超链接、JavaScript 超链接、文件下载超链接和多种相对路径超链接等链接方式，并要求不编写 CSS。中国高铁简介网页在浏览器中的预览效果如图 2-2 所示。

扫码观看视频

```
<!DOCTYPE html>
<html lang="zh">
    <head>
        <meta charset="UTF-8">
        <title> 中国高铁简介 </title>
    </head>
    <body>
        <h1> 中国高铁简介 </h1>
        <!-- 外部超链接：指向其他网站的超链接 -->
```

```
        <p> 中国高铁发展迅速，已经形成了 <a href="http://www.china-railway.com.cn/" target="_blank">
庞大的高铁网络 </a>。</p>
        <!-- 空超链接：href 属性为空，通常用于占位符，待后续添加超链接地址 -->
        <p> 更多关于高铁的详细信息，请访问 <a href="#"> 即将上线的网页 </a>。</p>
        <!-- 电子邮件超链接：mailto: 用于创建电子邮件超链接 -->
        <p> 如需联系高铁客服，请发送邮件至 <a href="mailto:sample@sample.com"> 客服邮箱 </a>。</p>
        <!-- JavaScript 超链接：href 属性指向 JavaScript 代码，通常用于网页内的功能或事件 -->
        <p> 点击 <a href="javascript:alert(' 欢迎乘坐中国高铁！ ')"> 这里 </a> 查看欢迎信息。</p>
        <!-- 文件下载超链接：指向文件的 URL，浏览器会提示下载 -->
        <p> 下载高铁时刻表：<a href="timetable.pdf" download> 时刻表 .pdf</a></p>
        <!-- 相对路径超链接：指向当前目录或子目录中的文件 -->
        <p> 查看 <a href="history.html"> 高铁发展史 </a> 了解更多关于中国高铁的历史。</p>
        <!-- 相对路径超链接（指向上一级目录中的文件）-->
        <p> 了解 <a href="../maps/map.html"> 高铁线路图 </a>，规划您的旅程。</p>
        <!-- 相对路径超链接（指向同级目录中不同子目录的文件）-->
        <p> 浏览 <a href="images/train.jpg" target="_blank"> 高铁图片 </a> 欣赏高铁风采。</p>
        <!-- 相对路径超链接（指向当前目录中的文件）-->
        <p> 下载 <a href="brochure.docx"> 高铁宣传册 </a> 获取更多信息。</p>
    </body>
</html>
```

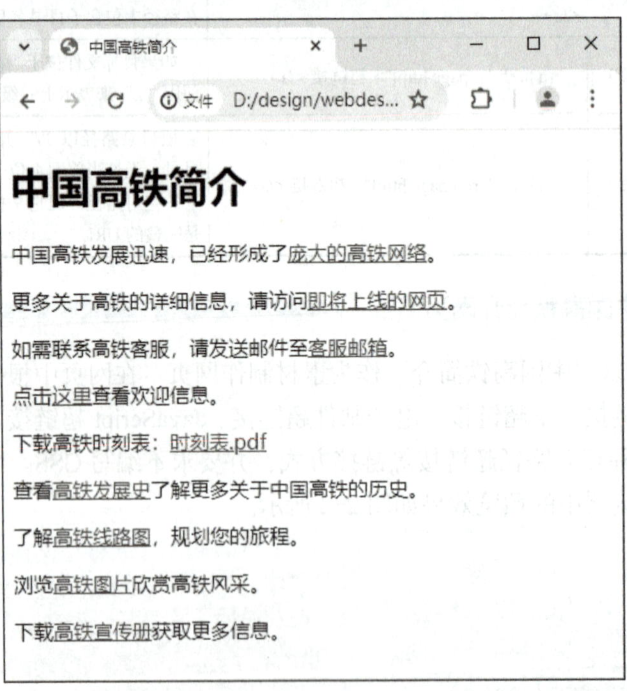

图 2-2　中国高铁简介网页预览效果

2.3.3　锚点超链接的用法

在 HTML 中，锚点超链接（也称为内部超链接）允许用户在同一网页内跳转到不同的部分或跨网页跳转。这通常通过使用 <a> 标签和 href 属性来实现，其中 href 属性的值设置为网页上某个元素的 id。它常用于单页网站导航、文档目录跳转、FAQ 问答页面、分步表单和返回顶部按钮等场景。

首先需要在网页的目标位置设置一个元素的 id 名称，通常是一个标题或其他重要的元素，例如：

```
<h2 id="section1"> 第一部分 </h2>
<p> 这是一些关于第一部分的文本……</p>

<h2 id="section2"> 第二部分 </h2>
<p> 这是一些关于第二部分的文本……</p>
```

然后可以创建一个超链接，使用户能够直接跳转到这些部分。可以通过在 <a> 标签的 href 属性中使用“#”加上元素的 id 名称来实现，例如：

```
<a href="#section1"> 跳转到第一部分 </a>
<a href="#section2"> 跳转到第二部分 </a>
```

当用户单击这些超链接时，浏览器会自动滚动到网页对应 id 的元素的位置。

【示例 2-3】北盘江大桥简介网页演练

在 HTML 中，以“北盘江大桥简介”作为素材制作网页。在网页中根据需要选择应用锚点超链接，并要求不编写 CSS。北盘江大桥简介网页在浏览器中的预览效果如图 2-3 所示。

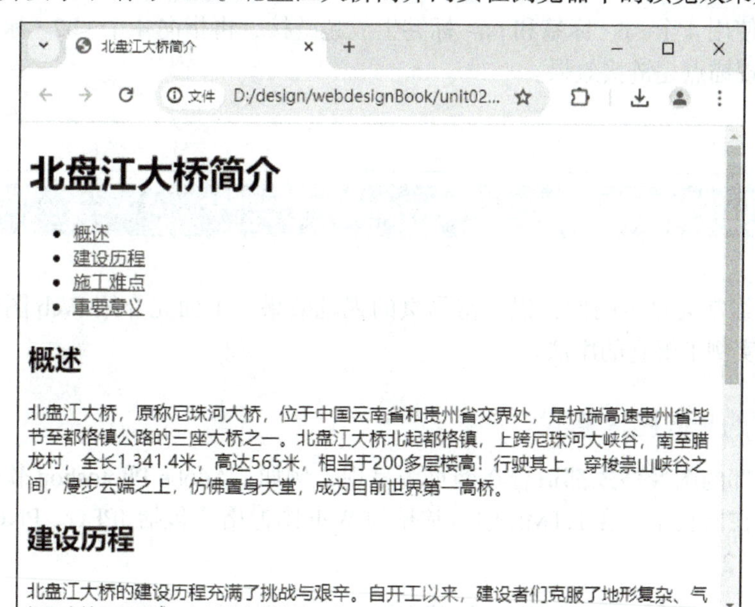

扫码观看视频

图 2-3　北盘江大桥简介网页预览效果

```
<!DOCTYPE html>
<html lang="zh">
        <head>
                <meta charset="UTF-8">
                <title> 北盘江大桥简介 </title>
```

```
  </head>
  <body>
      <h1> 北盘江大桥简介 </h1>
      <!-- 锚点超链接列表，方便用户快速定位到不同部分 -->
            <p><a href="#overview"> 概述 </a></p>
            <p><a href="#construction"> 建设历程 </a></p>
            <p><a href="#design"> 施工难点 </a></p>
            <p><a href="#significance"> 重要意义 </a></p>
            <!-- 长文本内容 -->
            <h2 id="overview"> 概述 </h2>
            <p> 北盘江大桥，原称尼珠河大桥，位于中国云南省和贵州省交界处，是杭瑞高速
贵州省毕节至都格镇公路的三座大桥之一……</p>
            <h2 id="construction"> 建设历程 </h2>
            <p> 北盘江大桥的建设历程充满了挑战与艰辛……</p>
            <h2 id="design"> 施工难点 </h2>
            <p>“两岸索塔坐落于悬崖边，主梁架设成为最大难点……</p>
            <h2 id="significance"> 重要意义 </h2>
            <p> 北盘江上，世界高桥不只一座。桥为点、路为线，“画出”一个个潜力无限的
经济圈……</p>
  </body>
</html>
```

标题下面使用 4 个 <p> 标签和 <a> 标签生成超链接，再指向 4 个 <h2> 标签中的锚点超链接 id，以实现锚点超链接效果。

2.4 HTML 图像

HTML 中经常会显示图像，以丰富网页的视觉效果。下面先介绍 Web 图像格式和图像标记，再通过实例了解它的用法。

2.4.1 常见的 Web 图像格式

并不是全部的图像格式都适合在网页中呈现，例如，Adobe Photoshop 软件的源文件就不能直接显示在网页中。在 HTML 中，常见的 Web 图像格式包括 JPEG、PNG、GIF、SVG 和 WebP，见表 2-3。

表 2-3 常见的 Web 图像格式

序号	格式	说明
1	JPEG	JPEG 是一种有损压缩的图像格式，常用于存储和传输摄影图像。它支持多种颜色模式，包括 RGB 和灰度，并支持不同的压缩级别
2	PNG	PNG 是一种无损压缩的图像格式，支持透明度和 alpha 通道。PNG 还支持多种颜色模式，包括 RGB、索引色和灰度。适用于图标、标志和带有透明背景的图像及复杂布局的背景
3	GIF	GIF 是一种无损压缩的图像格式，通常用于网页上的动画和透明图像

（续）

序号	格式	说明
4	SVG	SVG 是一种基于 XML 的图像格式，用于描述二维矢量图形。SVG 图像可以无限缩放而不会失去清晰度，这使得它们在响应式设计和高分辨率显示设备上非常有用。SVG 还支持交互性和动画，可以用于创建复杂的图形和图表
5	WebP	WebP 是谷歌推出的图像格式，支持有损与无损压缩，同等质量下体积比 JPEG、PNG 少 25% 以上，支持透明度及动态影像

这些图像格式在 Web 开发中各有优势，可以根据具体需求选择合适的格式来展示图像。

2.4.2　图像格式的标记语法

图像格式的标记语法举例如下。

```
<img src="URL" alt=" 替代文本 " width=" 宽度 " height=" 高度 " name=" 图像名称 " id=" 图像 id" class="CSS 类名 " style="CSS" title=" 提示文本 ">
```

以下是每个属性的说明：

src：指定图像的 URL。

alt：指定替代文本，用于在图像无法显示时提供描述。

width 和 height：指定图像的宽度和高度（以像素为单位）。如果只指定其中一个，则另一个属性会按照原始图像的纵横比进行缩放。

name：为图像指定一个名称，这在处理表单时可能有用，尤其是在与服务器端脚本交互时。

id：为图像指定一个唯一的标识符，以便通过 JavaScript 或 CSS 进行特定引用。

class：为图像指定一个或多个类名，以便通过 CSS 进行样式化渲染。

style：直接在元素上应用内联 CSS。

title：当用户将鼠标悬停在图像上时，提供关于图像的额外信息，这些信息通常作为工具提示显示。

【示例 2-4】港珠澳大桥简介网页演练

在 HTML 中，以“港珠澳大桥简介”作为素材制作网页。在网页中根据需要应用文本标记和图像，并要求不编写 CSS。港珠澳大桥简介网页在浏览器中的预览效果如图 2-4 所示。

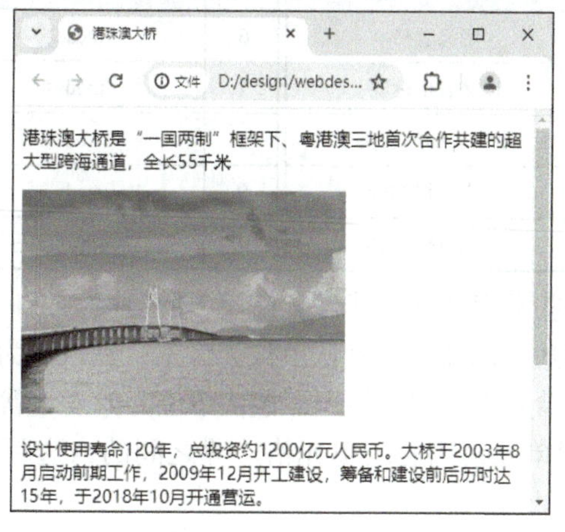

图 2-4　港珠澳大桥简介网页预览效果

扫码观看视频

```
<body>
    <p> 港珠澳大桥是“一国两制”框架下、粤港澳三地首次合作共建的超大型跨海通道，全长 55 千米
</p>
    <p><img src="img/1.jpg" alt="港珠澳大桥" width="300" height="200" id="img1" title="港珠澳大桥" />
</p>
    <p> 设计使用寿命 120 年，总投资约 1200 亿元人民币。大桥于 2003 年 8 月启动前期工作，2009 年
12 月开工建设，筹备和建设前后历时达 15 年，于 2018 年 10 月开通营运。</p>
    <p> 大桥主体工程由粤、港、澳三方政府共同组建的港珠澳大桥管理局负责建设、运营、管理和维
护……</p>
</body>
```

在各示例代码中网页的 <html> 和 <head> 标签代码内容类似，为节省文字已省略，示例代码只呈现了 <body> 标签中的代码。src 指向图片路径“img/1.jpg”，图像宽设为 300 像素，高设为 200 像素。

2.5 HTML 表格

在网页中可以使用表格呈现复杂的数据，也可以使用表格来实现网页的布局排版。

2.5.1 表格的标记语法

表格由 <table> 标签来定义。每个表格均有若干行（由 <tr> 标签定义），每行被分割为若干个单元格（由 <td> 标签定义）。字母 td 指表格数据（table data），即数据单元格的内容。数据单元格可以包含文本、图片、列表、段落、表单、水平线和表格等。表格的标签比较多，其定义见表 2-4。

表 2-4 表格的标签

序号	标签	描述	序号	标签	描述
1	<table>	定义表格	6	<thead>	定义表格的页眉
2	<caption>	定义表格标题	7	<tbody>	定义表格的主体
3	<th>	定义表格的表头	8	<tfoot>	定义表格的页脚
4	<tr>	定义表格的行	9	<col>	定义用于表格列的属性
5	<td>	定义表格单元格	10	<colgroup>	定义表格列的组

以下是表格标签的一些常用属性及其含义：

1）border：设置表格边框的宽度，默认单位为像素，默认值为 0。

2）cellspacing：设置单元格之间的间距，默认单位为像素，默认值为 0。

3）cellpadding：设置单元格内容与单元格边界之间的内边距，默认单位为像素，默认值为 0。

4）width：设置表格的宽度，可以使用像素或百分比来指定。

5）height：设置表格的高度，可以使用像素或百分比来指定。

6）align：设置表格的水平对齐方式，可选值有左对齐“left”、居中对齐“center”和右对齐“right”。

7）valign：设置表格的垂直对齐方式，可选值有居顶对齐“top”、居中对齐“middle”和居底对齐“bottom”。

8）bgcolor：设置表格的背景颜色，使用十六进制颜色代码或颜色名称。

9）colspan：表示单元格横跨的列数，例如，colspan=“2”表示该单元格跨越两列。

10）rowspan：表示单元格纵跨的行数，例如，rowspan=“3”表示该单元格跨越三行。

以上列举的属性并不是全部，还有其他一些属性可供使用。这些属性提供了对表格外观和布局的更多控制选项。在实际应用中，通常会通过 CSS 来设置表格的外观和样式，而不是直接使用 HTML 属性。

在 HTML 中，颜色经常以十六进制的形式来表示。十六进制颜色代码是一个以井号“#”开头的六位或三位数字或字母的序列。这六位或三位数字或字母分别代表颜色的红、绿和蓝（RGB）成分。例如，#FF0000 代表纯红色，#00FF00 代表纯绿色，#0000FF 代表纯蓝色。

【示例 2-5】员工信息表网页演练

在 HTML 中，以“员工信息表”作为例子的素材，制作一个简单的表格，表格包含“姓名”“职位”“年龄”“部门”“电话”，不同职位的单元格用不同的颜色标注，要求合理地使用表格的 border、cellspacing、cellpadding、width、height、align、valign 和 bgcolor 等属性。员工信息表网页在浏览器中的预览效果如图 2-5 所示。

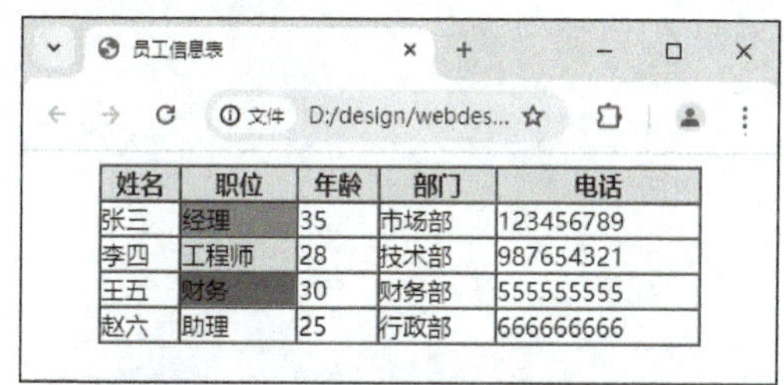

姓名	职位	年龄	部门	电话
张三	经理	35	市场部	123456789
李四	工程师	28	技术部	987654321
王五	财务	30	财务部	555555555
赵六	助理	25	行政部	666666666

图 2-5　员工信息表网页预览效果

```
<!DOCTYPE html>
<html lang="zh">
    <head>
        <meta charset="UTF-8">
        <title> 员工信息表 </title>
    </head>
    <body>
        <!-- 创建一个带有指定样式的表格 -->
        <table border="1" cellspacing="0" cellpadding="0" width="600"  align="center">
          <!-- 表头 -->
          <tr align="center" valign="middle" bgcolor="#DDD">
            <th> 姓名 </th>
            <th> 职位 </th>
            <th> 年龄 </th>
```

```
            <th> 部门 </th>
            <th> 电话 </th>
          </tr>
          <!-- 数据行 -->
          <tr >
            <td> 张三 </td>
            <td bgcolor="#FF0000"> 经理 </td>
            <!-- 红色背景 -->
            <td>35</td>
            <td> 市场部 </td>
            <td>123456789</td>
          </tr>
          <tr >
            <td> 李四 </td>
            <td bgcolor="#00FF00"> 工程师 </td>
            <!-- 绿色背景 -->
            <td>28</td>
            <td> 技术部 </td>
            <td>987654321</td>
          </tr>
          <tr >
            <td> 王五 </td>
            <td bgcolor="#0000FF"> 财务 </td>
            <!-- 蓝色背景 -->
            <td>30</td>
            <td> 财务部 </td>
            <td>555555555</td>
          </tr>
          <tr >
            <td> 赵六 </td>
            <td> 助理 </td>
            <td>25</td>00
            <td> 行政部 </td>
            <td>666666666</td>
          </tr>
        </table>
    </body>
</html>
```

表格使用代码“border="1" cellspacing="0" cellpadding="0"”表示设置了表格边框线为 1 像素的效果；使用代码“width="600" align="center"”表示设置表格宽度为 600 像素、表格居中对齐；使用代码“<tr align="center" valign="middle" bgcolor="#DDD">”表示第一行表头的文字水平居中、垂直居中和背景颜色为灰色；使用代码“bgcolor="#FF0000"”表示单元格的颜色。

2.5.2　合并表格的单元格

在 HTML 中，合并表格的单元格是一种常见的操作，用 rowspan 合并行，用 colspan 合并列，主要用于创建更复杂的表格结构。在合并单元格时需要注意以下几项内容。

1）只有同一个结构标签中的单元格才能合并，不能跨结构标签合并（例如，不能跨 <thead>、<tbody> 和 <tfoot> 合并单元格）。

2）在合并单元格时，需要遵循“左上原则”，即保留左上角的单元格，并删除其他需要合并的单元格。对于跨行合并（rowspan），只保留最上面的单元格；对于跨列合并（colspan），只保留最左边的单元格。

3）合并单元格可能会影响表格的布局和样式，因此，在合并单元格之前，需要仔细考虑合并后的效果是否符合预期。

4）在使用合并单元格时，需要注意保持表格的语义和结构清晰，避免过度使用合并单元格导致表格难以理解和维护。

【示例 2-6】深中通道建设大事记网页演练

在 HTML 中，以“深中通道建设大事记”作为例子的素材，制作一个简单的表格，根据需要对一些行或者列进行合并。请合理使用 rowspan 合并行，使用 colspan 合并列。深中通道建设大事记网页在浏览器中的预览效果如图 2-6 所示。

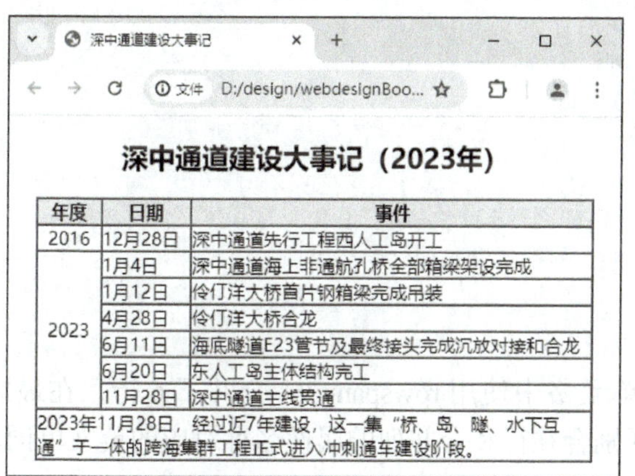

年度	日期	事件
2016	12月28日	深中通道先行工程西人工岛开工
2023	1月4日	深中通道海上非通航孔桥全部箱梁架设完成
	1月12日	伶仃洋大桥首片钢箱梁完成吊装
	4月28日	伶仃洋大桥合龙
	6月11日	海底隧道E23管节及最终接头完成沉放对接和合龙
	6月20日	东人工岛主体结构完工
	11月28日	深中通道主线贯通
2023年11月28日，经过近7年建设，这一集“桥、岛、隧、水下互通”于一体的跨海集群工程正式进入冲刺通车建设阶段。		

图 2-6　深中通道建设大事记网页预览效果

```
<h2 align="center"> 深中通道建设大事记（2023 年）</h2>
<table width="500" border="1" align="center" cellpadding="0" cellspacing="0">
  <tr>
    <td align="center" bgcolor="#E9E9E9"><strong> 年度 </strong></td>
    <td align="center" bgcolor="#E9E9E9" ><strong> 日期 </strong></td>
    <td align="center" bgcolor="#E9E9E9" ><strong> 事件 </strong></td>
  </tr>
  <tr>
    <td align="center">2016 </td><! -- 没有合并行，它有 3 个 td 标签 -- >
    <td >12 月 28 日 </td>
    <td > 深中通道先行工程西人工岛开工 </td>
  </tr>
```

```
<tr>
  <td rowspan="6" align="center">2023 </td><! -- 没有合并 6 行 -- >
  <td >1 月 4 日 </td>
  <td > 深中通道海上非通航孔桥全部箱梁架设完成 </td>
</tr>
<tr>
  <td >1 月 12 日 </td><! -- 前面有合并 6 行的操作，接下来的 6 行中都只有 2 个 td 标签 -- >
  <td > 伶仃洋大桥首片钢箱梁完成吊装 </td>
</tr>
<tr>
  <td >4 月 28 日 </td>
  <td > 伶仃洋大桥合龙 </td>
</tr>
<tr>
  <td >6 月 11 日 </td>
  <td > 海底隧道 E23 管节及最终接头完成沉放对接和合龙 </td>
</tr>
<tr>
  <td >6 月 20 日 </td>
  <td > 东人工岛主体结构完工 </td>
</tr>
<tr>
  <td >11 月 28 日 </td>
  <td > 深中通道主线贯通 </td>
</tr>
<tr>
  <td colspan="3" >2023 年 11 月 28 日，经过近 7 年建设，这一集 &ldquo; 桥、岛、隧、水下互通
&rdquo; 于一体的跨海集群工程正式进入冲刺通车建设阶段。 </td><! -- 合并 3 列 -- >
</tr>
</table>
```

在“2023 年度”单元格中使用 rowspan="6" 合并了 6 行，在最后一行使用 colspan="3" 合并了 3 列。请注意区别合并行和合并列的属性名称对应的英文单词。

2.5.3 表格的嵌套使用

在 HTML 中，表格的嵌套使用指的是在一个表格单元格内部再插入另一个表格。这种技术曾经被广泛用于网页布局，尽管现在更推荐使用 CSS 进行布局和样式控制，但在某些情况下，表格的嵌套仍然有其用途。对于一些简单的布局需求，使用嵌套表格可能会比使用 CSS 更快更简单。做表格的嵌套使用时，需要注意以下几项内容。

1）可维护性：嵌套表格可能导致 HTML 结构变得复杂和难以维护。随着内容的增加和修改，这种复杂性可能会进一步增加。

2）可访问性：嵌套表格可能对屏幕阅读器等辅助技术造成困扰，影响网站的可访问性。

3）性能：尽管现代浏览器对表格的渲染性能已经有了很大的改进，但过多的嵌套表格仍然可能导致网页加载速度变慢。

4）布局灵活性：与 CSS 布局相比，表格布局缺乏灵活性。一旦表格结构定义好，调整布局通常需要修改 HTML 结构，而不是简单地调整 CSS。

5）替代方案：在现代网页设计中，推荐使用 CSS 来创建复杂的网页布局，而不是依赖嵌套表格。CSS 提供了更强大、更灵活和更易于维护的布局和样式控制。

【示例 2-7】表格嵌套布局网页演练

在 HTML 中，设计一个“表格嵌套布局”网页的案例，要求第 1 个表格是 1 行 2 列，在第 2 列设定宽度为 70%，再在第 2 列中加入 1 个 1 行 7 列的表格。本例为了显示布局线条，暂时把表格线设为 border="1"。“表格嵌套布局”网页中 body 的代码如下，它在浏览器中的预览效果如图 2-7 所示。

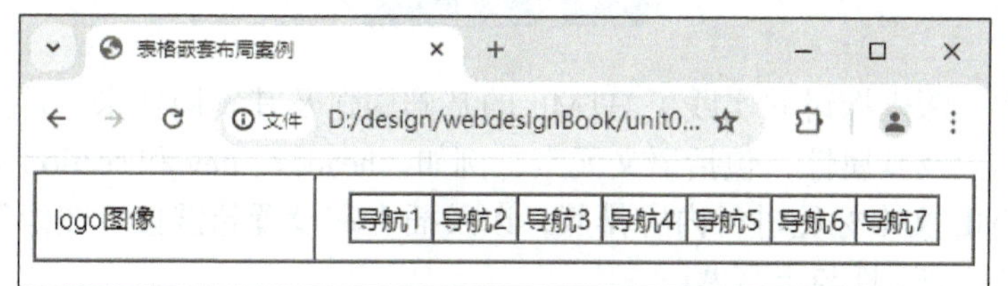

扫码观看视频

图 2-7　表格嵌套布局网页预览效果

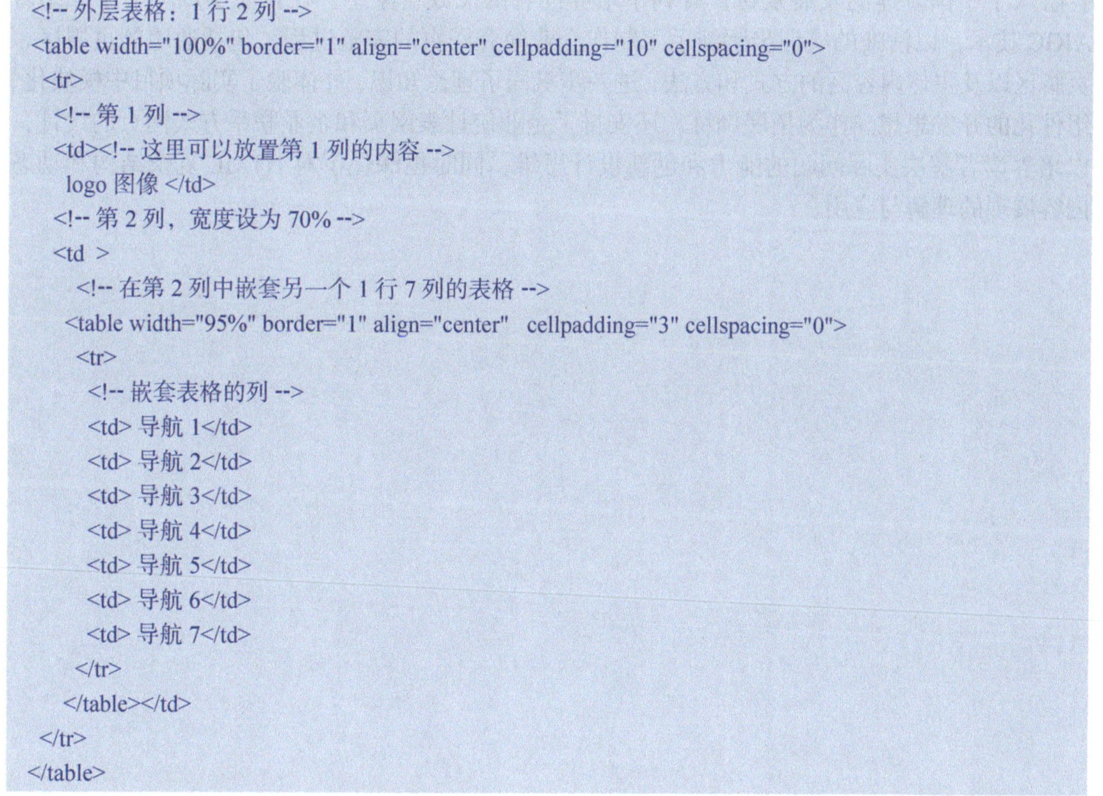

```
<!-- 外层表格：1 行 2 列 -->
<table width="100%" border="1" align="center" cellpadding="10" cellspacing="0">
  <tr>
   <!-- 第 1 列 -->
   <td><!-- 这里可以放置第 1 列的内容 -->
    logo 图像 </td>
   <!-- 第 2 列，宽度设为 70% -->
   <td >
     <!-- 在第 2 列中嵌套另一个 1 行 7 列的表格 -->
    <table width="95%" border="1" align="center"   cellpadding="3" cellspacing="0">
     <tr>
      <!-- 嵌套表格的列 -->
      <td> 导航 1</td>
      <td> 导航 2</td>
      <td> 导航 3</td>
      <td> 导航 4</td>
      <td> 导航 5</td>
      <td> 导航 6</td>
      <td> 导航 7</td>
     </tr>
    </table></td>
  </tr>
</table>
```

在使用表格布局时，通常会对表格的宽度进行重点考虑，可以使用“百分比”单位以灵活应用排版。例子中外层表格宽度使用 100%，里面有 2 个单元格，第 1 个单元格放 logo 图像，第 2 个单元格放导航。导航文字通常平均分布宽度，所以嵌套了 1 个 1 行 7 列的表格，内层表格的宽度使用“95%”表示。使用 cellpadding="10" 或者 cellpadding="3"，可以使文字与表格线的距离不会过于紧密。

技能实训

请参考本书配套的实训手册，完成实训训练。

小结

在本单元中，深入探讨并实践了 HTML 的基础构建及其实用技术。首先，详细讲解了 HTML 的各类标记及其属性，包括语义元素，例如，header、nav 和 section 等；其次，介绍了如何运用 HTML 文本标签进行内容排版，以及插入和设置超链接、图像等多媒体资源的方法，使网页更具交互性与丰富度。

通过丰富的示例训练 HTML 文本标记、图像标记和表格网页的制作技术，示例的内容融入了中国基建的发展素材，有利于培养读者的民族自豪感。在技能实训环节中，结合 AIGC 技术，以清晰的实训步骤演示了制作企业简介网页的完整过程，包括通用的页眉区、页脚区以及主体内容区的方式和方法，进一步巩固了理论知识，并体验了实际项目中模块化、组件化的开发思想。作为拓展训练，还安排了企业统计表网页和企业联系方式网页的设计，以培养读者解决实际问题的能力和创新设计思维，同时也深化了对 HTML 复杂结构和动态内容展现的理解与应用。

单元 3

HTML 进阶

情景导入

当前国家主导科技创新，引领发展战略性新兴产业和未来产业，加快形成新质生产力。面对百舸争流的竞争态势，越来越多的企业都深刻体会到谁能抓住机遇，谁就能占领先机、赢得优势，真正掌握竞争和发展主动权。

大湾区基建创新发展有限公司为提升新基建保障能力，厚植新质生产力成长土壤，重视科技创新和人才创新，以加快形成新质生产力。因此，公司网站要开发视频宣传页以宣传企业竞争力和名家工匠榜样等，并开发线上招聘网页，吸引更多的人才。

学习目标

- 了解 HTML 的列表，能应用无序列表、有序列表、嵌套列表和自定义列表进行网页设计。
- 了解常见 Web 音视频格式，能应用视频元素和音频元素设计网页。
- 认识表单的控件分类和常用属性，能综合应用多种表单控件制作表单网页，能设置简单的表单验证。
- 掌握制作简单音视频网页和表单网页的操作流程和方法。
- 通过了解名家工匠事迹，学习工匠精神，领略大国工匠对技艺的极致追求与坚持，激励追求卓越，不断超越自我。

3.1 HTML 列表

HTML 的列表主要分为三种类型：无序列表（Unordered List）、有序列表（Ordered List）和自定义列表（Definition List）。

3.1.1 无序列表

无序列表使用 <ul> 标签定义，列表项使用 <li> 标签定义。无序列表的列表项前面通常默认使用圆点（bullet points）作为标记，也可以修改为其他符号。它的语法格式如下。

```
<ul>
  <li> 苹果 </li>
  <li> 香蕉 </li>
  <li> 橙子 </li>
</ul>
```

3.1.2 有序列表

有序列表使用 <ol> 标签定义，列表项使用 <li> 标签定义。有序列表的列表项前面通常使用数字或字母作为标记，这些标记会按照顺序递增。它的语法格式如下。

```
<ol>
  <li> 第一步：打开浏览器 </li>
  <li> 第二步：输入网址 </li>
  <li> 第三步：浏览网页 </li>
</ol>
```

3.1.3 自定义列表

自定义列表通常用于术语或定义的列表。它使用 <dl> 标签定义，每个术语使用 <dt> 标签定义，而对应的定义或描述使用 <dd> 标签定义。它的语法格式如下。

```
<dl>
    <dt> 造纸术 </dt>
    <dd> 东汉时期蔡伦改进了造纸术，使得纸张质量大幅提升，极大地推动了文化、教育的发展。</dd>
    <dt> 活字印刷术 </dt>
    <dd> 活字印刷术是北宋平民毕昇发明的，对文化传播产生了深远影响。</dd>
</dl>
```

<dl>（定义列表）通常包含了多个 <dt> 和 <dd> 元素的组合。<dt>（定义术语）通常与一个或多个 <dd> 元素配对，用于描述该术语的详细内容。每个 <dd>（定义描述）元素通常紧跟在对应的 <dt> 元素之后，形成一对术语和描述的组合。

◆ 经验分享

无序列表：列表项前面通常有一个圆点或其他符号作为标记，表示没有特定的顺序。
有序列表：列表项前面有一个数字、字母或其他符号作为标记，表示有特定的顺序。
自定义列表：通常没有特定的前缀或标记，而是使用缩进来区分术语和描述。

3.1.4 列表的嵌套

无论是无序列表还是有序列表，都可以嵌套在其他列表中。列表的嵌套通常用于创建多级列表，列表项内部还可以使用段落、换行符、图片和超链接等。

在 HTML 中，列表的嵌套是非常常见的做法。例如，它可用于制作导航菜单、多级分类、可折叠面板和用户界面布局等。

【示例 3-1】大国工匠年度人物列表网页演练

在 HTML 中，以介绍大国工匠年度人物的文字作为素材制作网页。在网页中根据需要选择使用 <ul>、<ol> 和 <li> 等列表标记，以嵌套列表的形式显示效果。以下是 body 区的网页代码，它在浏览器中的预览效果如图 3-1 所示。

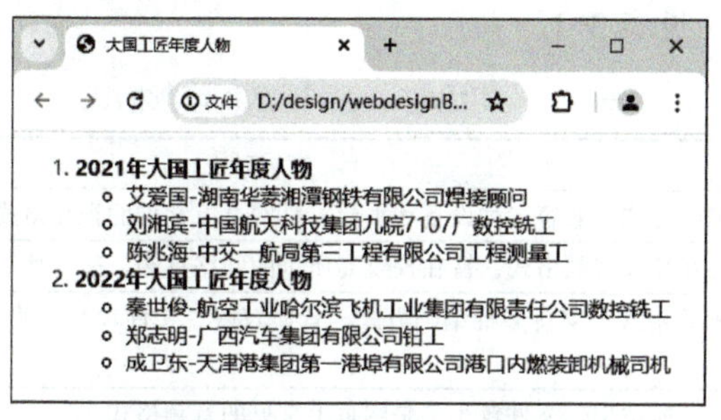

扫码观看视频

图 3-1 大国工匠年度人物列表网页预览效果

```
<body>
  <ol>
    <!-- 第一层：年份 -->
    <li><strong>2021 年大国工匠年度人物 </strong>
      <ul>
   <!-- 第二层：2021 年大国工匠人物 -->
        <li> 艾爱国 - 湖南华菱湘潭钢铁有限公司焊接顾问 </li>
        <li> 刘湘宾 - 中国航天科技集团九院 7107 厂数控铣工 </li>
        <li> 陈兆海 - 中交一航局第三工程有限公司工程测量工 </li>
        <!-- 更多获奖者，在这里添加 -->
      </ul>
    </li>
    <li><strong>2022 年大国工匠年度人物 </strong>
      <ul>
        <!-- 第二层：2022 年大国工匠人物 -->
        <li> 秦世俊 - 航空工业哈尔滨飞机工业集团有限责任公司数控铣工 </li>
        <li> 郑志明 - 广西汽车集团有限公司钳工 </li>
        <li> 成卫东 - 天津港集团第一港埠有限公司港口内燃装卸机械司机 </li>
        <!-- 更多获奖者，在这里添加 -->
      </ul>
    </li>
  </ol>
</body>
```

示例中使用了 2 层列表的嵌套，第一层为有序列表，默认以数字标记；第二层为无序列表，默认以圆点标记。

3.2 HTML5 媒体元素

3.2.1 常见 Web 音视频格式

网页中的多媒体元素包括音频元素和视频元素等，但是并非所有的音视频格式均适合用于网络传播。在构建网站时，应根据项目需求和网络传输特性慎重挑选合适的音频或视频格式。部分 Web 多媒体平台甚至开发了专属的音视频格式以满足特定的应用需求。一些常见的 Web 视频和音频格式，见表 3-1。

表 3-1 常见的 Web 视频和音频格式

序号	格式	说明
1	MP4	支持多种编码方式，兼容多种设备和平台，是网页上常见的视频格式
2	WebM	谷歌推出的音频和视频格式，旨在提供高质量的网络视频，兼容性逐渐提高
3	Ogg	一种开源视频格式，支持多种编码方式，音质较好，文件较小，兼容性逐渐提高，可以用于音频和视频格式
4	MP3	兼容性好，音质适中，文件较小，是网页上常见的音频格式
5	WAV	微软推出的一种无损音频格式，音质较好，文件较大

3.2.2 音频媒体元素

<audio> 元素用于在 HTML 文档中嵌入音频内容。浏览器提供了对音频文件的原生支持，使得用户无须额外的插件或软件即可播放音频。它的语法格式如下。

```
<audio title=" 示例音频 " preload="auto" controls="controls" muted="muted" autoplay="autoplay" loop="loop" >
  <source src="111.mp3" type="audio/mp3">  <source src="222.ogg" type="audio/ogg">
  <source src="333.wav" type="audio/wav">  <p> 你的浏览器不支持 <audio> 元素 </p>
</audio>
```

<audio> 元素允许使用多个 <source> 元素，<source> 元素可以链接不同的音频文件，浏览器将优先使用第一个支持的音频文件。在 <audio> 与 </audio> 之间也可以插入“你的浏览器不支持 <audio> 元素”的提示文本。大多数浏览器对 <audio> 元素都支持 MP3、WAV 和 Ogg 这三种音频格式文件。<audio> 标签的常用属性，见表 3-2。

表 3-2 <audio> 标签的常用属性

序号	属性	值	简要描述
1	src	URL	音频文件的 URL 地址或者本地地址
2	controls	可选	是否显示播放器的控制栏
3	autoplay	可选	当网页加载时自动播放音频
4	loop	可选	循环播放音频
5	preload	none、metadata、auto	是否预加载音频及其数据
6	muted	可选	音频默认为静音状态
7	type	MIME 类型	音频文件的类型

<audio> 的 MIME 类型中，MP3 格式用“audio/mpeg”，Ogg 格式用“audio/ogg”，WAV 格式用“audio/wav”。

3.2.3　视频媒体元素

<video> 元素用于在 HTML 文档中嵌入视频内容。和 <audio> 元素类似，浏览器提供了对视频文件的原生支持，用户无须额外的插件或软件即可播放视频。<video> 元素可以包含多个 <source> 元素，每个 <source> 元素都指向一个不同的视频文件，浏览器将尝试按顺序播放这些文件，直到找到一个它支持的格式。<video> 元素的 src、controls、autoplay、loop、preload、muted 和 type 属性与 <audio> 元素的属性相似，不再重复表述。<video> 标签的一些常用属性，见表 3-3。

表 3-3　<video> 标签的一些常用属性

序号	属性	值	简要描述
1	volume	0.0 ～ 1.0 之间的数字	音量大小
2	width	像素值或百分比	视频播放器的宽度
3	height	像素值或百分比	视频播放器的高度
4	poster	URL	视频封面图片的 URL 地址
5	duration	数值	视频的长度（秒）

<video> 的 MIME 类型中，MP4 格式用“video/mp4”，Ogg 格式用“video/ogg”，WebM 格式用“video/webm”。HTML5 中 <video> 和 <audio> 元素同样拥有方法、属性和事件。例如，可以使用 JavaScript 控制 <video> 和 <audio> 的播放、暂停以及加载等功能。它的语法格式如下。

```
<video width="400" height="280" title=" 示例视频 " poster="111.jpg" preload="auto" controls="controls" muted=
"muted" autoplay="autoplay" loop="loop" >
  <source src="111.mp4" type="video/mp4">  <source src="222.ogg" type="video/ogg">
  <source src="333.webm" type="video/webm">  <p> 你的浏览器不支持 video 元素 </p>
</video>
```

【示例 3-2】致敬劳动者视频网页演练

在 HTML 中，以致敬劳动者的文字、图片、音频和视频作为素材制作网页。在网页中根据需要选择使用 <h4>、<audio> 和 <video> 等标记。以下是 body 区的网页代码，致敬劳动者视频网页在浏览器中的预览效果如图 3-2 所示。

图 3-2　致敬劳动者视频网页预览效果

扫码观看视频

```
<body>
    <h4 align="center">致敬劳动者 用平凡创造不凡 </h4>
    <video width="400" height="210"
    title="播放致敬劳动者视频" poster="fengmian.png" preload="none" controls="controls" >
      <source src="preview.mp4" type="video/mp4">
    </video>
    <h4  align="center">半是书香，半是远方（有声朗读）</h4>
    <audio title="播放《半是书香，半是远方》" preload="auto" controls="controls" >
      <source src="main.mp3" type="audio/mp3">
    </audio>
</body>
```

示例中上半部分是视频展示，下半部分是音频展示。视频只提供了一个 MP4 格式的视频地址，并显示了视频封面图片，视频宽为 400 像素，高为 210 像素。音频只提供了一个 MP3 格式的音频，它会自动识别音频的时长并显示出来。

3.3 HTML5 表单控件

在 HTML 中，表单用于收集用户输入的数据，实现与用户的交互。通过提交表单，可以将用户数据发送到服务器进行处理和存储，进而实现注册、登录和搜索等网站功能。

3.3.1 表单元素 form

在 HTML 中，<form> 元素用于创建 HTML 表单，用于收集用户输入的数据。<form> 元素可以包含各种输入元素，例如，文本字段、复选框、单选按钮和提交按钮等。它的语法格式如下。

```
<form action="save.php" method="post" enctype="application/x-www-form-urlencoded"
name="form1" target="_self" id="form1" autocomplete="on" title="用户表单" accept-charset="UTF-8">
<!-- 这里是表单的其他内容，所有表单的元素都放在 <form> 和 /form> 之间 -->
</form>
```

在 HTML 中，每一个表单元素都有 id 和 name 属性，用于标记它的名称 id。<form> 元素的常用属性描述，见表 3-4。

表 3-4 <form> 元素的常用属性

序号	属性名称	说明
1	action	定义表单提交的 URL 地址
2	method	定义表单提交时使用的 HTTP 方法，通常为 get 或 post。默认的 HTTP 方法是 get
3	target	定义表单提交后在何处打开结果网页，通常为 _blank、_self、_parent、_top 或者 iframe 的真实命名等
4	autocomplete	定义是否启用表单字段的自动完成功能，通常为 on 和 off
5	novalidate	定义是否禁用表单验证，通常为 novalidate
6	accept-charset	定义表单提交时使用的字符集，例如，UTF-8
7	enctype	定义表单提交时使用的编码类型，通常为“application/x-www-form-urlencoded”（默认）、“multipart/form-data”和“text/plain”等。仅在 method=“post”时生效

get 和 post 是 HTTP 中两种常用的请求方法。get 请求通常比 post 请求快，get 请求可以被浏览器缓存，而 post 请求一般不会被缓存。post 相对更安全，因为 post 数据不会显示在 URL 中，而 get 数据会附加在 URL 上，可能会被浏览器记录或服务器日志记录，从而泄露敏感信息。

3.3.2　表单的按钮

在网页的表单中，按钮元素可以使用 <button> 或者 <input> 创建，通常分为以下 4 种按钮。

1）提交按钮：用于提交表单数据，可以使用 <input type="submit"> 标签创建，也可以使用 <button type="submit"> 标签创建。

2）重置按钮：用于重置表单字段的值，可以使用 <input type="reset"> 标签创建，也可以使用 <button type="reset"> 标签创建。

3）普通按钮：用于执行其他操作，不提交表单数据，使用 <button> 标签创建。

4）图像按钮：使用图像作为按钮的外观，使用 <input type="image"> 标签创建。

它的语法格式如下。网页按钮的效果如图 3-3 所示。

```
<input name="btn0" type="submit" autofocus="autofocus" id="btn0" form="form1" title=" 提交保存表单 " value=" 提交 ">
<input type="reset" name="btn1" id="btn1" value=" 重置 ">
<input type="button" name="btn2" id="btn2" value=" 普通按钮 1">
<button type="submit" name="btn3" id="btn3"> 提交按钮 2</button>
<button type="reset" name="btn4" id="btn4"> 重置按钮 2</button>
<button type="button" name="btn5" id="btn5"> 普通按钮 2</button>
<input name="btn6" type="image" id="btn6" title=" 图像按钮 " src="btn2.png" width="25" height="25">
```

提交　重置　普通按钮 1　提交按钮 2　重置按钮 2　普通按钮 2　▶

图 3-3　网页按钮的效果

3.3.3　标签元素 label 和 textarea

<label> 标签为 <input> 元素定义标注。<label> 元素不会向用户呈现任何特殊效果。如果在 <label> 元素内用鼠标单击文本，就会触发此控件。就是说当用户选择该标签时，浏览器就会自动将焦点转到和标签相关的表单控件上。<label> 标签的 for 属性应当与相关元素的 id 属性相同。

<textarea> 标签定义一个多行的文本输入控件。可以通过 cols 和 rows 属性来控制 textarea 的尺寸大小，也可以使用 CSS 的 height 和 width 属性。maxlength 属性表示允许的最大字符数量。wrap 指定文本输入框中的文本换行方式，可能的值有“hard”“soft”和“off”。它的语法格式如下。

```
<label for="txt2"> 个人简介：</label>
<textarea name="txt2" rows="5" maxlength="1000" wrap="soft" id="txt2"> 输入详情 </textarea>
```

3.3.4　输入元素 input

1）常用的 <input> 元素。HTML 中，表单（<form>）内部可以包含多种类型的 <input>

元素，用于接收用户输入的数据，它们的含义和定义举例，见表 3-5。

表 3-5　常用的 <input> 元素

含义	定义举例	简要说明
文本输入	<input type="text">	单行的文本输入框
密码输入	<input type="password">	密码输入框，通常输入的字符会被隐藏
单选按钮	<input type="radio">	单选按钮，通常与 <label> 一起使用
复选框	<input type="checkbox">	复选框，用户可以选择多个
隐藏输入	<input type="hidden">	对用户不可见的输入字段，用于存储数据
文件上传	<input type="file">	用于文件上传
搜索框	<input type="search">	搜索的文本框
电话输入	<input type="tel">	电话号码的文本框
邮件输入	<input type="email">	电子邮件地址的文本框
数字输入	<input type="number">	数字的文本框，支持范围、步长等属性
范围输入	<input type="range">	滑块，允许用户选择一个范围内的值
颜色选择器	<input type="color">	颜色选择器，允许用户选择一个颜色值
日期输入	<input type="date">	日期选择器，允许用户选择一个日期
时间输入	<input type="time">	时间选择器，允许用户选择一个时间
日期时间 - 本地	<input type="datetime-local">	日期和时间选择器，允许用户选择日期和时间（无时区）
月份输入	<input type="month">	月份选择器，允许用户选择一个月份和年份
星期输入	<input type="week">	星期选择器，允许用户选择一个星期和年份

HTML5 增加了多个新的输入类型：color、date、datetime、datetime-local、email、month、number、range、search、tel、time、url 和 week 等。

◆ **经验分享**

并不是所有的浏览器都支持所有类型的 <input> 元素，尤其是较旧的浏览器可能不支持 HTML5 中新增的输入类型，它可能会被视为输入类型 text。

2）<input> 的常用属性。<input> 元素可以包含其他属性，例如，name、value、id 和 placeholder 等，用于进一步定义和控制输入字段的行为和外观。在 HTML 中，<input type="text"> 元素有许多属性可以用来控制其外观、行为以及用户与它的交互方式。以下是这个元素的一些常用属性，见表 3-6。文本字段的属性也适用于很多表单的其他 <input> 元素。

表 3-6　文本字段的常用属性

属性	值	简要说明
type	text	定义输入类型为文本字段
name	字符串	定义了名称，用于在表单提交时识别字段
value	字符串	字段的初始值
size	数字	输入字段的可见宽度（以字符为单位）
maxlength	数字	输入的最大字符数

（续）

属性	值	简要说明
minlength	数字	字段输入的最小字符数
readonly	readonly	只读，不能输入字符
disabled	disabled	禁用，不能输入字符
autofocus	autofocus	当网页加载时，自动将焦点放在该输入字段上
autocomplete	on 或 off	自动完成功能
placeholder	字符串	为输入字段提供提示信息（通常为灰色文本），当输入字段为空时显示
required	required	指示此字段在表单提交前必须填写
pattern	正则表达式	定义输入字段必须正则表达式匹配的模式
list	引用 <datalist> 元素的 id	引用包含预定义选项的 <datalist> 元素，允许用户从预定义列表中选择值

【示例 3-3】用户注册表单网页演练

在 HTML 中，以收集用户的账号、密码、电话和邮件等信息制作网页。在网页中根据需要选择合适的 <input> 元素标记和属性。用户注册表单网页在浏览器中的预览效果如图 3-4 所示。

用户注册

账号：请输入用户名称

密码：请输入密码

电话：输入手机号码

邮件：请输入邮箱地址

提交　重置

图 3-4　用户注册表单网页预览效果

扫码观看视频

```
<body>
    <h3> 用户注册 </h3>
    <form action="regSave.html" method="get" id="form1">
      <label for="txt_username"> 账号 :</label>
      <input name="txt_username" type="text" autofocus="autofocus" required="required" id="txt_username"
placeholder=" 请输入用户名称 " autocomplete="on" maxlength="10">
      <br><br>
      <label for="txt_psw"> 密码 :</label>
      <input name="txt_psw" type="password" required="required" id="txt_psw" placeholder=" 请输入
密码 " autocomplete="off" maxlength="12">
      <br><br>
      <label for="txt_tel"> 电话 :</label>
      <input name="txt_tel" type="tel" required="required" id="txt_tel" placeholder=" 输入手机号码 "
autocomplete="on" maxlength="11">
```

```
        <br><br>
        <label for="txt_email"> 邮件 :</label>
        <input name="txt_email" type="email" required="required" id="txt_email" placeholder=" 请输入邮
箱地址 ">
        <br><br>
        <input type="submit" name="btn1" id=" btn1" value=" 提交 ">
        <input type="reset" name=" btn2" id=" btn2" value=" 重置 ">
    </form>
</body>
```

示例使用 <form> 和 </form> 把所有的表单元素围了起来，action="regSave.html" 表示表单提交到网页“regSave.html”中。使用 type="text"、type="password"、type="tel"、type="email"、type="submit" 和 type="reset" 分别表示为单行文本框、密码输入框、电话输入框、邮件输入框、提交按钮和重置按钮，使用 autocomplete 表示是否启用自动完成功能，使用 required="required" 表示必填选项，使用 placeholder 表示灰色的提示文字。

3）height 和 width 属性。height 和 width 属性规定用于 image 类型的 <input> 标签的图像高度和宽度。

4）min 和 max 属性。min 和 max 属性用于为包含数字或日期的 input 类型规定的最小值和最大值限定。min 和 max 属性适用于以下类型的 <input> 标签：number、range、date、datetime、datetime-local、month、time 和 week。

5）step 属性。step 属性为输入域规定合法的数字间隔。如果 step="3"，则合法的数是 3 的倍数，例如，“−3”“0”“3”和“6”等。step 属性与以下 type 类型一起使用：number、range、date、datetime、datetime-local、month、time 和 week。step 属性可以与 max 和 min 属性创建一个区域值。

6）list 属性。list 属性规定输入域的 datalist。datalist 是输入域的选项列表。其中 Internet Explorer 9（及更早版本）和 Safari 浏览器不支持 datalist 标签。它的语法格式如下。

```
<label for="fruit"> 选择绿色出行方式：</label>
<input type="text" id="trail" name="trail" list="trail_list">
<datalist id=" trail_list"><!-- 这个 id 的值为上面 input 标签中的 list 的值，必须相同。-->
    <option value=" 步行 ">
    <option value=" 公共交通 ">
    <option value=" 单车骑行 ">
    <option value=" 自驾车 ">
</datalist>
```

3.3.5 选择元素 select

在 HTML 中，<select> 元素用于创建下拉列表。用户可以从这个下拉列表中选择一个或多个选项。<select> 元素通常与 <option> 元素一起使用，以定义下拉表中的选项。它的语法格式如下。

```
<label for="car"> 选择新能源汽车：</label>
<select id="car" name="car"  multiple  size="2">
  <option value="a1"> 比亚迪 </option>
  <option value="a2"> 小鹏 </option>
  <option value="a3"  selected="selected"> 小米 </option>
  <option value="a4"> 蔚来 </option>
</select>
```

属性 multiple 允许用户选择多个选项。通常与 <Ctrl>（Windows/Linux）或 <Cmd>（Mac）快捷键结合使用，以选择多个选项。selected="selected" 表示默认选中一个下拉列表选项。size 定义下拉列表中可见的选项数量。如果未设置 size 属性或值大于可用选项的数量，则所有选项都将可见。

【示例 3-4】电商订单表单网页演练

在 HTML 中，收集用户的商品名称、商品数量和发货地区等信息，制作网页。在网页中根据需要选择合适的 <input> 元素标记和属性。以下是 body 区的网页代码，电商订单表单网页在浏览器中的预览效果如图 3-5 所示。

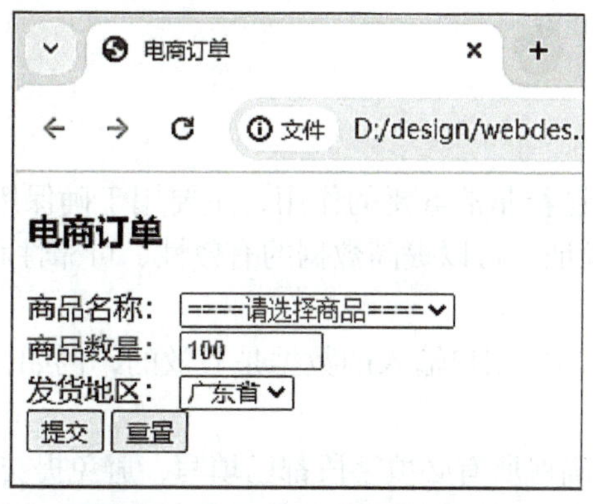

扫码观看视频

图 3-5　电商订单表单网页预览效果

```
<body>
    <h3> 电商订单 </h3>
    <form action="save.html" method="get"  target="_self" id="form2">
      <label for="txt_productName"> 商品名称：
        <select name="txt_productName" required="required" id="txt_productName">
          <option value="a1"> 苹果 </option>
          <option value="a2"> 香蕉 </option>
          <option value="a3"> 芒果 </option>
          <option value="0" selected="selected">==== 请选择商品 ====</option>
        </select>
      </label>
      <br>
      <label for="txt_total"> 商品数量：
```

```
<input name="txt_total" type="number" required="required" id="txt_total" placeholder=" 输入整数 " max=
"1000" min="1" step="10" value="100">
        </label>
        <br>
        <label for="txt_addr"> 发货地区：
          <select name="txt_addr" required="required" id="txt_addr">
            <option value="gd"> 广东省 </option>
            <option value="hn"> 湖南省 </option>
            <option value="hb"> 湖北省 </option>
          </select>
        </label>
        <br>
        <input type="submit" name="submit" id="submit" value=" 提交 ">
        <input type="reset" name="reset" id="reset" value=" 重置 ">
      </form>
</body>
```

示例中对下拉菜单使用 selected="selected" 可以默认显示提示的下拉列表选项内容，商品数量限制了范围为 1 ～ 1000。

3.3.6 表单的验证

表单验证在 HTML 中起着非常重要的作用，主要用于确保用户输入的数据符合特定要求或标准。通过进行表单验证，可以提高数据的有效性、可靠性和安全性。以下是表单验证的一些作用。

1）数据有效性检查：确保用户输入的数据是有效的，例如，电子邮件地址格式正确、电话号码有效等。

2）数据完整性检查：确保所有必填字段都已填写，避免提交不完整的表单。

3）数据范围检查：确保数字、日期等数据在合理的范围内，例如，年龄在 10 ～ 50 之间。

4）数据类型检查：确保数据类型正确，例如，密码字段只包含字母和数字。

5）数据安全检查：防止 SQL 注入等安全问题，提高系统的安全性。

在 HTML 中，pattern 属性使用正则表达式来验证用户输入的数据是否符合指定的模式。一些常用的正则表达式示例，见表 3-7。

表 3-7 常用的正则表达式示例

序号	正则表达式示例	描述
1	pattern="\d{3}-\d{3}-\d{4}"	验证电话号码格式是否为 "×××-××××-××××"
2	pattern="^(?=.*[A-Za-z])(?=.*\d)[A-Za-z\d]{8,}$"	密码至少包含一个字母和一个数字，并且长度至少为 8 个字符
3	pattern="^\d{17}(\d|X|x)$"	验证居民身份证号码
4	pattern="^[\u4e00-\u9fa5]{2,4}$"	验证中文姓名长度是否在 2 ～ 4 个汉字之间
5	pattern="^1[3-9]\d{9}$"	验证手机号码的格式是否正确

◆ 经验分享

初学者书写正则表达式将会比较困难，可以结合百度文心一言等 AIGC 平台，通过 AI 问答获取一些常用的正则表达式。

【示例 3-5】简单的表单验证网页演练

制作 HTML 网页，要求输入正确的账号和密码以登录网页，并要求对账号和密码作必要的验证。在网页中根据需要选择合适的 <input> 元素标记和属性以及正则表达式。以下是 body 区的网页代码，简单的表单验证网页在浏览器中的预览效果如图 3-6 所示。

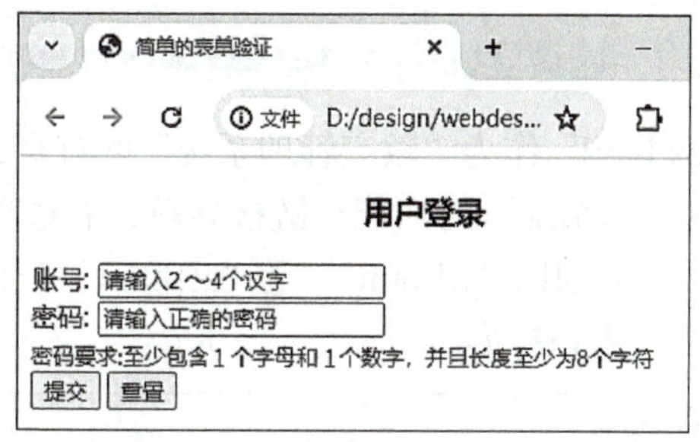

扫码观看视频

图 3-6　简单的表单验证网页预览效果

```
<body>
    <h3 align="center"> 用户登录 </h3>
    <form action="login.html" target="_self" id="fom05">
      <label for="txt_user"> 账号 :</label>
      <input name="txt_user" type="text" id="txt_user"
    required="required" placeholder=" 请输入 2 ～ 4 个汉字 " pattern="^[\u4e00-\u9fa5]{2,4}$"    >
      <br>
      <label for="txt_psw"> 密码 :</label>
      <input name="txt_psw" type="password"
     required="required"   id="txt_psw" placeholder=" 请输入正确的密码 "
     pattern="^(?=.*[A-Za-z])(?=.*\d)[A-Za-z\d]{8,}$"   >
      <br>
      <small > 密码要求 : 至少包含 1 个字母和 1 个数字，并且长度至少为 8 个字符 </small> <br>
      <input type="submit" name="submit" id="submit" value=" 提交 ">
      <input type="reset" name="reset" id="reset" value=" 重置 ">
    </form>
</body>
```

3.4 HTML 内联框架

在 HTML 中，<frameset> 元素主要与 HTML4.01 的框架（frames）概念相关，这种布局方式现在已经很少使用，本书不作介绍。现在网页设计中会使用内联框架 <iframe> 元素，它可用于在当前 HTML 文档中嵌入另一个 HTML 文档，例如来自其他网站的网页，或者嵌入视频、音频等多媒体内容。以下是关于 <iframe> 的语法和属性。

```
<iframe src=" 框架的 URL 地址 " title=" 框架的标题 "  name=" 框架的名称 "  id=" 框架的 id"
        width="iframe 的宽度 " height=" iframe 的高度 "  frameborder="0|1"  scrolling="yes|no|auto">
<!-- 这里可以放置一些备选内容，如果浏览器不支持 iframe 或者 src 属性指定的网页无法加载时显示 -->
</iframe>
```

其中属性“frameborder”指定 <iframe> 是否显示边框，“0”表示不显示，“1”表示显示。属性“scrolling”指定 <iframe> 是否应显示滚动条，“yes”表示总是显示，“no”表示从不显示，“auto”表示仅在需要时显示。

【示例 3-6】管理系统框架网页演练

制作 HTML 网页“index.html”作为“教室管理系统”的首页，并使用 1 行 2 列的表格布局，左边单元格显示“教室管理系统”的功能超链接导航，右边单元格以内联框架的形式显示相应的 5 个功能操作网页，分别以“a1.html”至“a5.html”5 个网页命名。管理系统框架网页在浏览器中的预览效果如图 3-7 所示。

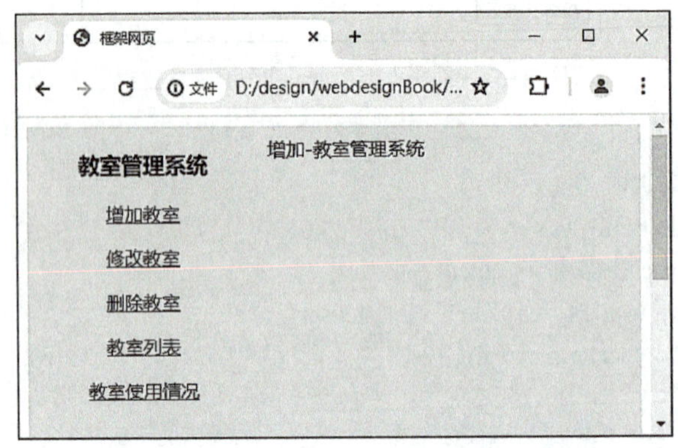

图 3-7　管理系统框架网页预览效果

```
<!doctype html>
  <html>
      <head>
       <meta charset="utf-8">
       <title> 框架网页 </title>
     </head>
     <body>
       <table width="100%" border="0" cellspacing="0" cellpadding="0">
         <tr>
           <td width="200" align="center" valign="top" bgcolor="#88F1AE"><h3> 教室管理系统 </h3>
             <p><a href="a1.html" target="mainFrame"> 增加教室 </a></p>
             <p><a href="a2.html" target="mainFrame"> 修改教室 </a></p>
             <p><a href="a3.html" target="mainFrame"> 删除教室 </a></p>
             <p><a href="a4.html" target="mainFrame"> 教室列表 </a></p>
```

```
            <p><a href="a5.html" target="mainFrame"> 教室使用情况 </a></p></td>
        <td valign="top">
            <iframe width="100%" height="500" frameborder="0" scrolling="auto" src="a1.html"
name="mainFrame"></iframe> </td>
        </tr> </table>
</body>
</html>
```

示例中的内联框架宽度为“100%”，高度为“500”像素，不显示边框，根据情况自动显示滚动条，默认 URL 指向“a1.html”网页，框架名为“mainFrame”。左边的 5 个超链接使用 target="mainFrame" 定义超链接打开的框架。

技能实训

请参考本书配套的实训手册，完成实训训练。

小结

在本单元中，深入探讨并实践了 HTML 的进阶技术。首先，详细讲解了 HTML 的 3 种列表标记及其属性，并演示了嵌套列表的使用；其次，介绍了如何运用 HTML 音频元素和视频元素以展示使用网页来播放音乐和视频；再次，介绍了表单元素的按钮和常用控件的属性和用法，并演示了简单的表单验证方法；最后，介绍了内联框架的使用方法。

通过丰富的示例训练 HTML 列表、音频、视频、表单和内联框架的制作技术，示例的内容融入了中国工匠、四大发明和民族新能源汽车品牌等素材，有利于培养读者的工匠精神和民族自豪感。在技能实训环节中，结合 AIGC 技术辅助，以清晰的实训步骤演示了制作企业视频宣传网页的完整过程，进一步巩固了理论知识，并体验了实际项目中模块化、组件化的开发思想。作为拓展训练，还设计和安排了用户注册网页、用户登录网页和招聘网页等网页的设计，以培养读者解决实际问题的能力和创新设计思维，同时也深化了对 HTML 复杂表单结构和表单验证的理解与应用。

单元 4

CSS 基础

情景导入

自古以来工匠们喜欢不断雕琢自己的产品，不断改善自己的工艺，享受着产品在双手中升华的过程。工匠们对细节有很高的要求，追求完美和极致，对精品有着执着的坚持和追求，把品质从 0 提高到 1，其利虽微，却长久造福于世。“工匠精神”是社会文明进步的重要尺度、是中国制造前行的精神源泉、是企业竞争发展的品牌资本、是员工个人成长的道德指引。“工匠精神”就是追求卓越的创造精神、精益求精的品质精神和用户至上的服务精神。

前端开发工程师们在开发大湾区基建创新发展有限公司网站时，在确定网站总体的设计风格和技术路线，完成一些比较简单的网页后发现了一些问题，例如，使用 HTML 标记属性对网站维护困难，代码不利于阅读等。因此，工程师们希望结合 CSS 知识和技术制作出美观大方，内容与表现分离并且升级轻松、维护方便的网页。

学习目标

- 了解 CSS 概念。
- 掌握 CSS 基本语法和 CSS 常用的属性。
- 熟悉 CSS 字体属性和文本样式属性，能够运用相应的属性定义文本样式。
- 掌握 CSS 基础选择器，能够运用 CSS 选择器定义标记样式。
- 理解 CSS 优先级，能够区分复合选择器权重的大小。
- 认识 CSS 表格属性和 CSS 列表属性。
- 在技能训练中培养工匠精神和价值追求，提高道德品质和职业素养。

4.1 CSS 和 CSS3 简介

使用 HTML 标签属性对网页进行修饰存在很大的局限和不足，例如，网站维护困难、不利于代码阅读等。如果希望网页美观大方，并且升级轻松、维护方便，就需要使用 CSS 将网页的 HTML 结构和网页的样式分离。

CSS（Cascading Style Sheets，层叠样式表）用来描述 HTML 或 XML 的呈现方式。CSS 对网页中元素位置的排版进行像素级精确控制，实现内容与样式的分离，方便网页风格的统一，代码复用极大提高了工作效率。

CSS3 是新的 CSS 标准，主要包括盒子模型、列表模块、超链接方式、语言模块、背景和边框、文字特效和多栏布局等模块。CSS3 的一个主要变化是被分为若干个相互独立的模块，这样有利于规范及时更新和发布，也为日后 CSS 的扩展奠定了基础。CSS3 是以模块化的方式开发，并新增了许多特性，例如，圆角效果、块阴影和文字阴影、支持更多的颜色和更广泛的颜色定义、渐变效果、个性化字体、多背景图、边框背景图、多栏布局以及媒体查询等。

4.2 引入 CSS

CSS 的引入方式有三种：内部样式表、外部样式表和行内样式表。内部样式表作用于当前 HTML 文件，外部样式表可以作用于多个 HTML 文件，而行内样式表则作用于当前标签。

1. 外部样式表

外部样式表也称为外链式，是把所有 CSS 代码保存放在一个或者多个以“.css”为扩展名的文件中，然后通过 <link> 标签在网页中引用外部样式表，这个 <link> 标签通常放到网页的 <head> 标签内，它的语法格式如下。

```
<head>
    <link rel="stylesheet" type="text/css" href="css 外部样式文件路径 ">
</head>
```

rel：定义当前文档与被链接文档之间的关系，“stylesheet”表示被链接的文档是一个样式表文件。

type：是指文件的类型，“text/css”表示文件类型是 CSS。

href：用于指定所链接的 CSS 文件的 URL，CSS 文件的扩展名为“.css”。

在 CSS 中，@import 规则用于导入其他 CSS 文件，也可以将一个 CSS 文件导入另一个 CSS 文件中，它的语法格式如下。

```
@import url("https://example.com/style.css");          /* 直接使用 @import 导入 CSS 文件 */
@import url("style.css") screen and (min-width: 600px);   /* 在 @import 规则中使用 media 查询 */
```

使用 @import 导入的性能不如直接在 HTML 文件中使用 <link> 标签导入。因为 @import 是在网页加载后才开始下载 CSS 文件的，而 <link> 标签则是在网页加载时就开始下载 CSS 文件。

在使用 @import 时，应该总是使用 url() 函数，并将 CSS 文件的 URL 放在引号中。

2. 内部样式表

内部样式表也称为嵌入式，通常是把 CSS 代码写在 <head> 头部标记中并且用 <style> 标签定义，与 HTML 内容位于同一个 HTML 文件中，它的语法格式如下。

```
<head>
    <style type="text/css">
      选择器 1 { 属性：属性的值；属性：属性的值；…… }
      选择器 2 { 属性：属性的值；属性：属性的值；…… }
    </style>
</head>
```

选择器用于指定 CSS 作用的 HTML 元素，有标记选择器、类选择器和 id 选择器等，它们将会在后续内容中讲解。

3. 行内样式表

行内样式表将 CSS 代码直接写在 HTML 标签的 style 属性值中，它的语法格式如下。

```
< 标记  style=" 属性：属性的值；属性：属性的值；……" > 内容 </ 标记 >
<h1 style="color:#F00"> 设置一级标题红色字体 </h1>
<p style="font-size:14px; color:#00F;"> 设置段落字体大小为 14px，字体颜色为蓝色 </p>
```

Style 的多个属性值之间用分号“；”分隔。行内样式表仅在当前的 HTML 标签起作用，因为不能在多个网页复用代码，不推荐使用。

4.3 CSS 基本语法

4.3.1 CSS 基本规则

CSS 基本规则由两部分构成，即选择器和声明。声明必须放在大括号“{ }”中，并且声明可以是一条或多条；每条声明由一个属性和值组成，属性和值之间用冒号“：”分开，每条语句以英文分号“;”结尾。规则声明了要修改的元素和要应用给该元素的样式，它的语法格式如下。

```
选择器 { 属性 1: 属性值 1 ; 属性 2: 属性值 2 ; 属性 3: 属性值 3;}
```

在 CSS 代码中，“h1”表示选择器；“font-size:18px;”和“color:#00F;”表示两条声明，声明中“font-size”和“color”表示属性，“18px”和“#00F”表示相对应的属性值；这条规则声明了 <h1> 标签的字体大小为“18px”，颜色为“蓝色”，如图 4-1 所示。

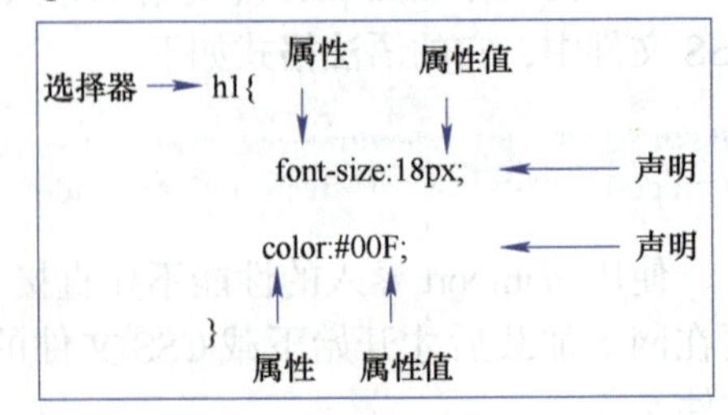

图 4-1　CSS 基本规则

在编写 CSS 时除了要遵循 CSS 规则，还必须注意 CSS 代码结构的特点，具体如下：

1）类选择器和 id 选择器在 CSS 中是否区分

大小写取决于文档类型和浏览器解析规则。在 HTML 5、SVG 和 XML 等环境中区分大小写。推荐属性名和属性值采用小写。

2）多个属性间须用英文分号“;”隔开，最后一个属性后的分号可省略，建议保留。

3）如果属性值由多个单词组成且包含空格，则必须加上英文半角引号。

4）在 CSS 代码中空格是不被解析的，花括号“{ }”以及分号“;”前后的空格可有可无。

【示例 4-1】一个简单的样式网页演练

以下这段 HTML 代码定义了一个简单的样式网页，其中使用了 CSS 来定义 div 元素的外观和布局。通过 div 选择器，定义了所有 div 元素的宽度、高度、边框和外边距；通过 .green 和 .red 类选择器，分别定义了具有不同背景颜色的 div 元素。一个简单的样式网页在浏览器中的预览效果如图 4-2 所示。

扫码观看视频

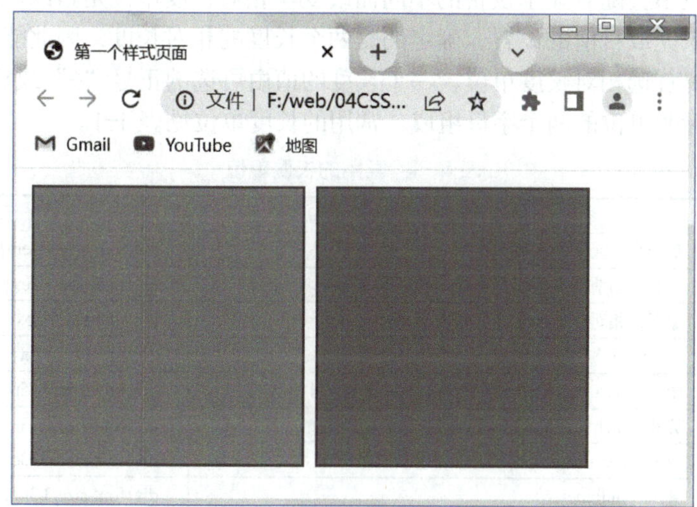

图 4-2　一个简单的样式网页预览效果

```
<!doctype html>
<html>
    <head>
    <meta charset="utf-8">
    <title> 第一个样式网页 </title>
    <style type="text/css">
    div {
        width: 200px;
        height: 200px;/* 定义 div 元素正方形显示 */
        border: solid 2px blue; /* 边框为实线，大小 2px，蓝色 */
        float: left;/* 左浮动 */
        margin: 4px;/* 外边距 4px */
    }
```

```
        .green {background-color: green; /* 设置背景颜色为绿色 */}
        .red {background-color: red; /* 设置背景颜色为红色 */}
        </style>
    </head>
    <body>
        <div class="red"></div>
        <div class="green"></div>
    </body>
</html>
```

4.3.2 CSS 的长度单位

在 CSS 中，有多种长度单位可以用来指定尺寸，这些单位提供了灵活性和准确性，以适应不同的设计需求，主要有绝对长度单位和相对长度单位。

绝对长度单位不会随着显示设备的不同而改变。相对长度单位是指以该属性前一个属性的单位值为基础来完成目前的设置，确定的是两个长度的相对长度，因此能更好地适应不同的显示设备，建议首选相对长度单位。一个长度的值由可选的正号“+”或负号“−”，接着一个数字，后跟标明单位的两个字母组成。常用的长度单位见表 4-1。

表 4-1　常用的长度单位

长度单位	简介	示例
em	基于当前元素的字体大小	div{font-size:1.2em}
ex	相对于当前对象内小写字母 x 的高度	div{font-size:1.2ex}
px	像素，相对于显示器屏幕分辨率而言	div{font-size:12px}
pt	点（point），1pt=1/72in	div{font-size:12pt}
pc	派卡（pica），相当于汉字新 4 号铅字的尺寸	div{font-size:0.75pc}
in	英寸（inch），1in=2.54cm=25.4mm=72pt=6pc	div{font-size:0.13in}
cm	厘米（centimeter）	div{font-size:0.33cm}
mm	毫米（millimeter）	div{font-size:3.3mm}

大多数属性仅能使用正数，只有少数属性可使用正数或负数。若属性值设置为负数，且超过浏览器所能接受的范围，则浏览器会选择比较靠近且能支持的数值。

百分比单位是一种常用的相对长度单位。百分比值总是相对于另一个值来说的，该值可以是长度单位或其他单位。一个百分比值由可选的正号“+”或负号“−”，接着一个数字，后跟百分号“%”组成。如果百分比值是正的，正号可以不写。正负号、数字与百分号之间不能有空格。

```
P{line-height:120%}    /* 本段文字的高度为标准行高的 1.2 倍 */
hr{ width:50%}         /* 水平线的宽度相对于浏览器窗口的 50%*/
```

◆ **经验分享**：

不管使用哪种单位，在设置时，数值与单位之间不能加空格。

4.3.3 CSS 的颜色单位

CSS 中用于定义颜色的单位或方法主要有以下几种。

1）预定义颜色名。直接使用颜色的英文单词来表示颜色，例如，red、green、blue 和 yellow 等。这种方法简单易用，但可选颜色较少，且不易精确控制颜色。

2）RGB 值。RGB 值通过 Red（红色）、Green（绿色）和 Blue（蓝色）三种颜色的不同浓度（或强度）来定义颜色。每种颜色的浓度值可以是 0～255 之间的整数，或者是 0～100% 之间的百分比。

语法为 rgb(red, green, blue)，例如，rgb(0, 0, 255) 表示蓝色。

3）RGBA 值。RGBA 值是 RGB 值的扩展，增加了一个 Alpha 通道来表示颜色的透明度。Alpha 值的范围是 0（完全透明）到 1（完全不透明）。

语法为 rgba(red,green,blue,alpha)，例如，rgba(255,0,0,0.5) 表示半透明的红色。

4）十六进制颜色值。十六进制颜色值是一种更简洁地表示 RGB 颜色的方式。使用六位十六进制数来表示颜色，前两位表示红色浓度，中间两位表示绿色浓度，最后两位表示蓝色浓度。十六进制数的范围是 00（最小浓度）到 FF（最大浓度）。

语法为 #RRGGBB，例如，#0000FF 表示蓝色。

5）HSL/HSLA 值。HSL（Hue, Saturation, Lightness）值通过色调（Hue）、饱和度（Saturation）和亮度（Lightness）来定义颜色。HSLA 在 HSL 的基础上增加了 Alpha 通道来表示透明度。色调是一个角度值，表示颜色在色轮上的位置（0 或 360 是红色，120 是绿色，240 是蓝色等）。饱和度是一个百分比值，“0%”表示灰色，“100%”表示全彩。亮度也是一个百分比值，“0%”表示黑色，“100%”表示白色。

语法为 hsl(hue, saturation%, lightness%) 或 hsla(hue, saturation%, lightness%, alpha)。

4.4 CSS 文本属性

4.4.1 CSS 字体属性

使用 CSS 可以定义丰富多彩的文字格式。文字的属性主要包括字体、字号、加粗和斜体等。CSS 中常用的字体属性见表 4-2。

表 4-2　CSS 中常用的字体属性

序号	属性	作用
1	font-family	指定文本的字体系列。可以是多个字体的列表，用逗号分隔，浏览器会尝试按顺序使用列出的字体
2	font-size	设置文本的字体大小。可以使用绝对大小（例如，px、pt）、相对大小（例如，em、rem）或预定义的关键字（例如，smaller、larger）
3	font-weight	设置文本的粗细。可以是关键字（例如，normal、bold）或数字值（例如，100～900 的整百数）
4	font-style	设置文本的样式。可以是 normal（正常）、italic（斜体）或 oblique（倾斜）
5	font-variant	以小型大写字体或者正常字体显示文本。通常这个属性被用于显示小型大写字母的文本。不过，所有的浏览器都不支持除了 normal 和 small-caps 之外的值
6	font-stretch	对当前的 font-family 进行横向的拉伸变形。不过，不是所有的字体都支持这个属性
7	font	这是一个简写属性，用于在一个声明中设置所有字体属性。按照 font-style、font-variant、font-weight、font-size/line-height、font-family 的顺序来设置
8	@font-face	用于加载服务器端的字体文件，可以让用户在网页上使用该字体

需要注意的是定义服务器字体 @font-face 的方法。@font-face 属性是 CSS3 的新增属性，用于定义服务器字体。通过 @font-face 属性，开发者可以在用户计算机未安装字体时，使用任何喜欢的字体，它的语法格式如下。

```
@font-face{
font-family: 字体名称；
src: 字体路径；}
```

在上面的语法格式中，font-family 用于指定该服务器字体的名称，src 属性用于指定该字体文件的路径。

4.4.2 CSS 文本属性

文本的段落样式可以定义整段的文本特性。在 CSS 中，主要包括单词间距、字母间距、垂直对齐、文本对齐、文字缩进和行高等。CSS 文本常用的属性见表 4-3。

表 4-3 CSS 文本常用的属性

序号	属性	作用
1	color	设置文本颜色
2	text-align	设置文本的水平对齐方式。包括 left（左对齐）、right（右对齐）、center（居中对齐）和 justify（两端对齐）
3	text-decoration	设置文本的装饰效果。包括 none（默认值）、line-through（删除线）、underline（下画线）、overline（上画线）和 blink（闪烁文字），其中 blink 在 HTML5 中已不被推荐
4	text-indent	设置文本的首行缩进。可以使用像素值（px）、相对单位（例如，em）或百分比（%）来定义缩进量
5	line-height	设置文本的行高。可以是固定的像素值、百分比或相对于字体大小的数值（例如，1.5 表示行高是字体大小的 1.5 倍）
6	letter-spacing	设置字符之间的间距。可以是固定的像素值、相对单位或百分比
7	word-spacing	设置单词之间的间距。可以是固定的像素值、相对单位或百分比
8	text-transform	控制文本的大小写。包括 none（默认值，不转换）、capitalize（首字母大写）、uppercase（大写）和 lowercase（小写）
9	white-space	控制如何处理元素内的空白符。包括 normal、nowrap、pre、pre-line 和 pre-wrap
10	text-shadow	为文本添加阴影效果。可以指定阴影的水平偏移量、垂直偏移量、模糊半径和颜色
11	text-overflow	当文本溢出容器时，如何处理溢出文本。包括 clip（裁剪溢出文本）和 ellipsis（用省略号表示溢出文本）
12	direction	设置文本的方向。包括 ltr（从左到右）和 rtl（从右到左）
13	text-orientation	设置文本的行内布局方向。这主要用于垂直排版的文本
14	text-justify	在使用 text-align: justify 时，控制文本的对齐方式。例如，是否使用空格拉伸来对齐文本
15	text-emphasis	为文本设置强调标记。这通常用于东亚语言的排版

下面是文本属性的部分介绍。

1. 垂直对齐方式：vertical-align

使用 vertical-align 属性可以设置文字为垂直对齐方式。它的属性值说明如下。baseline 表示浏览器默认的垂直对齐方式，sub 表示文字的下标，super 表示文字的上标，top 表示垂直靠上对齐，text-top 表示使元素和上级元素的字体向上对齐，middle 表示垂直居中对齐，text-bottom 表示使元素和上级元素的字体向下对齐。

2. white-space：空白符处理

使用 white-space 属性可以设置空白符的处理方式。它的属性值说明如下。

1）normal：默认值，文本中的空格、空行无效，到区域边界满行后自动换行。

2）pre：预格式化，按文档的书写格式保留空格、空行原样显示。

3）nowrap：空格空行无效，强制文本不能换行，除非遇到换行标记
。内容超出元素的边界也不换行，若超出浏览器窗口则会自动增加滚动条。

4）pre-line：预格式化行，合并连续的空白字符为一个空白字符，但保留换行符。

5）pre-wrap：预格式化换行，保留空白字符（包括空格、制表符和换行符等），并在遇到换行符或容器的边界时换行。这类似于 pre 值，但会在容器边界处自动换行。

3. text-shadow：阴影效果

使用 text-shadow 属性可以为网页中的文本添加阴影效果，它的基本语法格式如下。

```
选择器 {text-shadow : h-shadow  v-shadow  blur  color;}
```

在上面的语法格式中，h-shadow 用于设置水平阴影的距离，v-shadow 用于设置垂直阴影的距离，blur 用于设置模糊半径，color 用于设置阴影颜色。

【示例 4-2】文本属性网页演练

标题以 h1 标签实现，采用了新的字体，这个新字体放在文件夹“TTF/maobifanti.TTF”中，并设置居中对齐、阴影效果、字体红色和加粗显示。引用来源使用 h2 标签实现，重新指定为下画线、右对齐、斜体和 14px 大小的效果。其他内容使用 p 标签实现，采用了系统自带的宋体，使用小型大写字母样式、段首空 2 格，并指定了行高。文本属性网页在浏览器中的预览效果如图 4-3 所示。

扫码观看视频

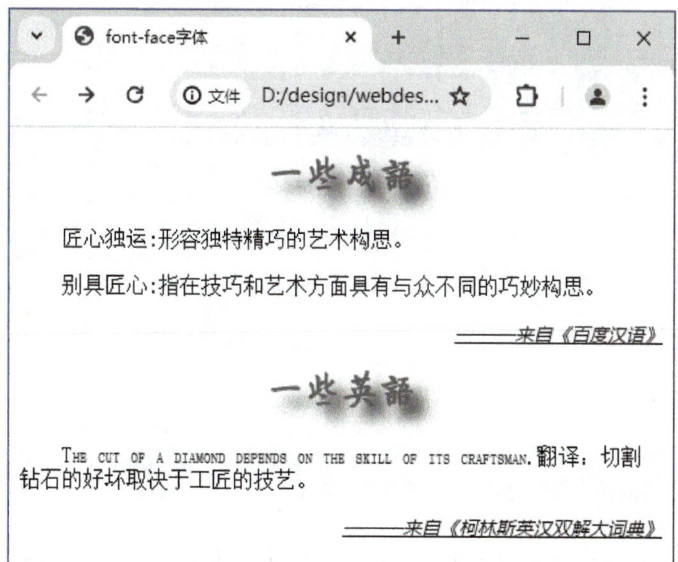

图 4-3　文本属性网页预览效果

```
<!DOCTYPE html>
<html>
    <head>
        <meta charset="utf-8" />
        <title>font-face 字体 </title>
        <style type="text/css">
        @font-face {
            font-family: 新字体； /* 服务器字体名称 */
            src: url(TTF/maobifanti.TTF); /* 字体路径 */
        }
        h1 {
            text-align: center;
            font-family: 新字体； /* 调用服务器字体 */
            font-weight: bold; /* 加粗 */
            color: red; /* 字体颜色为红色 */
            font-size: 28px; /* 重新定义 h1 的字体大小 */
            text-shadow: 10px 10px 10px #F00; /* 设置文字阴影的距离、模糊半径和颜色 */
        }
        h2 {font-style: italic; /* 斜体 */
            font-weight: normal; /* 正常粗细字体 */
            font-size: 14px; /* 重新定义 h2 的字体大小 */
            text-align: right; /* 右对齐 */
            text-decoration:underline; /* 下画线效果 */
        }
        p { font-family: 宋体； /* 采用系统自带的宋体 */
            font-size: 16px; /* 重新定义 p 的字体大小 */
            font-variant: small-caps; /* 小型大写字母 */
            text-indent: 2em; /* 段首空 2 格 */
            line-height: 18px; /* 设置行间距：18px*/
        }
        </style>
    </head>
    <body>
        <h1> 一些成语 </h1>
        <p> 匠心独运：形容独特精巧的艺术构思。</p>
        <p> 别具匠心：指在技巧和艺术方面具有与众不同的巧妙构思。</p>
        <h2>———来自《百度汉语》</h2>
        <h1> 一些英语 </h1>
        <p>The cut of a diamond depends on the skill of its craftsman. 翻译：切割钻石的好坏取决于工匠
        的技艺。</p>
        <h2>———来自《柯林斯英汉双解大词典》</h2>
    </body>
</html>
```

4.5 CSS 常用背景属性

背景（background）是 CSS 中使用频率很高且非常重要的属性。CSS 常用的背景属性，见表 4-4。

表 4-4　CSS 常用的背景属性

序号	属性	作用
1	background-color	设置元素的背景颜色
2	background-image	设置元素的背景图像
3	background-repeat	设置背景图像是否重复及如何重复。包括 repeat（纵向和横向平铺）、repeat-x（横向平铺）、repeat-y（纵向平铺）和 no-repeat（不平铺）
4	background-position	设置背景图像的位置。可以使用关键词（例如，top、bottom、left、right 和 center）或百分比、像素值来指定位置
5	background-size	设置背景图像的大小。包括 auto、cover、contain 或具体的宽度和高度值
6	background-attachment	设置背景图像是否固定或者如何随着网页的其余部分滚动。可能的值包括 scroll（默认值）、fixed（固定）和 local
7	background-clip	定义背景的绘制区域。包括 border-box、padding-box 和 content-box
8	background-origin	定义背景图片从哪里开始绘制。包括 border-box、padding-box 和 content-box。注意，这与 background-clip 有时会产生不同的效果
9	background	这是上述所有背景属性的简写属性，允许在一个声明中设置所有的背景属性

1. 背景颜色：background-color

在 CSS 中，网页元素的背景颜色使用 background-color 属性来设置，可以有多种表示方式。其基本属性举例如下。

```
/* 以下方式都得到相同的结果 */
background-color:blue;
background-color:#328048;
background-color:rgb(50,128,72);
background-color:rgba(50,128,72,1);
```

2. 背景图像：background-image

在 CSS 中，使用 background-image 属性设置背景图像来美化网页。如果网页中的某个元素同时具有 background-image 属性和 background-color 属性，那么 background-image 属性优先于 background-color 属性，也就是说背景图片盖于背景颜色之上，图片覆盖不到的地方都会被背景颜色填充。

```
background-image:url(bg.jpg);  /* 图片和网页放在同一个目录中 */
```

3. 设置背景定位：background-position

当在网页中插入背景图片时，每一次插入的位置都是位于网页的左上角，可以通过 background-position 属性来改变图片的插入位置，其属性由两个值来表示，第一个值表示 X 轴（水平）位置，第二个值表示 Y 轴（垂直）位置，可以用具体的数值（单位是 px）来表示，也可以用百分比或者直接用关键词来表示。在 X 轴上关键词为：left（左）、center（中）和 right（右）。在 Y 轴关键词为：top（顶部）、center（中部）和 bottom（底部）。

```
background- position: left center;    /* X 轴左对齐，Y 轴居中，设置背景图片垂直居中 */
background- position:50px 50px;       /* 向右移动 50px，向下移动 50px */
background- position:-50px -50px;  /* 向左移动 50px，向上移动 50px */
background-position:50% 50%;          /* 水平和垂直居中在元素内 */
```

4. 背景图片附件：background-attachment

background-attachment 属性设置背景图片是否固定或者如何随着网页的其余部分滚动，有 3 个可用属性值，分别为 scroll（滚动）、fixed（固定）和 local。local 是指背景图像对于元素内容是固定的，这意味着当元素具有滚动机制（例如，div 元素带有“overflow: auto;”）时，背景图像会随着该元素的内容滚动，而不是随着整个网页滚动。

5. 控制背景图像的大小：background-size

在 CSS3 中，background-size 属性用于控制背景图像的大小，在 CSS3 之前，背景图片的尺寸是由图片的实际尺寸决定的。在 CSS3 中，可以规定背景图片的尺寸，这就允许在不同的环境中重复使用背景图片。

```
background-size:contain;          /* 缩小图片来适应元素的尺寸 ( 保持像素的长宽比 )。 */
background-size:cover;            /* 扩展图片来填满元素 ( 保持像素的长宽比 )。 */
background-size:100px 100px:  /* 调整图片到指定大小。 */
background-size:100% 100%:   /* 调整图片到指定大小，百分比是相对于包含元素的尺寸的。 */
```

6. 背景图像的显示区域：background-origin

在默认情况下，background-position 属性总是以元素左上角为坐标原点定位背景图像，运用 CSS3 中的 background-origin 属性可以改变这种定位方式，自行定义背景图像的相对位置。background-origin 属性有 3 种取值，分别表示不同的含义，如图 4-4 所示。

1）border-box：图像相对于边框来定位。
2）padding-box：图像相对于内边距区域来定位。
3）content-box：图像相对于内容框来定位。

border-box
padding-box
background-origin

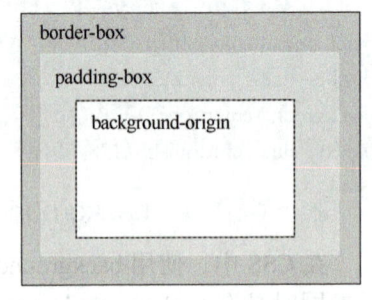

图 4-4　background-origin

7. 背景属性：background

与字体 font 属性类似，background 也是复合属性，它是一个更明确的背景关系属性的略写，取值范围可以包含背景颜色、背景图像、背景重复、背景附件和背景位置，之间用空格相连。

【示例 4-3】CSS3 多背景图网页演练

标题使用 h1 标签实现，添加了灰色的背景颜色，并在最左边添加了一个不重复的背景小图标。整个网页使用 body 标签，设置了一个有花朵的背景图片，图片重复填充整个网页。底部的 2 个左右图片使用 h2 标签实现，它添加了 2 个图片，并指向左边和右边，中间是 2 段文字。CSS3 多背景图网页在浏览器中的预览效果如图 4-5 所示。

扫码观看视频

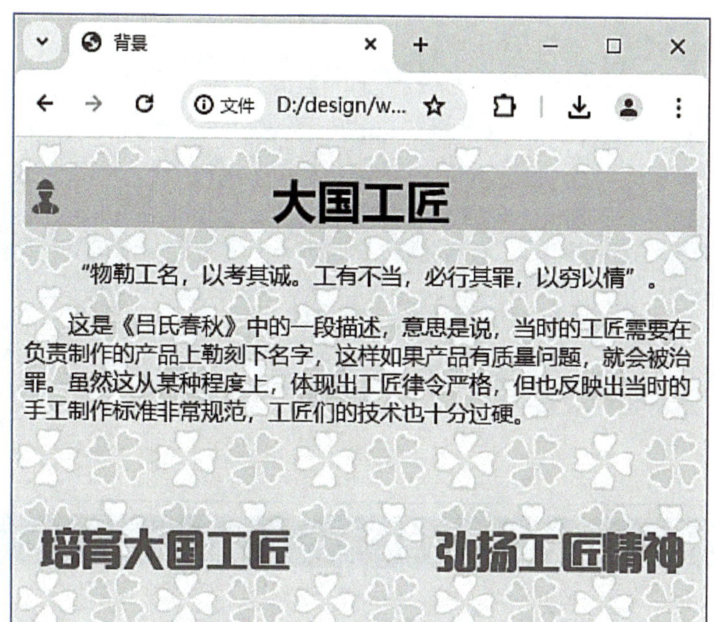

图 4-5　CSS3 多背景图网页预览效果

```
<!doctype html>
<html>
    <head>
        <meta charset="utf-8">
        <title> 背景 </title>
        <style>
        body {
            background-image: url(img/bg3.jpg); /* 背景图片 */
            background-repeat: repeat; /* 背景图片重复 */
        }
        h1 {
            background-color: #C9D3CB; /* 背景颜色 */
            text-align: center; /* 居中 */
            background-image: url("img/user2.png");
            background-repeat: no-repeat; /* 图片不重复 */
            background-position: left center; /* 图片位置 */
            background-size: 30px; /* 背景图片大小 */
        }
        h2 {
            background: url("img/txt1.png") no-repeat left bottom, url("img/txt2.png") no-repeat right bottom;
            /* 以上代码使用 2 个背景图片 */
            background-size: 200px; /* 背景图片大小 */
            height: 100px; /* 背景图片高度 */
        }
        p {text-indent: 2em; /* 首行缩进 2 个字符 */
          line-height: 20px; /* 行高 */
        }
```

```
    </style>
    </head>
    <body>
        <h1> 大国工匠 </h1>
        <p> “物勒工名，以考其诚。工有不当，必行其罪，以穷以情”。</p>
        <p> 这是《吕氏春秋》中的一段描述，意思是说，当时的工匠需要在负责制作的产品上勒刻下名字，这样如果产品有质量问题，就会被治罪。虽然这从某种程度上，体现出工匠律令严格，但也反映出当时的手工制作标准非常规范，工匠们的技术也十分过硬。</p>
        <h2></h2>  <!-- h2 没有写文字，用来放 2 个页脚的图片 -->
    </body>
</html>
```

4.6 CSS 的选择器与权重

4.6.1 CSS 的选择器

选择器也称为选择符，HTML 中的所有标签都是通过不同的选择器进行控制的。用户只需要通过选择器对不同的 HTML 标签进行控制，并赋予各种样式声明，即可实现各种效果。

1. 元素选择器

元素选择器也称为标记选择器，它重新定义了 HTML 标签的显示效果。所有的 HTML 标记都可以作为元素选择器，例如，<body>、<h1>、<p>、<ul>、<li> 和 <strong> 等。

```
p{font-size:14px; color:#00F;}
```

上述 CSS 代码用于设置 HTML 网页中所有的段落文本：字体大小为“14px”，颜色为“#00F”。

2. 类选择器

类选择器也称为 class 选择器。类选择器以“.”进行标识，后面紧跟 CSS 的类名。

```
.myClass { font-family:" 黑体 ";}
```

上述 CSS 代码将匹配所有类名为“myClass”的元素并设字体为“黑体”。多个标记可以使用同一个类名，以重复使用 CSS。

3. id 选择器

id 选择器使用“#”进行标识，后面紧跟 id 名。大多数 HTML 元素都可以定义 id 属性，元素的 id 值是唯一的，只能对应于文档中某一个具体的元素。

```
#myid {color: green;}
```

上述 CSS 代码将匹配所有 id 名为“myid”的元素，并将字体颜色设为“绿色”。

4. 通配符选择器

通配符选择器用“*”表示，它是所有选择器中作用范围最广的，能匹配网页中所有的元素。

```
* {margin: 0;          /* 定义外边距 */
padding: 0; }          /* 定义内边距 */
```

上述代码使用通配符选择器定义 CSS，清除所有 HTML 标记的默认边距。

5. 并集选择器

并集选择器允许同时选择多个元素。可以使用“,”来分隔每个选择器。

```
p, li { color: #F00;}
```

上述 CSS 代码将设置所有匹配的 <p> 和 <li> 元素的字体颜色为“#F00”。

6. 后代选择器

后代选择器又称为派生选择器，选择作为另一个元素后代的元素，写法就是把外层标记写在前面，内层标记写在后面，中间用空格分隔。当标记发生嵌套时，内层标记就成为外层标记的后代。

```
h1 strong {text-align: center;}
```

上述 CSS 代码将作为 h1 元素后代的 strong 元素的文本“居中对齐”。

7. 属性选择器

CSS3 的属性选择器可以将样式与具有某种属性的元素绑定，实现各种复杂的选择，减少样式代码编写的工作量，也有利于样式表简洁清晰。

```
input[type="text"] {border:1px dotted blue;}
```

上述 CSS 代码将网页表单中 input 元素中的“text”类型设置“蓝色”边框。

属性选择器可以使用“^”“$”和“*”三个通配符，使用通配符的属性选择器以及功能，见表 4-5。如果属性选择器前未指定绑定元素，则该选择器作用于具有该属性的所有元素；如果这些属性选择器指定具体的绑定元素，则该选择器只作用于具有该属性的绑定元素。

表 4-5　属性选择器以及功能

选择器	说明
[alt*="value"]	匹配属性包含特定值的元素。例如，a[href*="lnnu"], 匹配 <a href=http://www.lnnu.edu.cn> 包含匹配 </a>
[alt^= "value"]	匹配属性包含以特定值开头的元素。例如，a[href^="ftp"], 匹配 <a href=ftp://computer.tech.edu.cn> 头匹配 </a>
[alt$ = "value"]	匹配属性包含以特定值结尾的元素，例如，a[href$="cn"]，匹配 <a href =http://icourses.edu.cn> 尾匹配 </a>
[alt ="value"]	匹配属性等于某特定的值的元素，例如，[type="text"], 匹配 <input type ="text" name ="usename"/>

8. 结构化伪类选择器

伪类选择器区别于类选择器，类选择器是由用户自行定义，而伪类选择器是在 CSS 中已经定义好的选择器。结构化伪类选择器是 CSS3 新增的选择器之一。结构化伪类是利用文档结构树实现元素过滤，也就是说，通过文档结构的位置关系来匹配特定的元素，从而减少文档内对 class 属性和 id 属性的定义，使文档更加简洁。常用的结构化伪类选择器及功能见表 4-6。

表 4-6 结构化伪类选择器及功能

选择器	功能
:root	匹配文档的根文档
:not	对某个结构的使用样式，但排除这个结构的元素下面的结构元素
:empty	制定当前元素内容为空白使用的样式
:target	对网页中某个 target 元素（该元素的 id 被当前网页的超链接来使用）制定样式，该样式只在用户单击了网页的超链接，并且跳转到 target 元素后起作用
E:first-child	选择它的父元素的第一个且匹配的 E 的子元素也就是说该元素是父元素的第一个儿子
E:last-child	选择位于其父元素中的最后一个位置，并且匹配 E 的子元素
E:nth-child(n)	选择所有在父元素的第 n 个位置匹配 E 的子元素。注意，参数 n 可以是（1,2,3）、关键字（odd、even）和公式（2n、2n+3），参数的索引值起始为 1，而不是 0 例如，tr:nth-child(3) 匹配所有表格的第三行的子元素； tr:nth-child(odd) 匹配所有表格的奇数行； tr:nth-child(even) 匹配所有表格的偶数行
E:nth-last-child(n)	选择所有在其父元素中倒数的第 n 个位置的匹配 E 的子元素。注意，该选择器的计算顺序与 E:nth-child(n) 相反，但语法和用法相同

【示例 4-4】工匠精神内涵网页演练

使用“*”通配符选择器为所有元素设置“margin”和“padding”为“0”，以清除元素的内外边距。使用 <h2> 标签选择器设置标题样式。使用“txt-red”类选择器设置字体颜色为“红色”，使用“txt-blue”的 id 选择器设置字体为“蓝色”。使用“p:first-child”设置第一个 <p> 标签为“斜体”效果，使用“p:last-child”设置最后一个 <p> 标签为背景“绿色”的效果。工匠精神内涵网页在浏览器中的预览效果，如图 4-6 所示。

扫码观看视频

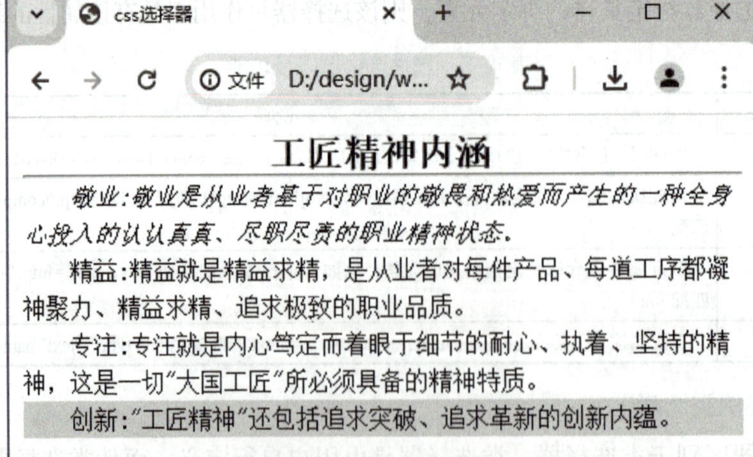

图 4-6 工匠精神内涵网页预览效果

```
<!DOCTYPE html >
<html>
    <head>
        <meta  charset="utf-8" />
        <title>css 选择器 </title>
        <style type="text/css">
        * {margin: 0;/* 清除内外边距 */
           padding: 0;/* 清除内外边距 */  }
        /* 标签选择器设置主体内容 */
        body {
            font-family: " 宋体 "; /* 字体为：宋体 */
            font-size: 16px;
            padding: 10px
        }
        /* 标签选择器设置 h2 内容 */
        h2 {text-align: center;  /* 居中 */  }
        /* 类选择器设置 p 内容 */
        .txt-red {color: red; /* 字体颜色为红色 */  }
        /* id 选择器设置 p 内容 */
        #txt-blue {color: blue; /* 字体颜色为蓝色 */}
        /* 伪类选择器设置 p 内容 */
        p {text-indent: 2em;/* 段首空 2 格 */
           line-height: 1.5;/* 行高 */}
        /* 伪类选择器设置 p 内容 */
        p:first-child {font-style: italic;  /* 斜体 */  }
        /* 伪类选择器设置 p 内容 */
        p:last-child {background-color: #0F0;/* 背景颜色 */}
        </style>
    </head>
    <body>
        <h2 > 工匠精神内涵 </h2>
        <hr>
        <div>
          <p> 敬业 : 敬业是从业者基于对职业的敬畏和热爱而产生的一种全身心投入的认认真真、尽职
        尽责的职业精神状态。</p>
          <p class="txt-red"> 精益 : 精益就是精益求精，是从业者对每件产品、每道工序都凝神聚力、
        精益求精、追求极致的职业品质。</p>
          <p id="txt-blue"> 专注 : 专注就是内心笃定而着眼于细节的耐心、执着、坚持的精神，这是一
        切 " 大国工匠 " 所必须具备的精神特质。</p>
          <p> 创新 :" 工匠精神 " 还包括追求突破、追求革新的创新内蕴。</p>
        </div>
    </body>
</html>
```

9. UI 伪类选择器

UI 伪类选择器作用在标记的状态上。在 CSS3 中，共有 11 种 UI 伪类选择器。常用的 UI 伪类选择器及功能见表 4-7。

表 4-7 UI 伪类选择器及功能

选择器	功能
E:enabled	选择匹配 E 元素的所有可用的 UI 元素。注意，在网页中，UI 元素一般是指包含在 form 元素内的表单元素。例如，input: enabled 匹配下面代码框中的文本框，无法匹配该片段的按钮 <form> <input type="text"/> <input type = "button" disabled=" disabled"/> </ form >
E: disabled	选择匹配 E 的所有处于被禁用状态的 UI 元素，注意，在网页中，UI 元素一般是指包含在 form 元素内的表单元素，例如，input: disabled 匹配下面代码中片段的按钮，但是不匹配该片段的文本框 <form> <input type="text"/> <input type = "button" disabled=" disabled"/> </ form >
E:checked	选择匹配 E 的所有处于选中状态的 UI 元素，注意，在网页中，UI 元素一般是指包含在 form 元素内的表单元素
E:read-only	用来指定当前元素处于只读状态的样式
E:read-write	用于指定当前元素处于非只读状态时的样式
E:hover	用来指定当前鼠标指针移动到元素上面时元素所使用的样式
E:active	用来指定当前元素被激活时使用的样式
E:focus	用来指定当前元素处于获得焦点时的样式

最常用的一种 UI 伪类选择器就是超链接伪类选择器，利用伪类选择器定义的 CSS 并不是作用在标签上，而是作用在标签的状态上。其最常应用在 <a> 标签上，表示超链接的 4 种不同状态：link（未访问超链接）、visited（已访问超链接）、active（激活超链接）和 hover（鼠标停留在超链接上）。但是，<a> 标签可以只具有一种状态，也可以同时具有两种或者三种状态，可以根据具体的网页设计需要而设置。

4.6.2 CSS3 优先级

定义 CSS 时，经常出现两个或更多规则应用在同一元素上，这时就会出现优先级的问题。

对于由多个基础选择器构成的复合选择器（并集选择器除外），其权重为这些基础选择器权重的叠加。

```
p strong{color：black}              /* 权重为：1+1*/
strong.blue{color：green；}         /* 权重为：1+10*/
.father strong{color：yellow}       /* 权重为：10+1*/
p.father strong{color：orange；}    /* 权重为：1+10+1*/
p.father.blue{color：gold；}        /* 权重为：1+10+10*/
```

```
#header strong{color: pink; }        /* 权重为: 100+1*/
#header strong.blue{color: red; } /* 权重为: 100+1+10*/
对应的 HTML 结构为:
<p class="father" id="header">
<strong class="blue"> 文本的颜色 </strong>
</p>
```

上述代码的效果是网页文本将应用权重最高的样式，即文本颜色为红色。

此外，在考虑权重时，读者还需要注意一些特殊情况。

1）继承样式的权重为 0。即在嵌套结构中，不管父元素样式的权重多大，被子元素继承时，它的权重都为 0，也就是说子元素定义的样式会覆盖继承来的样式。

2）行内样式优先。应用 style 属性的元素，其行内样式的权重非常高，可以理解为远大于 100。总之，它拥有比上面提到的选择器都大的优先级。

3）权重相同时，CSS 遵循就近原则，也就是说靠近元素的样式具有最高的优先级，或者说排在最后的样式优先级最高。

4）CSS 定义了一个“！ important”命令，该命令被赋予最高的优先级。也就是说不管权重如何及样式位置的远近，“！ important”都具有最高优先级。

需要注意的是，复合选择器的权重为组成它的基础选择器权重的叠加，但是这种叠加并不是简单的数字之和。

4.7 CSS 表格与列表属性

4.7.1 CSS 表格属性

CSS 专用的表格属性主要用于设置表格边框是否会显示单一边框、单元格之间的间距以及表格标题位置等样式。常用的表格属性见表 4-8。

表 4-8　常用的表格属性

属性	属性值	描述
border-collapse	separate	默认值，表格边框和单元格边框会分开
	collapse	表格边框和单元格边框会合并为一个单一的边框
border-spacing	length[length]	规定相邻单元格的边框水平和垂直间的距离，单位可取 px、cm 等；如果定义一个 length 参数，则表示水平和垂直间距相同；如果定义了两个 length 参数，则分别表示水平间距和垂直间距
caption-side	top	默认值，表格标题设置在表格上面
	bottom	表格标题设置在表格下面
table-layout	automatic	默认值，单元格宽度由单元格内容设定
	fixed	单元格宽度由表格宽度和单元格宽度设定

在网页设计中通常把表格边框设计为 0，再用表格来进行排版布局。有时也会结合 border 设计表格单元格的边框样式，结合 padding 设计内边距等来完成表格的设置。

【示例 4-5】CSS3 表格属性应用网页演练

表格设置“2px”的外边框，单元格设置“1px”的表格线。代码“tr:nth-child(even)”为偶数行添加背景色，也就是平时所说的斑马线表格效果。代码“tr:hover”为表格行添加鼠标 hover 效果的背景色。CSS3 表格属性应用网页在浏览器中的预览效果如图 4-7 所示。

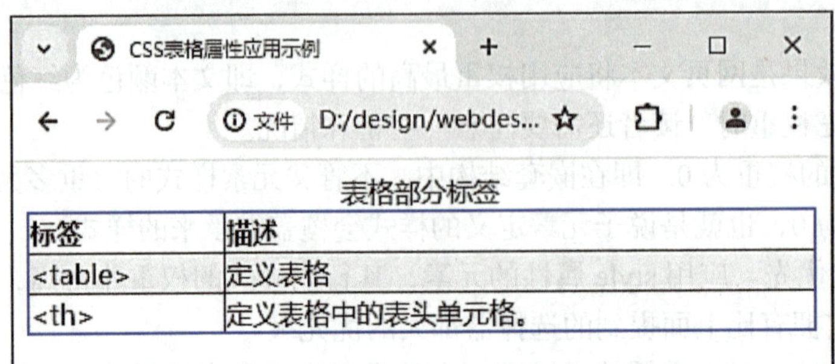

图 4-7　CSS3 表格属性应用网页预览效果

```
<!doctype html >
<html>
    <head>
        <meta charset="utf-8">
        <title>CSS 表格属性应用示例 </title>
        <style type="text/css">
        table {
            border: red solid 2px;/* 表格外框 */
            border-collapse: collapse;/* 边框重叠 */
            width: 100%;/* 表格宽度 */
        }
        th, td {border: blue solid 1px;/* 单元格边框 */
              text-align: left;}
        tr:nth-child(even) {background-color: #F2F2F2; }/* 为偶数行添加背景色 */
        tr:hover {background-color: #9ED0F4;  } /* 为表格行添加鼠标 hover 的颜色 */
        </style>
    </head>
    <body>
        <table >
          <caption> 表格部分标签 </caption>
          <tr>
             <th> 标签 </th>
             <th> 描述 </th>  </tr>
          <tr>
             <td>&lt;table&gt;</td>
             <td> 定义表格 </td>  </tr>
          <tr>
             <td>&lt;th&gt;</td>
             <td> 定义表格中的表头单元格。</td>
          </tr>
        </table>
    </body>
</html>
```

4.7.2 CSS3 列表属性

CSS3 提供了多种用于列表（例如，<ul>、<ol> 和 <li> 等元素）的属性，这些属性可以控制列表的样式、布局和行为。CSS3 列表的常用属性见表 4-9。

表 4-9 CSS3 列表的常用属性

序号	属性	属性值	描述
1	list-style-type	disc（实心圆）、circle（空心圆）、square（实心方块）和 none（去掉符号）	用于设定列表项的符号
2	list-style-image	none 不指定图像 url（图像地址）	使用图像作为列表项目符号
3	list-style-position	outside 标记放置在文本外，inside（默认）标记放置在文本内	用于设定列表缩进的设置
4	list-style	是以上 3 种列表属性的组合	

在实际的网页设计中，为了更高效地控制列表项目符号，通常将 list-style 属性定义为“none”，即清除列表的默认项目符号，然后为 <li> 标记编写代码以实现多种功能。

【示例 4-6】工匠精神网页演练

第一个为有序列表 ol，使用“list-style: inside square”设置为正方形的小符号。第二个为无序列表 ul，使用“list-style-position: inside”设置项目符号的位置，使用“list-style-image: url(ing/star.png)”设置了一个小图标。工匠精神网页在浏览器中的预览效果如图 4-8 所示。

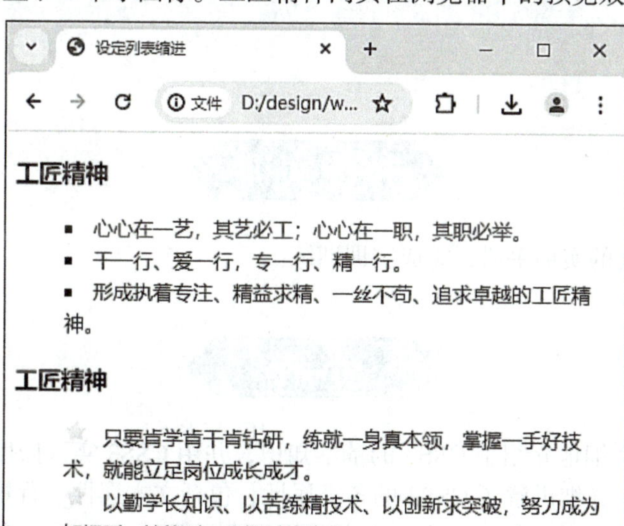

扫码观看视频

图 4-8 工匠精神网页预览效果

```
<!doctype html >
<head>
    <title> 设定列表缩进 </title>
    <style>
    ol {
        line-height: 25px; /* 设置行间距：25px*/
        list-style: inside square; /* 设置列表缩进，方块 */
```

```
    }
    ul {
        line-height: 25px; /* 设置行间距：25px*/
        list-style-position: inside ; /* 设置列表缩进，内部 */
        list-style-image: url(img/star.png); /* 设置列表缩进，小图标 */
    }
    </style>
    </head>
    <body>
        <h3> 工匠精神 </h3>
        <ol >
            <li> 心心在一艺，其艺必工；心心在一职，其职必举。</li>
            <li> 干一行、爱一行，专一行、精一行。</li>
            <li> 形成执着专注、精益求精、一丝不苟、追求卓越的工匠精神。</li>
        </ol>
        <h3> 工匠精神 </h3>
        <ul >
            <li> 只要肯学肯干肯钻研，练就一身真本领，掌握一手好技术，就能立足岗位成长成才。</li>
            <li> 以勤学长知识、以苦练精技术、以创新求突破，努力成为知识型、技能型、创新型劳动者。</li>
        </ul>
    </body>
</html>
```

技能实训

请参考本书配套的实训手册，完成实训训练。

小结

在本单元中，详细地介绍了 CSS3 的基本知识，并用 CSS3 实践操作美化企业网站。在学习安排上，首先，详细讲解了 CSS3 的各类属性，包括文本属性、背景属性、表格属性、列表属性及 CSS3 的选择器等；其次，在学习知识点时都融入例子示范，让知识点更加容易理解。

实践操作时通过丰富的示例训练 CSS3 知识点，示例的内容融入了大国工匠的素材，有利于培养读者的工匠精神和爱国情怀。在技能实训环节中，结合 AIGC 技术辅助，以清晰的实训步骤演示了美化企业简介网页的完整过程，进一步巩固了理论知识，并体验了实际项目中模块化、组件化的开发思想。

单元 5

CSS 盒子模型

情景导入

某地相关部门决定委托一家 IT 公司制作一个“美丽乡村”主题网站，以宣传宜居宜业和美乡村的建设成果。经过深入的项目调研和细致的客户需求分析，双方确定首先设计网站的首页初稿。在此基础上，将根据内容的多样性和版面的布局需求进行 CSS 设计。通过应用 CSS 盒子模型，不仅能够使网页的布局管理更加便捷高效，还能让网站的细节效果更加精致美观。

学习目标

- 理解 CSS 盒子模型的概念。
- 了解 CSS 盒子模型的组成部分、属性及其语法。
- 掌握 CSS 盒子模型的属性。
- 了解乡村振兴的背景、意义、面临的机遇和挑战，认识网站的宣传作用。

5.1 盒子模型的概念

盒子模型是CSS设计的核心概念，用于描述HTML元素的实际显示与渲染效果。它将抽象的思路形象化，便于前端开发者设计和讨论布局。开发者须理解盒子模型的概念，再通过CSS语法和属性设置来控制目标元素（内容）的样式，以实现最终设计效果。CSS盒子模型的作用主要包括以下几个方面。

1）布局控制：灵活调整元素位置与间距。

2）尺寸调整：通过内容、内边距和边框控制元素尺寸。

3）优化视觉效果：例如，添加边框样式和背景颜色，增强吸引力。

4）响应式设计：适应不同的屏幕大小和设备类型。

5.1.1 盒子模型的构成

在外观设计过程中，每个HTML元素都被看作是一个矩形的盒子，由内容区域（content）、内边距（padding，也叫填充区）、边框（border）和外边距（margin，也叫空白区）四个部分组成。其中，内边距、边框和外边距3个属性都可以分别设置其上、下、左、右4个方向的值，也可以统一进行设置。盒子模型的构成如图5-1所示。

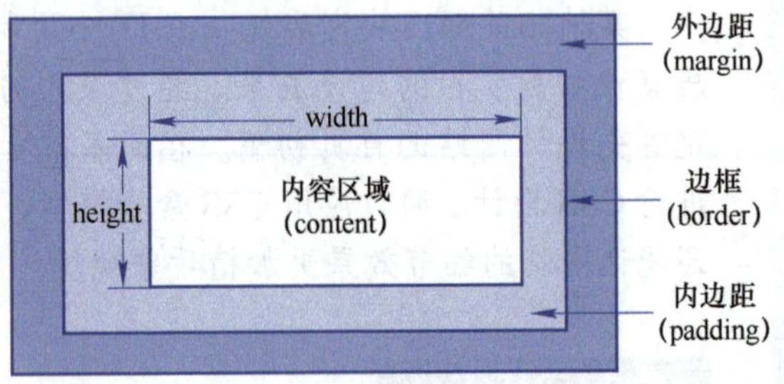

图 5-1 盒子模型的构成

5.1.2 内容区域简介

内容区域是盒子模型的核心部分，它容纳了盒子的主要内容。这些内容可以是文本、图片或其他HTML元素等类型。该区域内可以包含单一元素，也可以同时存在多种元素。定义内容区域尺寸的关键属性是width（宽度）和height（高度）。当内容超出内容区域时，其行为由overflow（溢出）属性控制。

1. width（宽度）和height（高度）

width和height属性用于设置元素的尺寸，但其效果取决于元素的类型。

1）块级元素，如<div>、<p>和<table>，width和height属性直接设置其内容区域（content box）的尺寸。

2）内联非替换元素，如<span>、<a>（非块状）和<strong>，设置width和height通常不会生效，其内容区域的尺寸由包含的内容决定。

3）替换元素，如<img>、<input>和<button>，虽然它们默认是内联元素，但width和height属性是有效的，它们直接定义了元素显示内容（如图片、输入框）的尺寸。这些元素的width和height属性控制的就是其内容区域。

2. overflow（溢出）

当元素内容超出其内容区域（content box）时，就会发生溢出（内容可能延伸到内边距区域）。此时可通过 overflow 属性控制溢出行为。该属性有 5 个常用值（visible、hidden、scroll、auto、inherit），分别对应不同的处理方式。其基本语法格式如下。

```
overflow: visible | hidden | scroll | auto | inherit;
```

1）visible：默认值。内容不会被修剪，超出部分的内容会呈现在元素框之外。

2）hidden：内容会被修剪，并且超出部分的内容是不可见的。

3）scroll：内容会被修剪，但是浏览器会显示滚动条以便查看超出部分的内容。

4）auto：如果内容被修剪，则浏览器会显示滚动条以便查看超出部分的内容。

5）inherit：元素从其父元素继承 overflow 属性的值。

【示例 5-1】溢出网页效果演练

范例以东澳岛简介文字作为素材制作旅游宣传网页。结合 overflow: hidden、overflow: scroll 和 overflow: auto 三种属性进行演示，溢出网页预览效果如图 5-2 所示。

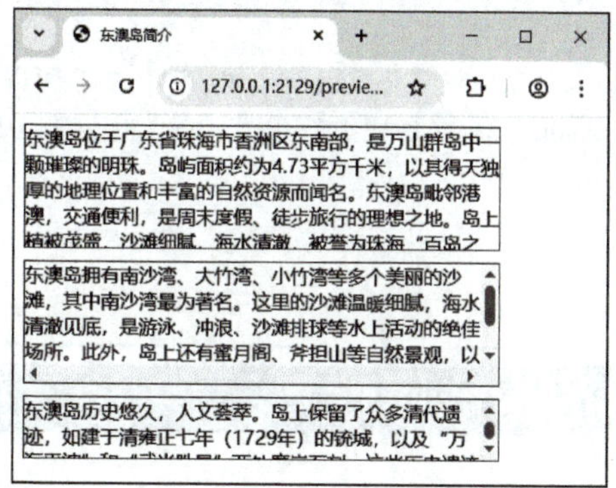

图 5-2　溢出网页预览效果

```
<!doctype html>
<html>
    <head>
        <meta charset="utf-8">
        <title> 东澳岛简介 </title>
        <style>
        .overflow-hidden {
            width: 400px;
            height: 100px;
            border: 1px solid black;
            overflow: hidden;
            margin-bottom: 10px;
        }
        .overflow-scroll {
            width: 400px;
            height: 100px;
            border: 1px solid black;
            overflow: scroll;
            margin-bottom: 10px;
```

```
        }
        .overflow-auto {
            width: 400px;
            height: 50px; /* 设定一个较小的高度以便内容超出 */
            border: 1px solid black;
            overflow: auto;
            margin-bottom: 10px;
        }
        </style>
    </head>
    <body>
        <div class="overflow-hidden">东澳岛位于广东省珠海市香洲区东南部，是万山群岛中一颗璀璨的明珠。岛屿面积约为 4.73 平方千米，以其得天独厚的地理位置和丰富的自然资源而闻名。东澳岛毗邻港澳，交通便利，是周末度假、徒步旅行的理想之地。岛上植被茂盛，沙滩细腻，海水清澈，被誉为珠海“百岛之市”的经典岛屿。</div>
        <div class="overflow-scroll">东澳岛风景简介文字略，文字可以查看教材素材包。</div>
        <div class="overflow-auto">东澳岛历史简介文字略，文字可以查看教材素材包。</div>
    </body>
</html>
```

5.2 盒子模型的构成属性

5.2.1 边框 border

边框是环绕着内容区域和内边距区域（填充区）的一条边界线，它有三个属性，分别是边框宽度（border-width）、边框样式（border-style）和边框颜色（border-color），它的语法格式如下。

```
border：[border-width] [border-style] [border-color]
```

1）border-width：定义边框的宽度，单位为像素值（px），也可以是相对单位（例如，em、rem 等）。

2）border-style：定义边框的样式，可以是 solid（实线）、dotted（点线）、dashed（虚线）、double（双线）、groove（3D 凹槽）、ridge（3D 垄状）、inset（3D 内嵌）、outset（3D 外嵌）、none（无边框）和 hidden（隐藏边框）等。

3）border-color：定义边框的颜色，可以是颜色名称（例如，red）、十六进制颜色代码（例如，#FF0000）或者 RGB 值（例如，rgb(255,0,0)）。

也可以分别设置上、右、下、左四个方向的边框，它的语法格式如下。

```
border-top：[border-width] [border-style] [border-color]
border-right：[border-width] [border-style] [border-color]
border-bottom：[border-width] [border-style] [border-color]
border-left：[border-width] [border-style] [border-color]
```

统一设置边框样式的演示代码如下。

```
div { border: 2px solid #0000FF; }
```

该样式将应用于所有的 div 元素，使其具有一个宽度为 2px、样式为实线（solid）、颜色为蓝色（#0000FF）的边框。

1. 边框样式（border-style）

要设置不同边的边框样式可以使用 border-top、border-right、border-bottom 和 border-left 属性或其子属性。

分别设置边框样式的演示代码如下。

```
div {  border-top: 3px dashed red;  /* 上边框：3 像素宽、虚线样式、红色 */
       border-right: 2px dotted green;  /* 右边框：2 像素宽、点线样式、绿色 */
       border-bottom: 1px double blue;  /* 下边框：1 像素宽、双线样式、蓝色 */
       border-left: 4px solid rgb(204, 204, 109); /* 左边框：4 像素宽、实线样式、RGB 颜色 (204, 204, 109) */ }
```

这个样式分别为 div 元素的上边、右边、下边和左边设置不同的边框样式。

2. 边框宽度（border-width）

border-width 属性用于定义边框的粗细，它的语法格式如下。

```
border-width:  thin | medium | thick | length ;
```

1）thin：细边框。

2）medium：中等边框。

3）thick：粗边框。

4）length：可以使用长度单位（例如，像素、百分比等）来指定边框宽度，例如，1px、5% 等。

在实际应用时，可以使用 border-top-width、border-right-width、border-bottom-width 和 border-left-width 分别设置上边、右边、下边和左边的边框粗细；使用 border-width 综合设置边框四个方向的粗细值。

边框的综合设置赋值跟内边距类似，border-width 属性可以设置 1 ～ 4 个值，分别对应上边、右边、下边和左边，值之间用空格隔开。

两种设置边框宽度的演示代码如下。

```
border-width: 9px 20px   /* 表示上下边框粗细为 9 像素，左右边框粗细为 20 像素 */
border-width: 10px 20px 5px 15px   /* 表示上边框粗细为 10 像素、右边框 20 像素、下边框 5 像素、左边框 15 像素 */
```

3. 边框颜色（border-color）

该属性用于定义边框的颜色。使用 border-top-color、border-right-color、border-bottom-color 和 border-left-color 可以分别设置上边、右边、下边和左边的边框颜色；使用 border-color 可以同时设置四个方向的边框颜色。

5.2.2　圆角边框 border-radius

使用 border-radius 属性可以设置元素的外边框为圆角外观，它的语法格式如下。

```
border-radius none | <length>{1,4}/<length>{1,4}
```

“none”表示可以不赋值，则没有圆角效果；<length> 表示长度数值（不能为负值）。

1）为 border-radius 属性赋一个值，边框的四个角都是同一个圆角半径值的效果。

2）为 border-radius 属性赋两个值，则第一个参数值表示圆角的水平半径，第二个参数值表示圆角的垂直半径，两个参数之间有一个反斜杠“/”分隔开。需要注意的是，如果两个参数中，只要其中一个值为 0，则属性效果最终只能是矩形，无圆角效果。

3）为 border-radius 属性赋四个值，可产生四个值分别对应四个角的圆角效果，它的语法格式如下。

```
border-radius top-left | top-right | bottom-right | bottom-left
```

border-radius 属性的赋值顺序是固定的，即左上角、右上角、右下角、左下角，一个顺时针顺序排列，值之间用空格隔开。

【示例 5-2】边框网页演练

该示例先通过 <div> 元素构建 5 个基础盒子模型，然后综合运用边框四向属性（border-top/right/bottom/left）及 border-radius 圆角属性分别对这 5 个盒子模型进行样式设置演练。它在浏览器中的预览效果如图 5-3 所示。

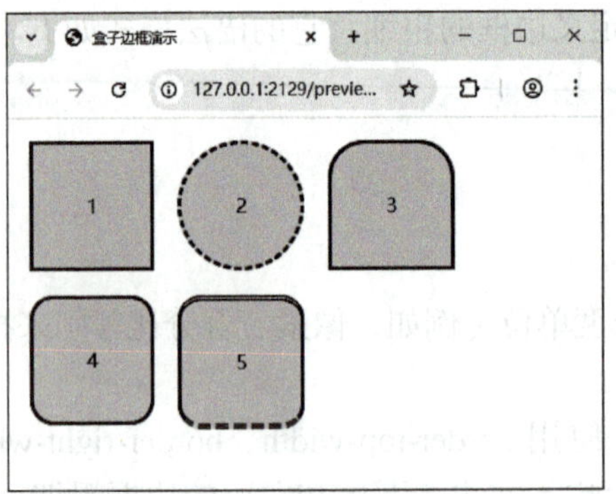

图 5-3　边框网页预览效果

扫码观看视频

```
<!doctype html>
<html>
    <head>
        <meta charset="utf-8">
        <title> 盒子边框演示 </title>
        <style>
        div {
            width: 100px;                    /* 设置宽高 */
            height: 100px;                   /* 设置宽高 */
            margin: 10px;                    /* 设置外边距 */
            background-color: #3BED5A;       /* 设置背景颜色为绿色 */
            text-align: center;              /* 设置文字居中 */
            line-height: 100px;              /* 设置文字高度等于盒子高度，以实现垂直居中 */
            float: left;                     /*  盒子左浮动 */
        }
        .box1 {
            border: 3px solid #1C0CE5;       /* 统一设置边框样式 : 实线 */
```

```
        }
        .box2 {
            border-radius: 50%;             /* 设置为 50% 或者 50px 以实现正圆 */
            border: 3px dashed #1C0CE5;     /* 虚线边框 */
        }
        .box3 {
            border-radius: 30px 30px 0 0;   /* 设置左上、右上边框圆角 */
            border: 3px solid #1C0CE5;      /* 实线边框 */
        }
        .box4 {
            border-radius: 20px 20px 20px 20px;  /* 设置四个边框圆角 */
            border: 3px solid #1C0CE5;      /* 实线边框 */
        }
        .box5 {
            border-radius: 20px 20px 20px 20px;  /* 设置四个边框圆角 */
            border: 3px solid #1C0CE5;      /* 先定义四个方向的边框 */
            border-bottom: 5px dashed #EC070A;  /* 再定义底边虚线边框，会覆盖前面的定义 */
            border-top: 5px double #000000;     /* 再定义顶边双线边框 */
        }
        </style>
    </head>
    <body>
        <div class="box1">1</div>
        <div class="box2">2</div>
        <div class="box3">3</div>
        <div class="box4">4</div>
        <div class="box5">5</div>
    </body>
</html>
```

5.2.3　内边距 padding

内边距也叫填充区，指的是内容区域边缘与盒子边框之间的这部分区间。使用 padding 设置元素所有内边距的宽度，也可以用 padding-top、padding-right、padding-bottom 和 padding-left，分别设置上、右、下和左四个方向的内边距。也可以在一个 padding 属性中按上、右、下和左顺序综合设定内边距的属性值，见表 5-1。

表 5-1　内边距属性设置

padding:25px 50px 75px 100px;	上内边距是 25px；右内边距是 50px；下内边距是 75px；左内边距是 100px
padding:25px 50px 75px;	上内边距是 25px；右和左内边距是 50px；下内边距是 75px
padding:25px 50px;	上和下内边距是 25px；右和左内边距是 50px
padding:25px	四个内边距都是 25px

5.2.4　外边距 margin

外边距也叫空白边，它在盒子模型的最外围，是紧贴着边框之外周围所设定的空间范围，是透明的，不会遮挡下面层次的元素。空白边的作用是让盒子之间保留指定的空隙，不会过于紧凑地连接在一起，以达到美观整齐的效果。使用 margin-top、margin-right、margin-bottom 和 margin-left 可以分别设置上、右、下和左的外边距；也可以使用 margin 综合设置外边距四个方向的值。

设置所有的外边距为 10px，演示代码如下。

```
div {
    margin: 10px;
    border: 1px solid black; }
```

分别设置四个方向的外边距，演示代码如下。

```
div {margin: 10px 20px 30px 40px; /* 上外边距 10px，右外边距 20px，下外边距 30px，左外边距 40px */
    border: 1px solid black;}
```

简写设置上下外边距和左右外边距，演示代码如下。

```
div {margin: 10px 20px;          /* 上外边距和下外边距 10px，左外边距和右外边距 20px */
     border: 1px solid black;}
```

使用 auto 实现水平居中，演示代码如下。

```
.center-block {margin-left: auto;
               margin-right: auto;
               width: 50%;        /* 或者其他固定宽度 */
               border: 1px solid black;}
```

在这个例子中，“.center-block”类的元素将水平居中，因为，左右外边距被设置为 auto，而宽度是固定的或限制的。

5.2.5 盒子阴影属性 box-shadow

在 CSS3 中，box-shadow 属性用于向元素添加阴影效果。它的语法相当灵活，允许定义多个阴影效果，每个效果由逗号分隔，它的语法格式如下。

```
box-shadow: h-shadow  v-shadow  blur  spread  color  inset;
```

1）h-shadow：水平阴影位置，必选，正值将阴影向右移动，负值向左移动。

2）v-shadow：垂直阴影位置，必选，正值将阴影向下移动，负值向上移动。

3）blur：模糊距离，可选，正值将阴影的边缘模糊化，负值将边缘变锐利。

4）spread：阴影的大小，可选，正值将阴影扩大，负值将阴影缩小。

5）color：阴影的颜色，可选，如果未指定，则使用与文本相同的颜色。可以使用任何有效的 CSS 颜色值。

6）inset：内阴影，可选。不设置 inset，则阴影在外部；设置 inset，则阴影在内部。

外部阴影的实现方法，演示代码如下。

```
div {width: 200px;
     height: 200px;
     background-color: #F90;
     box-shadow: 10px 10px 5px 0 rgba(0, 0, 0, 0.75);}
```

在这个例子中，div 元素获得一个外部阴影，该阴影向右和向下偏移 10px，具有 5px 的模糊距离，没有额外的阴影大小（spread 为 0）。阴影的颜色是 RGBA 颜色值，且红色、绿色和蓝色的值都是 0（黑色），alpha 值为 0.75（75% 的不透明度）。

使用 inset 属性定义内部阴影，演示代码如下。

```
div {width: 200px;
    height: 200px;
    background-color: #F90;
    box-shadow: inset 0 0 10px rgba(0, 0, 0, 0.5);}
```

5.2.6　盒子模型的计算

在 CSS 中，盒子模型的计算对于网页布局和元素定位具有至关重要的作用。盒子模型计算的主要作用表现在精确控制元素尺寸、避免布局重叠、实现复杂布局和响应式设计等。

对于元素占据空间的总宽度和总高度，计算公式如下。

```
总宽度 = 内容宽度 + 左内边距 + 右内边距 + 左边框 + 右边框 + 左外边距 + 右外边距
总高度 = 内容高度 + 上内边距 + 下内边距 + 上边框 + 下边框 + 上外边距 + 下外边距
```

需要注意的是，左外边距和右外边距通常不会影响元素的可见宽度，因为它们位于元素边界之外。计算元素的可见宽度时，通常只考虑内容、内边距和边框。

```
可见宽度 = 内容宽度 + 左内边距 + 右内边距 + 左边框 + 右边框
可见高度 = 内容高度 + 上内边距 + 下内边距 + 上边框 + 下边框
```

div 盒子计算，演示代码如下。

```
div {width: 200px;  /* 内容宽度 */
    padding: 10px;  /* 内边距 */
    border: 5px solid black; /* 边框 */
    margin: 20px;  /* 外边距 */}
```

根据上面的公式，可以计算出它们的宽度。

总宽度 =200px（内容宽度）+10px（左内边距）+10px（右内边距）+5px（左边框）+5px（右边框）+20px（左外边距）+20px（右外边距）=270px。

可见宽度 =200px（内容宽度）+10px（左内边距）+10px（右内边距）+5px（左边框）+5px（右边框）=230px。

这个 div 元素的可见宽度是 230px，而它实际在网页上占据的水平空间是 270px（包括外边距）。

5.2.7　盒子大小属性 box-sizing

在 CSS3 中，box-sizing 属性用于改变默认的 CSS 盒子模型计算方式。标准的 CSS 盒子模型中，元素的宽度和高度只包含内容区域，而不包括边框、内边距和外边距。但是，通过设置 box-sizing 属性，可以让元素的宽度和高度包含内容、边框和内边距，它的基本语法格式如下。

```
box-sizing: content-box | border-box | inherit;
```

1）content-box：默认值。元素的宽度和高度只包含内容区域。

2）border-box：元素的宽度和高度包含内容、边框和内边距。

3）inherit：元素继承其父元素的 box-sizing 属性值。

【示例 5-3】使用 content-box 和 border-box 的盒子示例

“content-box”元素的宽度和高度实际上是 200px，加上 10px 的内边距和 5px 的边框，所以实际占据的空间是 230px × 230px。

```
.content-box {
    width: 200px;
    height: 200px;
    padding: 10px;
    border: 5px solid #000;
    box-sizing: content-box; /* 默认值，可以省略 */
}
.border-box {
    width: 200px;
    height: 200px;
    padding: 10px;
    border: 5px solid #000;
    box-sizing: border-box;
}
```

“border-box”元素的宽度和高度是 200px，但这个值包含了 10px 的内边距和 5px 的边框。所以，内容区域的宽度和高度实际上是 180px × 180px（因为 200px−10px × 2−5px × 2=180px），但整个元素占据的空间仍然是 200px × 200px。使用 content-box 和 border-box 的效果对比，如图 5-4 所示。

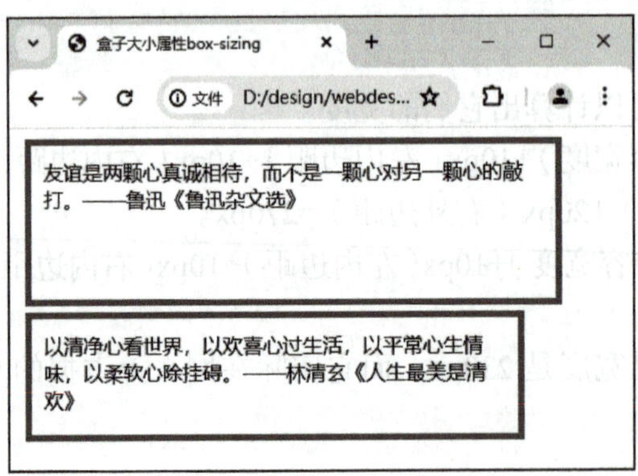

图 5-4　使用 content-box 和 border-box 的效果对比

5.3 盒子模型的定位

在 CSS 网页布局中，要实现元素在页面上的精确排布，需要掌握定位机制。学习定位前需要先理解基础概念——文档流（元素默认的排列方式）。核心定位技术包括：position 属性定位（相对 / 绝对 / 固定等）、float 浮动布局以及 z-index 层叠控制。

5.3.1　文档流

文档流是 HTML 元素的默认排列方式：容器自上而下划分成行级空间，块级元素独占一行，行内元素在行内从左到右排列。在行内元素占满行宽后自动换行。元素在文档流中的位置由其 HTML 结构顺序、元素类型（块级 / 行内）和尺寸共同决定。

在默认情况下块级元素会单独占据一行，因此它是自上向下排列的。一些常用的块级元素包括 div、hr、p、h1 ～ h6、ul、ol、dl、form 和 table 等。

行内元素（内联元素）在父容器内从左到右依次排列。当元素总宽度超出父容器内容区时，会自动折行形成新的行框，继续从左到右排列。常见的行内元素包括 span、a、i、em、img（可替换元素）和 strong 等。

5.3.2　元素的浮动 float

1. 浮动属性

在 CSS 中，没有设置浮动的块级元素会单独占据一行，设置了浮动之后的元素会对后面紧跟着的元素产生定位影响。因为 float 属性用于创建浮动元素，可以让该元素脱离文档流，向左或向右浮动，其他内容会围绕它排列，这个特性在图文混排和块级元素布局中会用到。它的语法格式如下。

```
float: left | right | none | inherit;
```

1）left：元素向左浮动。

2）right：元素向右浮动。

3）none：默认值。元素不浮动。

4）inherit：元素继承其父元素的 float 属性值。

使用单个浮动元素时，浮动元素会脱离文档流，其周围的内容会围绕它显示。如果有多个浮动元素，它们会按顺序排列，位于同一行。

2. 清除浮动

1）使用 clear 属性清除浮动。使用 clear 属性可以清除浮动的影响，防止浮动元素影响周围元素的布局。它的语法格式如下。

```
clear: none | left | right | both | inherit;
```

① none：默认值。允许浮动元素出现在两侧。

② left：元素的左侧不允许浮动元素。

③ right：元素的右侧不允许浮动元素。

④ both：元素的左侧和右侧都不允许浮动元素。

⑤ inherit：元素继承其父元素的 clear 属性值。

需要注意的是，clear 属性只能清除标记左右两侧浮动的影响，子标记和父标记为嵌套关系，不存在左右位置，因此使用 clear 属性不能清除子标记浮动对父标记的影响。

【示例 5-4】使用 clear 清除段落 P 标签的浮动

不设置浮动时的效果，如图 5-5 所示；段落文字环绕的效果，如图 5-6 所示；添加以上文字段落清除浮动之后的效果，如图 5-7 所示。

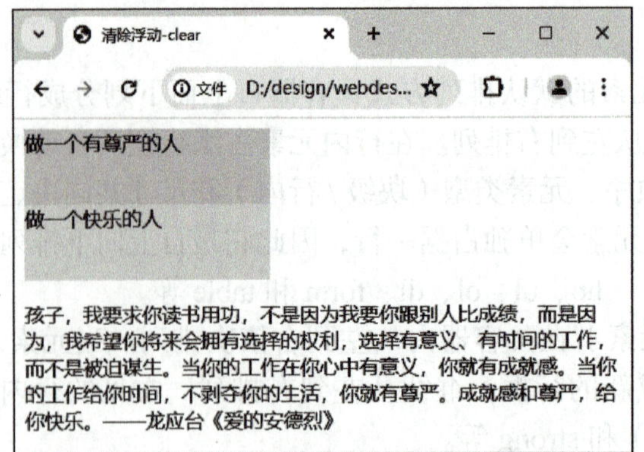

图 5-5　不设置浮动的效果

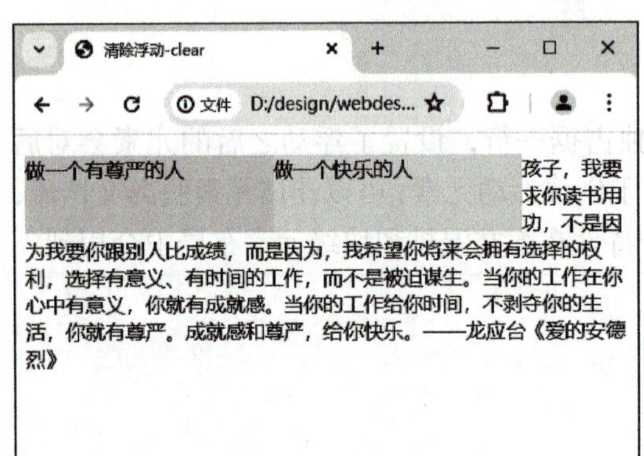

图 5-6　文字环绕的效果

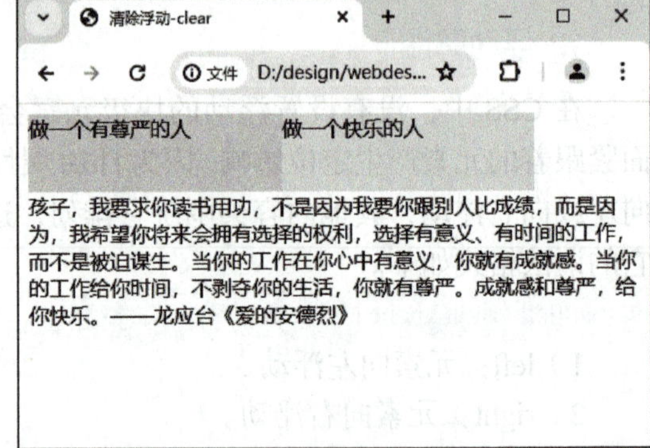

图 5-7　清除浮动的效果

```
<style>
.box1 {
    height: 100px;
    width: 200px;
    background-color: #1AF4F4;
    float: left;  /* 左浮动 */}
.box2 {
    height: 100px;
    width: 200px;
    background-color: #F41A93;
    float: left;  /* 左浮动 */
}
p {clear: both;  /* 清除浮动 */  }
</style>
```

2）使用 overflow 属性清除浮动。当子元素设置了 float，而父元素没有指定高度或高度值为 auto 时，会遇到父元素高度塌陷的问题（即父元素没有包含住其浮动的子元素）。为了解决这个问题，可通过父元素设置“overflow:hidden”触发 BFC（块级格式化上下文）清除浮动的影响或其他清除浮动的方法（例如，伪元素清除法）。

【示例 5-5】使用 overflow 清除浮动

有 3 个盒子，1 个大盒子，大盒子里面有 2 个小盒子。2 个小盒子使用“float:left”左浮动。当大盒子未指定高度且没有设置“overflow:hidden”时，大盒子效果显示不出来，此时的效果如图 5-8 所示。

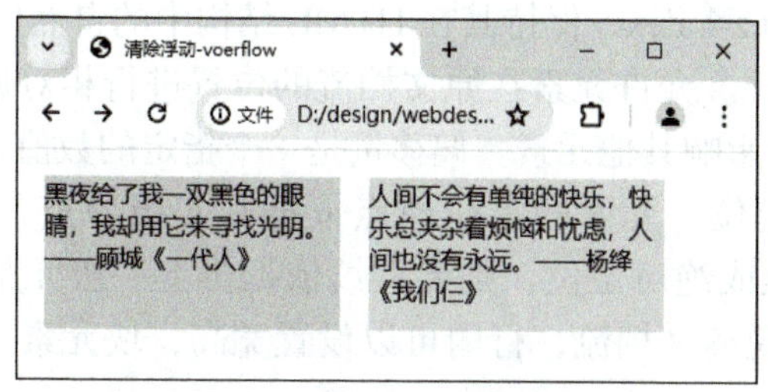

图 5-8　没有清除浮动的效果

```
<style>
.bigbox {
    width: 450px;
    background-color: #B9EBAF;
    overflow: hidden; /* 清除浮动 */
}
.box1 {
    height: 100px;
    width: 200px;
    background-color: #1AF4F4;
    margin: 10px;
    float: left; /* 左浮动 */
}
.box2 {
    height: 100px;
    width: 200px;
    background-color: #F41A93;
    margin: 10px;
    float: left; /* 左浮动 */
}
</style>
```

在大盒子加上代码“overflow:hidden”后，就可以清除小盒子的浮动影响，效果如图 5-9 所示。

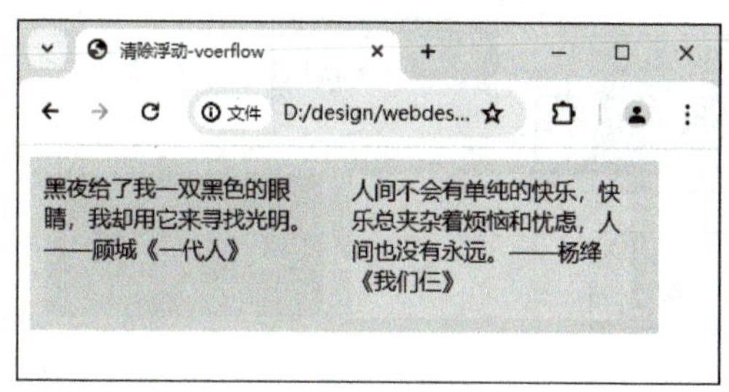

图 5-9　清除浮动后的效果

5.3.3　元素的定位属性

元素可以通过 position 属性来设置其定位模式。它的语法格式如下。

```
position: static | relative | absolute | fixed | sticky | inherit;
```

1）static：默认的定位方式。元素遵循常规文档流布局，不响应偏移属性（top/right/bottom/left）和 z-index，保持其在 HTML 结构中的自然位置。

2）relative：相对定位。允许元素在原文档流的位置进行相对偏移定位，元素不会脱离文档流，在文档流中不会影响其他元素。偏移量是一个指定的数值，该数值可以为负数。

3）absolute：绝对定位。元素的定位原点依据其父级原点，但是，如果其父级没有设定 position 为相对定位或绝对定位，则要继续依据再上一级元素，以此类推，直到遇到 body 元素终止。元素会脱离文档流，行内可以设置宽高，块元素不独占一行，由内容撑开宽高。

4）fixed：固定定位。元素相对于浏览器窗口进行定位，元素会脱离文档流。

5）sticky：黏性定位。被定位元素在窗口位置发生变化时（例如，拖滚动条），当达到指定的边距位置时就临时转变为固定定位。它必须指定 top、right、bottom 或 left 四个值中的至少一个，否则该属性将不起作用。

◆ **经验分享**

在设置 position 属性为 absolute 或者 relative 模式之后，元素还可以配合四个方向的边距属性进行定位。

【示例 5-6】结合 static、relative 和 absolute 三种属性值定位效果对比

在以下 CSS 代码中，盒子 1 和盒子 3 所定义的 position 属性都是使用了默认值 static，因此它们都是定位在文档流默认的顺序和位置上。而盒子 2 所定义的 position 属性值为 relative（相对定位，即相对于原本它在文档流的位置进行偏移定位），配合“top:-20px”和“left:30px”，最终展示的效果就是，盒子 2 相对原位向上移动 20 像素（上边距 -20px），相对右移了 30 像素（留出左边距 30px）。但盒子 2 是没有脱离文档流的，因此它的文档流空位还是保留着的。盒子 4 所定义的 position 属性值为 absolute，它定义了自己距离窗体的左边和上边的距离。示例定位效果对比，如图 5-10 所示。

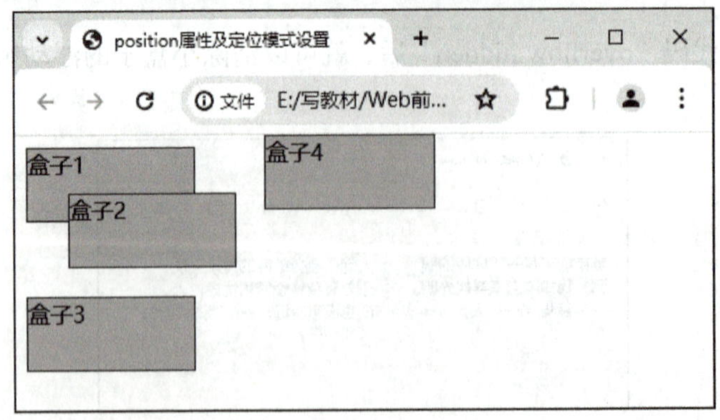

图 5-10　示例定位效果对比

```
<style type="text/css">
.position1 {position: static;}
.position2{
    position: relative;
    top: -20px;  /* 相对原始该停留的位置上边距离负 20 像素 */
    left: 30px;  /* 相对原始的位置左边距离 30 像素 */
}

.position3 {
    position:absolute;
    left:180px;  /* 与窗体左边距离 180 像素 */
    top:0px;  /* 与窗体上边距离 0 像素 */
}
div {
    background-color: #0CF;
    height: 50px;
    width: 120px;
    border: 1px solid #369;
}
</style>
<div class="position1"> 盒子 1</div>
<div class="position2"> 盒子 2</div>
<div class="position1"> 盒子 3</div>
<div class="position3"> 盒子 4</div>
```

5.3.4　元素的堆叠顺序 z-index

当元素被设置了 position 属性时，可能会有元素产生重叠的情况出现，在这种情况下，可以利用 z-index 属性调整元素的上下位置。z-index 值大的元素位于 z-index 值小的元素的上方。z-index 属性的值默认为 auto，也可以是正数或负数。当两个元素的 z-index 值一样时，保持原有的上下覆盖关系。它的语法格式如下。

```
z-index: auto | <integer>;
```

1）auto：元素的堆叠顺序是默认的。一个元素的堆叠顺序是其父元素的堆叠顺序，并且该元素在父元素的子元素中的顺序是其 HTML 文档流中的顺序。

2）<integer>：一个整数，定义了堆叠顺序。一个较大的 z-index 值意味着元素将显示在具有较小 z-index 值的元素之上。

z-index 仅能在定位元素上生效，例如，position:absolute 或 position:relative。

技能实训

请参考本书配套的实训手册，完成实训训练。

小结

在本单元中，深入探讨并实践了 CSS 盒子模型构建及其实用技术。首先，详细讲解了盒子模型的组成结构及其相关属性，并对各个组成部分的语法进行了系统解析；其次，学习了与布局定位相关的核心技术，具体包括文档流原理、浮动属性、position 定位属性以及 z-index 层叠控制等重要知识。每个知识点均结合元素应用案例进行了实践与分析。在技能训练环节中，应用 CSS 盒子模型制作“美丽乡村”主题网站首页，实现 HTML 和 CSS 的分离，提升代码的可维护性与网页布局能力；设计下拉菜单式网站导航和民宿详情网页，强化在不同情境下应用 CSS 盒子模型的开发技能，全面提高 Web 前端开发实战能力。

单元 6

CSS 弹性布局

情景导入

文化振兴是乡村振兴的“根”与“魂”。在媒体融合时代，需充分发挥新媒体助力乡村文化振兴的作用，切实做好新闻宣传工作。

在美丽乡村网站新闻网页的设计实践中，考虑到当前互联网终端设备类型多样、显示屏尺寸不一、浏览器种类繁多且存在兼容性差异等因素。为了更好地适应当前的实际环境，服务我国乡村振兴政策宣传工作，在网页技术上提出弹性布局需求，并运用媒体查询技术实现响应式布局，以方便网民通过不同的设备随时随地了解政策信息，持续关注乡村振兴重大主题。

学习目标

- 了解弹性布局的概念、作用和意义。
- 理解弹性布局中容器与项目的层级关系及特性。
- 理解弹性盒子容器属性及作用，并掌握其用法。
- 理解弹性盒子项目属性及作用，并掌握其用法。
- 理解媒体查询与响应式布局的语法和作用，并掌握其用法。
- 了解文化振兴新闻宣传的重要性，认识网站宣传的价值。

6.1 Flex 布局简介

弹性布局也称为 Flex 布局（Flex，Flexible Box，弹性盒子模型或灵活的盒子容器），是一种用于设计 Web 网页布局的 CSS 技术。使用该技术可以简便、完整、响应式地实现多种网页布局。

1. Flex 布局的优点

引入 Flex 布局的核心目标在于提升网页的响应性、灵活性与适应性，确保多终端设备的兼容性。其核心优点体现在以下 5 个方面：

1）简化布局：Flex 布局通过简单的属性设置，例如，flex-direction、justify-content 等，即可实现复杂的布局效果，无须烦琐使用 float 和 position 属性。

2）响应式布局：Flex 布局具有出色的响应性，可以根据不同的屏幕尺寸和设备自动调整布局，更好地适配移动端与响应式设计需求。

3）自适应子元素大小：Flex 布局能够根据容器的大小自动调整子元素的大小，实现自适应布局效果，为不同的设备屏幕提供一致的用户体验。

4）简化垂直居中：Flex 布局可以轻松实现容器内部元素的垂直居中，无须复杂的计算和定位。

5）动态排序控制：通过设置 order 属性，调整子元素的顺序，使元素在不同布局环境下的显示顺序灵活变化。

Flex 布局的核心思想是通过指定容器（flex container）和项目（flex items）相关的属性协同配置，精准控制元素排列与空间分布。

2. Flex 的两个基础模型

弹性布局里面存在两个基础的概念模型：容器（flex container）和项目（flex item），容器里面包含着项目。在实际应用中将弹性布局的构成元素划分为父类（容器）和子类（项目），这样有助于理解和应用弹性布局的概念和属性。

1）容器：它指的是需要开启弹性布局模式的父元素，任何一个容器都可以指定其内部的布局模式为 Flex 布局。行内元素也可以使用 Flex 布局。需要注意的是，某个容器内部规划被指定 Flex 布局模式以后，其子元素的 float、clear 和 vertical-align 属性将失效。

2）项目：在被指定布局模式为弹性布局的容器中，该容器的每一个子元素都是容器的成员，称为项目。

掌握弹性布局需要分别学习 Flex 容器与项目的属性：容器包含 6 个核心属性（如 flex-direction、justify-content 等），项目包含 6 个核心属性（如 flex-grow、align-self 等）。

3. 主轴和交叉轴对齐方式

在容器的概念模型中，它默认存在两个方向轴，一个被称为主轴（main axis），另一个与主轴相互垂直的轴被称为交叉轴（cross axis）。主轴和交叉轴的图示，如图 6-1 所示。

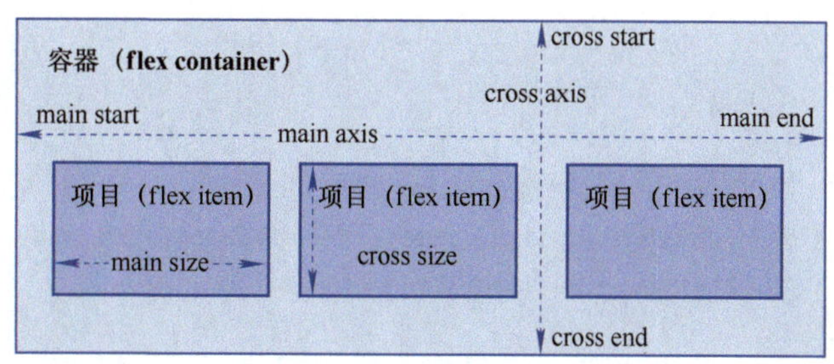

图 6-1　主轴和交叉轴的图示

通过容器的 flex-direction 属性，可以设置主轴为水平方向主轴或者垂直方向主轴；该属性的设置决定着项目（flex item）的布局排列方向。flex-direction 的默认值为 row，表示主轴为水平方向，起点在左端，向右延伸。它的交叉轴是垂直方向的，起点在上，结束点在下。

主轴的开始位置点（与容器边界的交叉点）称为 main start，结束位置点称为 main end。交叉轴的开始位置点称为 cross start，结束位置点称为 cross end。项目模型默认是沿着主轴排列，当设置 flex-wrap:wrap 时，项目在排满主轴到达 main end 后，会向交叉轴方向（cross start → cross end）换行；若设置 flex-wrap:wrap-reverse，则向交叉轴反方向换行。

从单个项目来看，占据的主轴方向的空间叫作 main size，占据的交叉轴方向的空间叫作 cross size。

【示例 6-1】容器和项目的举例

元素的 display 属性是 CSS 中非常重要的属性，display 的常用值有 block、inline、inline-block、none 和 flex。将元素设置为 flex 或 inline-flex 会使其成为 Flex 容器；flex 是块级容器，inline-flex 是行内容器。

扫码观看视频

下面示例的 CSS 代码中，容器由 .container 类定义，项目由 .item 类定义。容器和项目的效果，如图 6-2 所示。

```
<style type="text/css">
.container {
    background-color: #C1DAF9;/* 背景 */
    border: 2px solid #2D76BF;/* 实线边框 */
    height: 130px;
    width: 450px;
    display: flex;/* 开启弹性布局 */
    flex-direction: row; /* 设置容器主轴为水平方向，起点在左 */
    flex-wrap: wrap;/* 容器内允许换行 */
    justify-content: center;/* 容器的内容在主轴方向居中 */
}
.item {
    background-color: #FCC;
    border: 2px solid #F93;
    height: 40px;
    width: 100px;/* 项目盒子的宽 */
    margin: 10px;/* 项目盒子的外边距 */
```

图 6-2　容器和项目的效果

```
}
</style>
<div class="container">
    <div class="item"> 项目 1</div>   <div class="item"> 项目 2</div>
    <div class="item"> 项目 3</div>   <div class="item"> 项目 4</div>
    <div class="item"> 项目 5</div>   <div class="item"> 项目 6</div>
</div>
```

6.2 Flex 容器属性

在某个元素作为父类元素，并设置 display 属性值为 flex 或 inline-flex 后，该元素可作为弹性布局容器使用。Flex 布局支持 6 个容器属性：flex-direction、flex-wrap、flex-flow、justify-content、align-content 和 align-items。

6.2.1 flex-direction 属性

在 Flex 布局中，flex-direction 属性决定了 Flex 容器的主轴方向，即项目的排列方向。flex-direction 属性的语法格式如下。

```
flex-direction: row | row-reverse | column | column-reverse
```

1）row（默认值）：主轴为水平方向，起点在左端，项目从左向右排列。

2）row-reverse：主轴为水平方向，起点在右端，项目从右向左排列。

3）column：主轴为垂直方向，起点在上沿，项目从上向下排列。

4）column-reverse：主轴为垂直方向，起点在下沿，项目从下向上排列。

【示例 6-2】flex-direction 属性演示

以下代码演示了水平方向的排列效果，如图 6-3 所示。请读者修改属性“flex-direction: column”和“flex-direction: column-reverse”以完成垂直方向的排列效果，如图 6-4 所示。

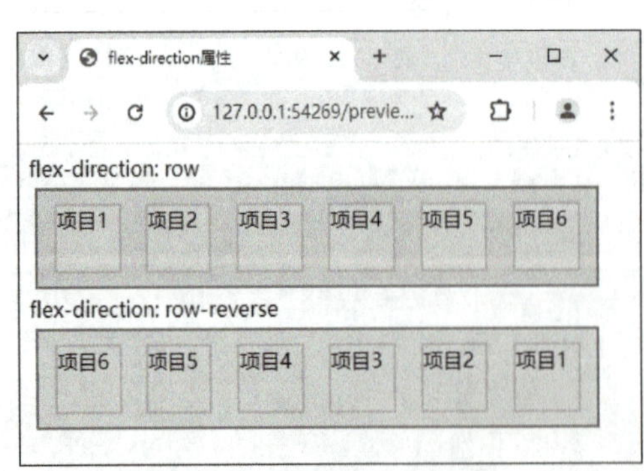

图 6-3　水平方向的效果

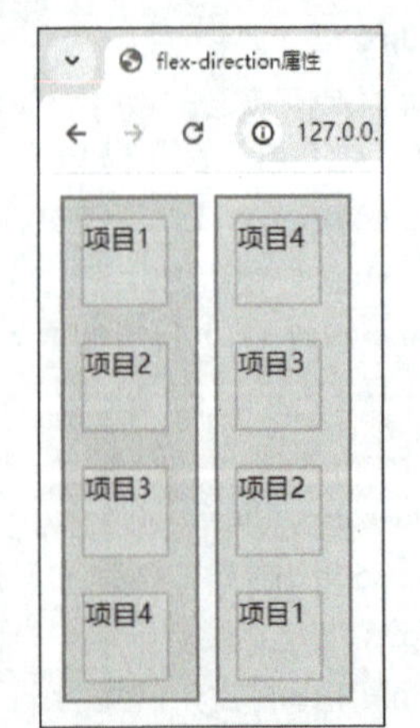

图 6-4　垂直方向的效果

扫码观看视频

```
<style type="text/css">
/* 以下是容器盒子的全局样式 */
.container {
    border: 2px solid #2D76BF;/*2 像素蓝色实线边框 */
    width: 450px;
    display: flex;/* 开启弹性布局 */
    flex-wrap: wrap;/* 容器内允许换行 */
    justify-content: center;/* 容器的内容沿主轴方向居中 */
    margin: 5px;
}
.item {
    background-color: #FCC;
    border: 2px solid #F93;
    height: 50px;
    width: 50px;/* 项目盒子的宽 */
    margin: 10px;/* 项目盒子的外边距 */
}
/* 以下是第一个容器盒子的定制样式 */
.container-row {
    flex-direction: row; /* 水平方向主轴，从左到右 */
    background-color: lightblue;/* 浅蓝色背景 */
}
/* 以下是第二个容器盒子的定制样式 */
.container-row-reverse {
    flex-direction: row-reverse; /* 主轴方向从右到左 */
    background-color: lightgreen;/* 浅绿色背景 */
}
</style>
……
<div class="container container-row">
    <div class="item"> 项目 1</div>
    <div class="item"> 项目 2</div>
    ……/* 重复添加更多项目 */
</div>
<div class="container container-row-reverse">
    <div class="item"> 项目 1</div>
    <div class="item"> 项目 2</div>
    ……/* 重复添加更多项目 */
</div>
```

6.2.2　flex-wrap 属性

弹性布局分为单行布局和多行布局。在默认情况下，Flex 容器中的子元素都排在一条线（又称“主轴线”）上。当项目（子元素）在主轴方向的尺寸之和大于容器主轴尺寸时，可以通过设置 flex-wrap 属性，用于指定容器是单行布局还是多行布局。当设为多行布局时，新换行（列）是沿着交叉轴方向堆叠。flex-wrap 属性的语法格式如下。

```
flex-wrap: nowrap | wrap | wrap-reverse
```

1）nowrap（默认值）：所有子元素都会尝试放在同一行（列）。如果元素的总宽度（高度）超过了容器的总宽度（高度），则元素会溢出容器。

2）wrap：子元素会在必要的时候换行（列）到下一行（列）。

3）wrap-reverse：与 wrap 类似，但换行的方向是相反的。第一行在容器的交叉轴结束点开始，并向开始点方向堆叠。

【示例 6-3】flex-wrap 属性演示

在上面示例代码的基础上，可以通过添加“flex-wrap: nowrap”等代码来演示下面的效果。代码省略，请读者自行完成。

当容器主轴设置 flex-direction: row（水平轴）时，flex-wrap: nowrap 表示不换行，项目同一行显示，如果宽度之和超出容器宽度，则每个项目宽度会被均等压缩，如图 6-5 所示。当容器主轴设置 flex-direction: column（垂直轴）时，flex-wrap: nowrap 表示不换列，项目同一列显示，如果高度之和超出容器高度，则每个项目高度被均等压缩，如图 6-6 所示。

扫码观看视频

当容器主轴设置 flex-direction: row（水平轴）时，flex-wrap: wrap 表示换行，如图 6-7 所示。当容器主轴为 flex-direction: column（垂直轴）时，flex-wrap: wrap 表示换列，如图 6-8 所示。

当容器为 flex-direction: row（水平轴）时，flex-wrap: wrap-reverse 表示按交叉轴反向换行（第 1 行在下），如图 6-9 所示。当容器为 flex-direction: column 时，flex-wrap: wrap-reverse 表示交叉轴反方向换列（第 1 列在右），如图 6-10 所示。

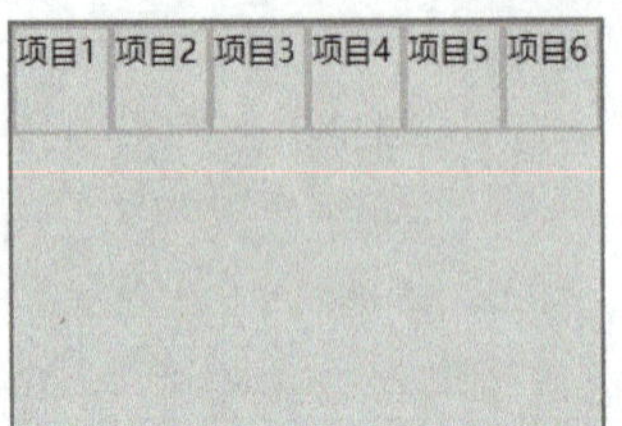

图 6-5　flex-wrap 的效果 1

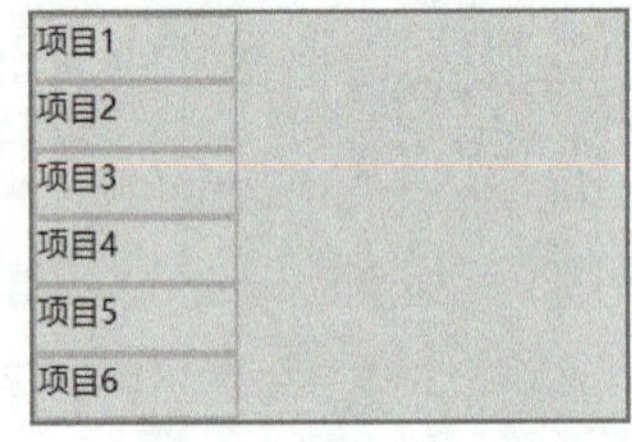

图 6-6　flex-wrap 的效果 2

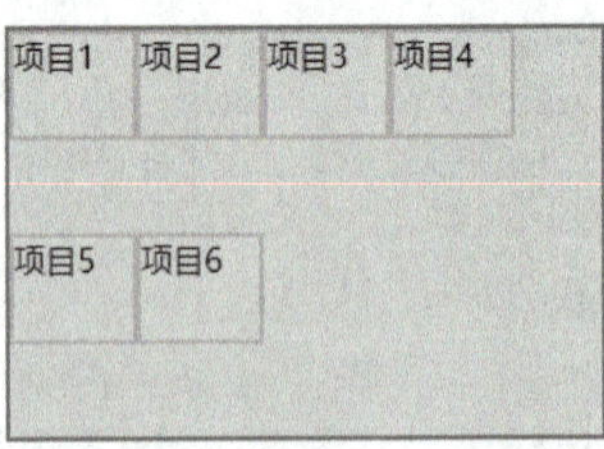

图 6-7　flex-wrap 的效果 3

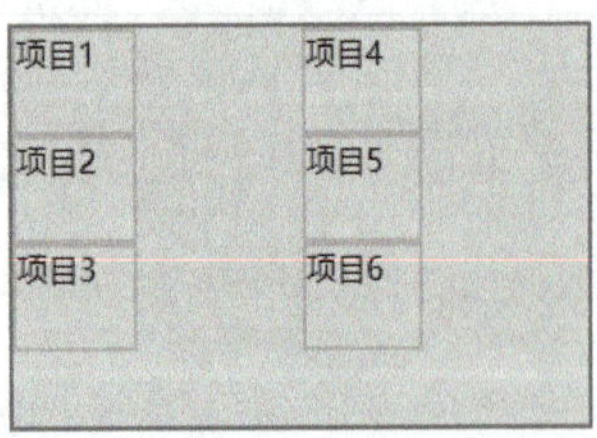

图 6-8　flex-wrap 的效果 4

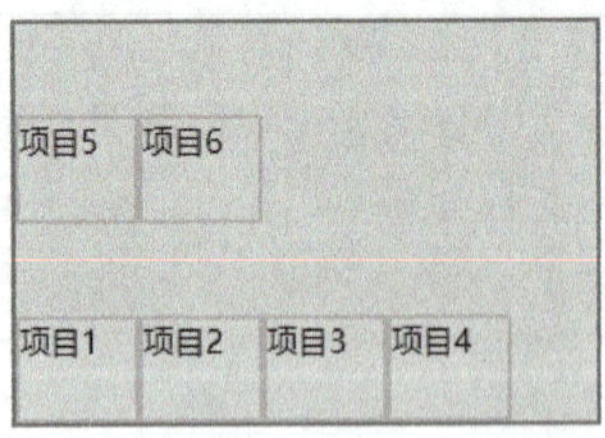

图 6-9　flex-wrap 的效果 5

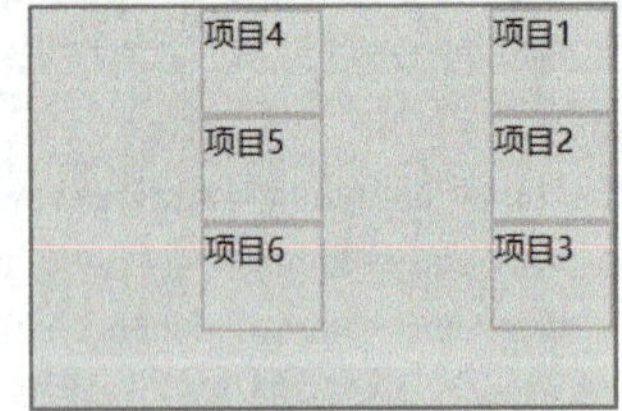

图 6-10　flex-wrap 的效果 6

此外，容器主轴方向为水平反向和垂直反向时，搭配不同的换行设置还有好几种情况，在此不再一一列举。

6.2.3　flex-flow 属性

flex-flow 属性是 flex-direction 和 flex-wrap 属性的复合属性，简写为 flex-flow，其默认值为 row nowrap。该属性的常用值及作用见表 6-1。flex-flow 属性的语法格式如下。

```
flex-flow: flex-direction flex-wrap | initial | inherit;
```

表 6-1　flex-flow 的常用值及作用

序号	flex-flow 常用值设置格式	作用
1	flex-flow: row | column	单独设置 flex-direction
2	flex-flow: nowrap | wrap | wrap-reverse	单独设置 flex-wrap
3	flex-flow: row wrap	同时设置两者的值

6.2.4　justify-content 属性

justify-content 属性用于设置弹性盒子容器内部各行（列）项目整体在主轴方向的对齐方式。注意：交叉轴方向的项目对齐属性请使用 align-content 或 align-items，将在后面学习。justify-content 属性值的说明见表 6-2，justify-content 属性的语法格式如下。

```
justify-content: flex-start | flex-end | center | space-between | space-around | initial | inherit;
```

表 6-2　justify-content 属性说明

属性	说明
flex-start	它是默认值，子元素向主轴的开始位置对齐
flex-end	子元素向主轴的结束位置对齐
center	子元素在主轴上居中对齐
space-between	子元素在主轴上均匀分布，第一个元素与主轴的开始位置对齐，最后一个元素与主轴的结束位置对齐
space-around	子元素在主轴上均匀分布，每个元素两侧的间隔相等。注意，这意味着元素之间的间隔是元素与容器边界间隔的两倍
space-evenly	子元素在主轴上均匀分布，包括元素之间的间隔和元素与容器边界的间隔
start	与 flex-start 相同（用于替代 RTL（从右到左）语言中的 flex-start）
end	与 flex-end 相同（用于替代 RTL（从右到左）语言中的 flex-end）
left	与 flex-start 相同（如果主轴是水平的话）
right	与 flex-end 相同（如果主轴是水平的话）

【示例 6-4】justify-content 属性演示

以下代码演示了 justify-content 的排列效果，如图 6-11 所示。请读者修改属性“flex-direction: column”和“flex-direction: column-reverse”以完成垂直方向的排列效果。

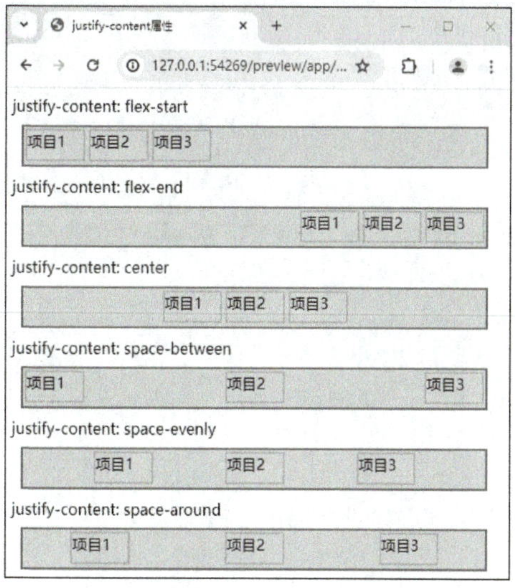

图 6-11　justify-content 属性演示效果

```
<!doctype html>
<html>
	<head>
		<meta charset="utf-8">
		<title>justify-content 属性 </title>
		<style type="text/css">
		.container {/* 用于容器（父元素）的类 CSS*/
			background-color: #C1DAF9;
			border: 2px solid #2D76BF;
			height: 40px;
			width: 500px;
			display: flex;/* 开启弹性布局 */
			flex-direction: row; /* 设置容器主轴为水平方向，起点在左 */
			flex-wrap: wrap;
			margin: 10px;
		}
		.item {/* 用于项目（子元素）的类 CSS*/
			background-color: #FCC;
			border: 2px solid #F93;
			height: 30px;
			width: 60px;
			margin: 2px;
		}
		#jc1 {justify-content: flex-start;}
		#jc2 {justify-content: flex-end;}
		#jc3 {justify-content: center;}
		#jc4 {justify-content: space-between;}
		#jc5 {justify-content: space-evenly;}
		#jc6 {justify-content: space-around;}
		#jc7 {justify-content: initial;}
		#jc8 {justify-content: inherit;}
		</style>
	</head>
	<body>
		justify-content: flex-start
		<div class="container" id="jc1">
		  <div class="item"> 项目 1</div>
		  <div class="item"> 项目 2</div>
		  <div class="item"> 项目 3</div>
		</div>
		justify-content: flex-end
		/* 重复以上示例代码，并修改 id="jc1" 等值 */
	</body>
</html>
```

6.2.5　align-content 属性

在 Flex 布局中，align-content 属性用于控制多行项目在交叉轴方向的对齐方式。常见的场景为多行内容的空间分布，例如，均匀间隔和顶部对齐。它用于交叉轴上（对于行方向的容器，这是垂直方向；对于列方向的容器，这是水平方向）对齐容器内的行或列（Flex 行）。但需要注意的是，这个属性在单行（单列）的容器中是没有效果的，因为它需要有多余的空间来展现对齐效果。align-content 的属性说明见表 6-3，align-content 属性的语法格式如下。

```
align-content: flex-start | flex-end | center | space-between | space-around | space-evenly | stretch;
```

表 6-3　align-content 的属性说明

属性	说明
flex-start	交叉轴的起点对齐
flex-end	交叉轴的终点对齐
center	交叉轴的中点对齐
space-between	项目之间的间隔相等，首行与交叉轴起点对齐，末行与交叉轴终点对齐
space-around	项目两侧的间隔相等，即项目之间的间隔比项目与容器边界的间隔大一倍
space-evenly	项目与项目、项目与容器边界之间的间隔相等
stretch	它是默认值，如果项目未设置高度或设为 auto，则占满整个容器的高度

【示例 6-5】align-content 属性演示

以下代码演示了 align-content 的排列效果，如图 6-12 所示。请读者修改属性代码以完成其他方式的排列效果，如图 6-13 所示。若缩小容器的宽度，增加其高度，则产生换行，此时搭配 align-content 的设置，可观察到明显的效果变化。

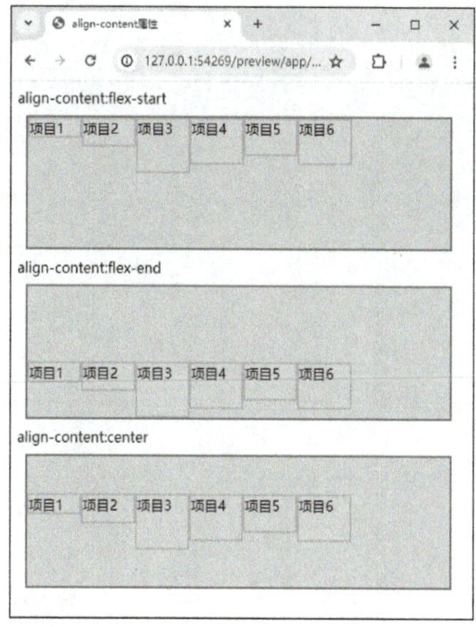

图 6-12　align-content 属性演示效果 1

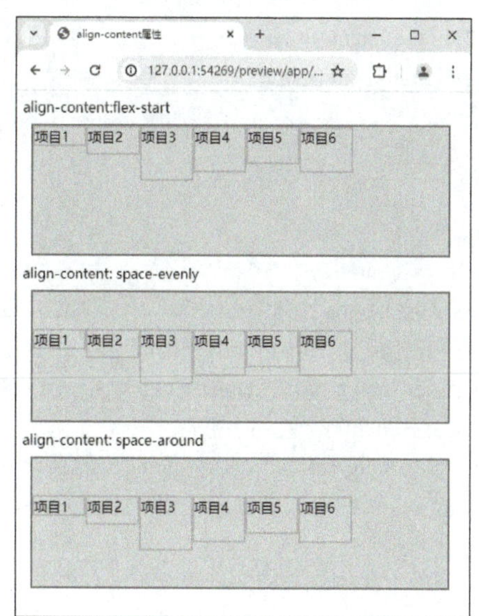

图 6-13　align-content 属性演示效果 2

扫码观看视频

```
<!doctype html>
<html>
    <head>
        <meta charset="utf-8">
        <title>align-content 属性 </title>
        <style type="text/css">
        .container {/* 用于容器（父元素）的类 CSS*/
          background-color: #C1DAF9;
          border: 2px solid #2D76BF;
          height: 150px;
          width: 500px;
          display: flex;/* 开启弹性布局 */
          flex-direction: row; /* 设置容器主轴为水平方向，起点在左 */
          flex-wrap: wrap;
          margin: 10px;
        }
        .item {/* 用于项目（子元素）的类 CSS*/
          background-color: #FCC;
          border: 2px solid #F93;
          height: 50px;
          width: 60px;
        }
        #ac1 {align-content: flex-start;}
        #ac2 {align-content: flex-end;}
        #ac3 {align-content: center;}
        #ac4 {align-content: space-between;}
        #ac5 {align-content: space-evenly;}
        #ac6 {align-content: space-around;}
        #ac7 {align-content: initial;}
        #ac8 {align-content: inherit;}
        </style>
    </head>
    <body>
        align-content:flex-start
        <div class="container" id="ac1">
          <div style="height:20px" class="item"> 项目 1</div>
          <div style="height:30px" class="item"> 项目 2</div>
          <div style="height:60px" class="item"> 项目 3</div>
          <div class="item"> 项目 4</div>
          <div style="height:40px" class="item"> 项目 5</div>
          <div style="height:50px" class="item"> 项目 6</div>
        </div>
          /* 重复以上示例代码，并修改 id="ac1" 等值 */
    </body>
</html>
```

6.2.6　align-items 属性

在 Flex 布局中，align-items 属性用于控制项目元素在容器交叉轴上的对齐方式，适用于单行布局。常见的场景包括垂直居中、顶部对齐或底部对齐等，默认值为 stretch。对于 Flex 容器来说，默认的主轴是水平方向（行方向），而交叉轴是垂直方向（列方向）。但是，当 Flex 容器的 flex-direction 属性被设置为 column 或 column-reverse 时，主轴变为垂直方向，而交叉轴变为水平方向。align-items 的属性说明见表 6-4，align-items 属性的语法格式如下。

```
align-items: normal | flex-start | flex-end | center | baseline | stretch;
```

表 6-4　align-items 的属性说明

属性	说明
normal	默认值。如果元素设置了 align-self 属性，那么 align-items 属性将不会对该元素起作用
flex-start	子项在交叉轴的起点对齐
flex-end	子项在交叉轴的终点对齐
center	子项在交叉轴的中点对齐
baseline	子项在第一行文字的基线对齐
stretch	如果子项未设置高度或设为 auto，将占满整个容器的高度（或宽度，取决于主轴方向）

【示例 6-6】align-items 属性演示

示例 6-5 和示例 6-6 的代码有极大的相似性。本示例代码省略，请读者修改示例 6-5 的代码中 #ac1 ～ #ac8 中的 CSS。以下代码演示了 align-items 的排列效果，如图 6-14 ～ 6-18 所示。

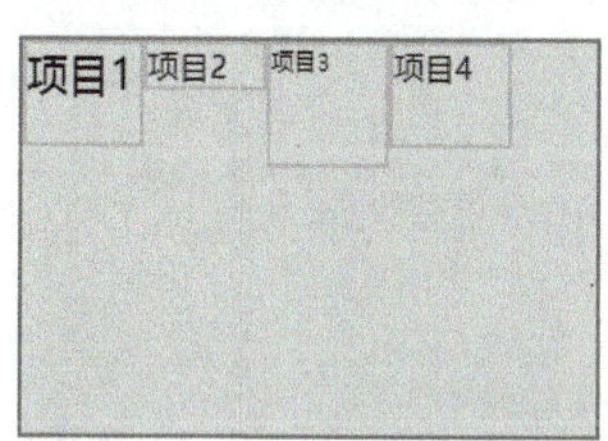

图 6-14　flex-start 的效果

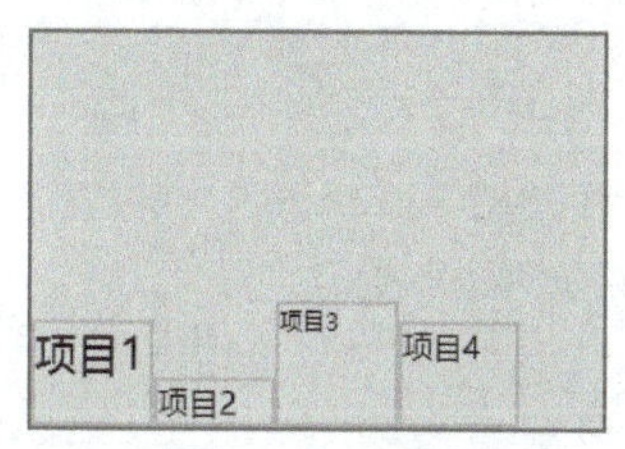

图 6-15　flex-end 的效果

扫码观看视频

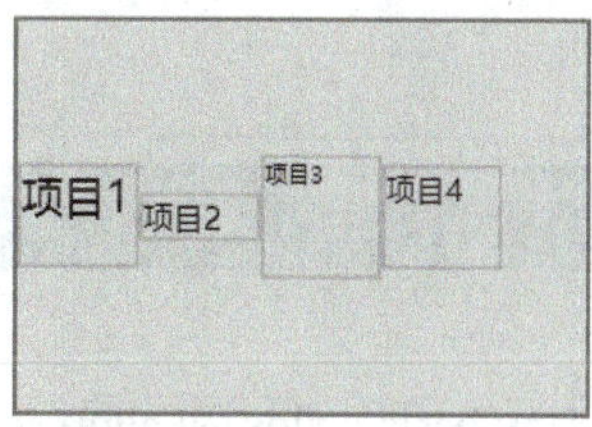

图 6-16　center 的效果

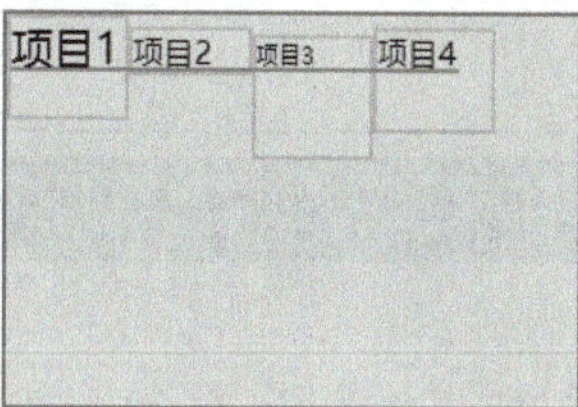

图 6-17　baseline 的效果

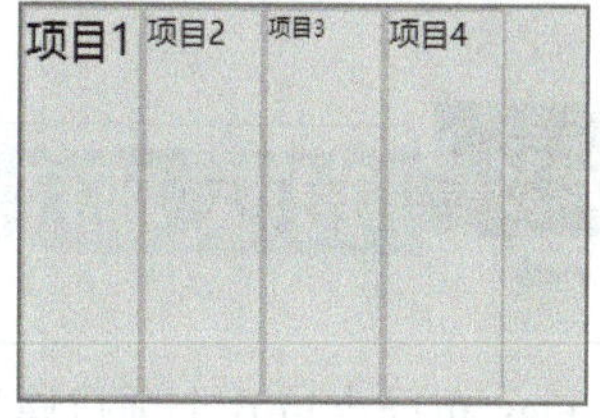

图 6-18　stretch 的效果

6.2.7　其他

1. align-items 与 align-content 的区别

1）作用对象不同。align-items 针对的是 Flex 容器内的单个子项，控制它们在交叉轴上的对齐方式（如垂直居中、顶部对齐等），适用于单行或多行布局中的每个子项独立对齐。align-content 仅作用于多行布局（需设置 flex-wrap: wrap），调整的是行与行之间的整体分布（如均匀间隔、顶部紧凑排列等），对单行布局无效。

2）默认行为与使用场景。align-items 的默认值为 stretch，即子项拉伸填满交叉轴空间（如高度占满容器），常用于统一控制子项的垂直对齐方式。align-content 的默认值也是 stretch，但仅在多行时生效，它将所有行作为整体拉伸或分配剩余空间。前者适用于简单垂直对齐需求，后者更适合多行内容的复杂布局（如网格、卡片列表的垂直间距调整）。

3）作用层级的覆盖效果。两者的本质区别在于作用层级：align-items 是子项级别的对齐，而 align-content 是行级别的空间分配。若同时设置二者，align-content 会覆盖 align-items 在多行布局中的效果。理解这一区别能更精准地控制 Flex 布局的垂直对齐逻辑。

2. 最小间隙属性 gap、row-gap 和 column-gap

在 Flex 布局中，原本并没有直接定义 gap、row-gap 或 column-gap 这样的属性来控制项目之间的距离。这些属性是在 CSS Grid 布局中引入的，用于控制网格单元格之间的间距。然而，随着 CSS 的发展，gap、row-gap 和 column-gap 属性也被引入 Flex 布局中，并在一些浏览器中得到了支持。

1）gap：它是 row-gap 和 column-gap 的简写属性。如果只提供一个值，则该值将同时应用于行间距和列间距，两个值之间用空格隔开。

2）row-gap：仅设置行之间的间距。

3）column-gap：仅设置列之间的间距。

gap 属性的语法格式如下。

```
.container {
  display: grid;
  /* 同时设置行和列的间距，参数值为数字或百分数，两个值之间隔开 */
  gap: <row-gap> <column-gap>;
  /* 或者简写形式，只设置一个值，它将同时应用于行和列 */
  gap: <length 1 percentage>;
}
```

6.3 Flex 项目属性

Flex 布局支持 6 个项目属性：order、flex-grow、flex-shrink、flex-basis、flex 和 align-self。

6.3.1 order 属性

order 属性控制布局项目（Flex/Grid）的视觉排列顺序。数值越小越靠前，默认值为 0。同值项目按源代码顺序排列。order 属性的语法格式如下。

```
order: number /* 整数值，可以是正数、负数或零 */
```

6.3.2　flex-grow 属性

在 Flex 布局中，flex-grow 属性定义了项目在主轴（默认是水平方向）上的放大比例。当容器有多余的空间时，flex-grow 属性会决定如何将这些多余的空间分配给容器内的项目。flex-grow 属性的语法格式如下。

```
flex-grow: number /* 非负数字，默认为 0 */
```

下面是剩余空间计算公式（以水平方向主轴为例）：

剩余空间 = 父元素的内容宽（高）度（不包含 padding 和 border）- 所有子元素占用的宽（高）度

flex-grow 属性默认值为 0，如果所在容器还存在剩余空间，项目也不放大，如图 6-19 所示。如果所有项目的 flex-grow 属性都为 1，则它们平分剩余空间，如图 6-20 所示。如果一个项目的 flex-grow 属性为 3，其他项目都为 1，则前者占据的剩余空间将比其他项目多 2 倍。例如，项目 3 的 flex-grow 值为 3，其他都为 1，如图 6-21 所示。

【示例 6-7】flex-grow 属性演示

以下代码演示了 flex-grow 的排列效果。

扫码观看视频

```
<style type="text/css">
.container {
    display: flex;/* 开启弹性布局 */
    height: 70px;
    width: 400px;
    background-color: #FFC;
    border: 2px solid #C90;
    flex-flow: row wrap
}
.item {/* 用于项目（子元素）的类 CSS*/
    background-color: #FCC;
    border: 2px solid #F93;
    height: 50px;
    width: 60px;
    font-size: 14px;
}
#grow_1 {flex-grow: 1;}
#grow_2 {flex-grow: 1;}
#grow_3 {flex-grow: 1;}
#grow_4 {flex-grow: 3;}
</style>
<div class="container">
  <div class="item" id="grow_1"> 项目 1</div>
  <div class="item" id="grow_2"> 项目 2</div>
  <div class="item" id="grow_4"> 项目 3</div>
</div>
```

项目1 项目2 项目3

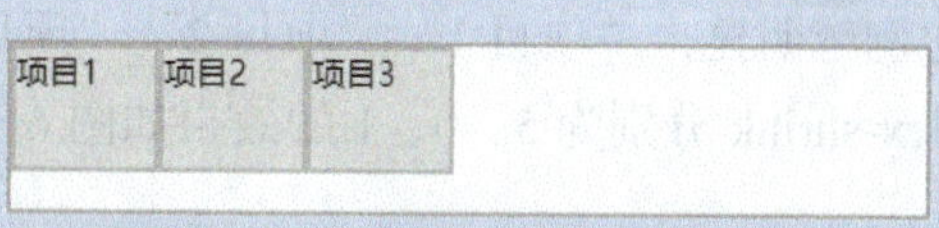

图 6-19　flex-grow 均为 0 的效果

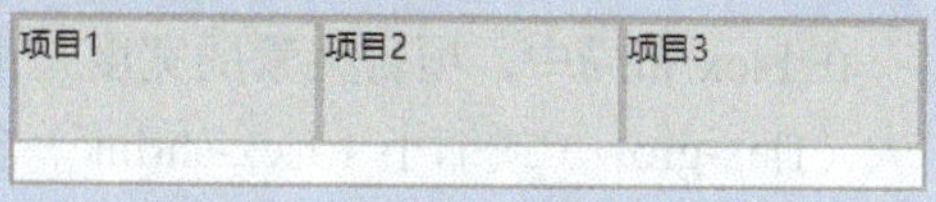

项目1 项目2 项目3

图 6-20　flex-grow 均为 1 的效果

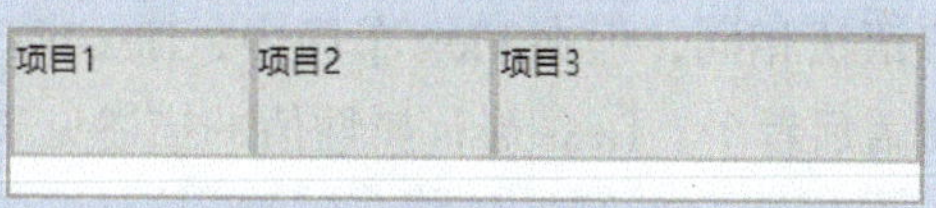

项目1 项目2 项目3

图 6-21　项目 3 的 flex-grow 为 3 的效果

6.3.3 flex-shrink 属性

当容器空间不足时，该属性定义项目在主轴（默认是水平方向）上的缩小比例（负值无效），flex-shrink 属性的语法格式如下。

```
flex-shrink: number /* 非负数字，默认为 1 */
```

【示例 6-8】flex-shrink 属性演示

示例 6-7 和示例 6-8 的代码有极大的相似性。本示例代码省略，请读者修改示例 6-7 的代码。

扫码观看视频

把示例 6-7 中 CSS 代码“.container{flex-flow: row wrap}”修改为“.container{flex-flow: row}”，以实现不换行的效果；把“.item{width: 60px;}”修改为“.item{width: 200px;}”以实现每个子项目的宽度为 200 像素，目的是让其主轴方向空间不足，体现缩小比例的效果；再把 #grow_1~#grow_3 设置不同的 flex-shrink 属性值，会有以下几种情况。

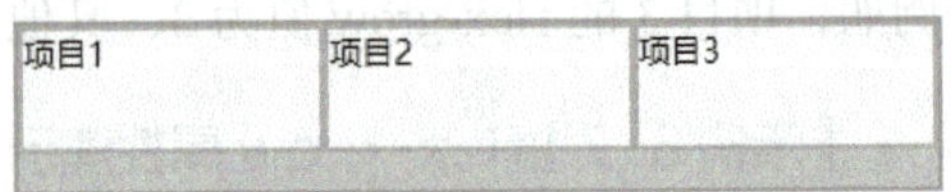

图 6-22　flex-shrink 均为 1 的效果

1）当所有项目都设置为 1（默认为 1）时，项目在主轴方向的尺寸会均匀缩小，如图 6-22 所示。

图 6-23　项目 3 的 flex-shrink 为 0 的效果

2）若有些项目的 flex-shrink 属性为 0，其他项目的该属性为 1，则该属性为 0 的项目不缩小，如图 6-23 所示。

图 6-24　项目 1 的 flex-shrink 为 5 的效果

3）项目 flex-shrink 属性的值越大，其缩小比例越明显，“项目 1”“项目 2”“项目 3”的 flex-shrink 分别为 5、0、1 的效果如图 6-24 所示。

6.3.4 flex-basis 属性

在 Flex 布局中，项目元素的宽度是由元素自身尺寸、flex-basis 设置的基础尺寸和外部扩大（flex-grow）或缩小（flex-shrink）规则三者共同决定的。

flex-basis 用于指定项目在主轴方向上的初始宽度（或高度）；与 width 或 height 的设置语法相同，但在 Flex 布局中，flex-basis 的优先级比 width 或 height 属性的优先级高（会覆盖后者）。flex-basis 属性值的描述见表 6-5，flex-basis 属性的语法格式如下。

```
flex-basis: number | auto | initial | inherit;
```

表 6-5　flex-basis 属性值的描述

1	number	一个长度单位或者一个百分比，规定灵活项目的初始长度
2	auto	默认值。由 width 或 height 决定尺寸，如果 width 或 height 也不指定，则尺寸根据内容决定
3	initial	设置该属性为它的默认值
4	inherit	从父元素继承该属性

6.3.5　flex 属性

在 Flex 布局中，flex 属性是一个简写属性，用于设置 flex-grow、flex-shrink 和 flex-basis 三个属性的值。这三个属性共同定义了项目如何通过缩放适配容器空间，以及它们的基础大小。flex 属性的语法格式如下。

```
flex: none | [ <flex-grow> <flex-shrink>? || <flex-basis> ]
```

1）flex: none 是 flex: 0 0 auto 的简写，表示既不增长也不缩小，并且使用元素自身的尺寸作为基准尺寸。

2）<flex-grow> 定义元素的放大比例，默认值为 0。

3）<flex-shrink> 定义元素的缩小比例，默认值为 1。

4）<flex-basis> 定义元素的基准尺寸，默认值为 auto。

在实际应用中，可以使用一个、两个或三个值来指定 flex 属性，见表 6-6。

表 6-6　flex 属性的写法举例

序号	设置格式	说明
1	flex: 1;	只设置 flex-grow 属性，它定义了弹性元素的放大比例为 1
2	flex: 1 30px;	设置了 flex-grow 和 flex-basis 属性，中间使用空格隔开，它定义了弹性元素的放大比例为 1，初始主尺寸为 30 像素
3	flex: 2 2 10%	设置了 flex-grow、flex-shrink 和 flex-basis 属性，它定义了弹性元素的放大比例为 2，缩小比例为 2，初始主尺寸为容器主尺寸的 10%

6.3.6　align-self 属性

align-self 属性允许单个项目有与其他项目不一样的对齐方式，优先级大于 align-items 属性，可覆盖后者。默认值为 auto，表示继承父元素的 align-items 属性，如果没有父元素，则等同于 stretch（拉伸）。align-self 属性的语法格式如下。

```
align-self: auto | flex-start | flex-end | center | baseline | stretch;
```

除了 auto，其他都与 align-items 属性完全一致。

6.4　媒体查询与响应式布局

媒体查询（Media Queries）与响应式设计（Responsive Design）是现代前端开发的核心概念，它们共同提升了网站在各类设备上的用户体验。随着科技的进步，用户访问网站的设备日益多样化，包括手机、平板计算机、笔记本计算机和桌面显示器等。这些设备具有不同的屏幕尺寸和分辨率等显示特性，这就要求网站必须能自动适应不同的显示环境。Web 前端工程师通常使用媒体查询技术来实现响应式布局设计。

1. 响应式布局的作用

1）实现响应式布局：媒体查询是实现响应式布局的关键技术。通过媒体查询，可以根据设备的屏幕尺寸、分辨率等特性，动态应用不同的 CSS 规则，从而实现响应式布局。

2）优化显示效果：使用媒体查询，可以根据设备的显示特征动态调整网页元素的布局、字体大小和图片尺寸等，确保网页在各种设备上都能呈现出最佳的视觉效果。

3）提高用户体验：通过媒体查询和响应式布局，可以确保网站在多种设备上都能提供一致且舒适的浏览体验，从而提高用户的满意度和忠诚度。

2. 媒体查询的语法

在实际应用中，通常会将媒体查询与 CSS 结合使用，通过定义不同的样式规则来适应不同的设备和屏幕尺寸。例如，在 CSS 中，可以使用“@media”规则来指定不同的媒体类型（例如，屏幕、打印等）和媒体特性（例如，宽度、高度等），然后根据这些特性来定义不同的样式规则。媒体查询的语法格式如下。

```
@media 媒体类型 and（媒体特性）{
  /* 当媒体类型和媒体特性满足时，应用这里的样式 */
  /* 样式规则 */
}
```

1）@media：是引入媒体查询的关键字。

2）媒体类型：是可选的，用于指定媒体类型，例如，screen（屏幕）、print（打印）和 speech（语音合成器）等。如果不指定媒体类型，则默认匹配所有媒体类型。

3）and：用于连接媒体类型和媒体特性，以及多个媒体特性。

4）媒体特性：是一个或多个用于测试设备或输出环境的表达式。媒体查询中常见的媒体特性，见表 6-7。

表 6-7 媒体查询中常见的媒体特性

媒体特性	说明
width/min-width/max-width	视口宽度（例如，max-width: 768px 表示≤ 768px 时生效）
height/min-height/max-height	视口高度（例如，min-height: 600px 表示≥ 600px 时生效）
orientation	设备方向：portrait（竖屏）、landscape（横屏）
resolution	屏幕分辨率（例如，min-resolution: 300dpi）
aspect-ratio	视口宽高比（例如，min-aspect-ratio: 16/9）
prefers-color-scheme	系统主题：light（亮色）、dark（暗色）

在 CSS 媒体查询中，除了常见的 width、height 和 orientation 等特性外，还有一些早期用于检测设备物理屏幕尺寸的特性，例如，device-width 和 device-height。但随着响应式设计的发展，这些特性的使用逐渐减少，现代开发更推荐使用视口（viewport）相关的特性（例如，width 和 height）。现代 CSS 框架（例如，Bootstrap 和 Vue.js 等）均使用 min-width/max-width 作为断点标准，而非 device-width。

【示例 6-9】媒体查询语法演示

如果想为屏幕宽度小于或等于 600px 的设备定义特定的样式，可以写成以下代码的样式。

```
@media screen and (max-width: 600px) {
  body {
    background-color: lightblue;
  }
  .container {
    width: 100%;
  }
  /* 其他针对小屏幕设备的样式规则 */
}
```

扫码观看视频

在这个例子中，当屏幕宽度小于或等于“600px”时，body 元素的背景色会变为浅蓝色（lightblue），“.container”元素的宽度会变为“100%”。

◆ 经验分享

也可以省略 and 关键字，直接将媒体类型和媒体特性放在一起，但使用 and 可以使查询更明确和易于阅读。

还可以使用逗号“，”来分隔多个媒体查询，以便在不同的设备和屏幕尺寸上应用不同的样式规则。例如，下面的代码。

```
@media screen and (max-width: 600px), print {
  /* 当屏幕宽度小于或等于 600px 或进行打印时，应用这里的样式 */
  /* 样式规则 */
}
```

当设备处于横向模式时，希望隐藏侧边栏或调整布局，可参考下面的代码。

```
@media screen and (orientation: landscape) {
  #sidebar {
    display: none;
  }
  .main-content {
    margin: 0 auto; /* 水平居中 */
    width: 80%;
  }
}
```

技能实训

请参考本书配套的实训手册，完成实训训练。

小结

在本单元中，首先深入探讨了弹性布局的模型及构成等相关概念，并实践了一些应用示例设置等操作。其次详细地讲解了容器与项目的各类属性及其使用方法，包括容器主轴方向的设置，换行属性设置以及它们与方向属性的关联变化，容器的主轴与交叉轴方向的对齐属性理解和效果分析，简写属性的设置等。最后详细地对项目的相关属性做了讲解，包括排序属性、缩放属性、简写属性和个性化属性等相关的知识。

在技能实训环节，以清晰的步骤演示了应用 CSS 弹性布局技术制作美丽乡村新闻网页的完整过程，并设计了瀑布流相册和新闻详情介绍两个网页，以灵活应用 CSS 弹性布局技术，提升 Web 前端开发的网页布局技能。

单元 7

CSS 动画

情景导入

随着国家经济社会的快速发展，乡村的面貌也在发生着日新月异的变化，国家正在大力推进乡村振兴战略。每一片田野，每一条溪流，都承载着深厚的历史与文化。美丽乡村不仅是国家的宝贵财富，更是民族文化的重要载体。

通过本单元的学习，利用 CSS 动画技术来制作美丽乡村的图片展示网页。这不仅是对前端开发工作者技术能力的挑战，更是对乡村文化的一种传承和展示。在制作过程中，大家能够深刻感受到我国的乡村之美，以及所蕴含的深厚的乡村文化底蕴。同时，读者也应该思考如何利用自己的专业技能，为乡村振兴和发展贡献自己的力量。通过本单元的学习，可以设计精美的乡村展示网页，吸引更多的人来关注和了解我国的美丽乡村，从而更好地助力乡村振兴，用先进的技术和良好的创意，为美丽乡村打造一张靓丽的名片。

学习目标

- 认识 CSS 动画坐标系统。
- 了解 CSS 动画的变形（transform）、过渡（transition）和动画（animation）等属性。
- 掌握通过 transition 属性进行过渡动画的方法。
- 掌握通过 transform 属性进行 2D 或者 3D 转换的方法。
- 掌握通过 animation 属性创建关键帧动画的方法。
- 能够在网页制作中综合应用 CSS 动画知识，提升网页的视觉吸引力和用户体验。
- 通过展示乡村的自然风光、人文景观和村民的幸福生活，激发对美丽乡村的向往和对社会主义新农村建设的认同，提升综合素质和社会责任感。

7.1 CSS 动画简介和坐标系

CSS 动画用于实现元素从一个 CSS 配置转换到另一个 CSS 配置。以前需要通过 JavaScript 才能实现的功能，现在可以轻松地通过 CSS3 实现。

7.1.1 CSS 动画的三种属性

CSS3 用于制作动画的属性主要有 transition、transform 和 animation，分别实现过渡、变形和动画效果。CSS3 的变形功能可以对元素进行位移、旋转、缩放和倾斜 4 种几何变形的操作，CSS3 的动画功能则是和以上 4 种几何变形操作相结合，从而产生平滑的动画效果。

7.1.2 左手坐标系

在学习 CSS3 变形前有必要学习 CSS 的坐标系，以加深对坐标和角度的理解。通常数学课本中的三维坐标系是右手坐标系，而计算机中使用左手坐标系较多。

伸出左手，让拇指和食指成“L”形，大拇指向右，食指向上，中指指向前方。这样就建立了一个左手坐标系，拇指、食指和中指分别代表 X、Y 和 Z 轴的正方向。左手坐标系，如图 7-1 所示。

7.1.3 CSS3 的坐标系

CSS3 中的 3D 坐标系与上面的左手坐标系有一定的区别，相当于其绕着 X 轴旋转了 180°，3D 坐标系如图 7-2 所示。

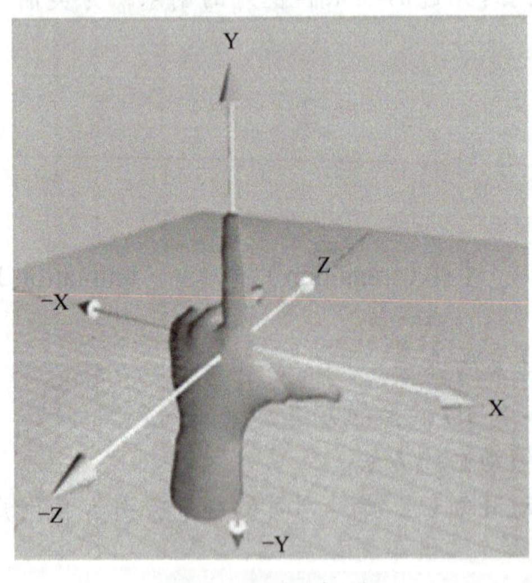

图 7-1　左手坐标系

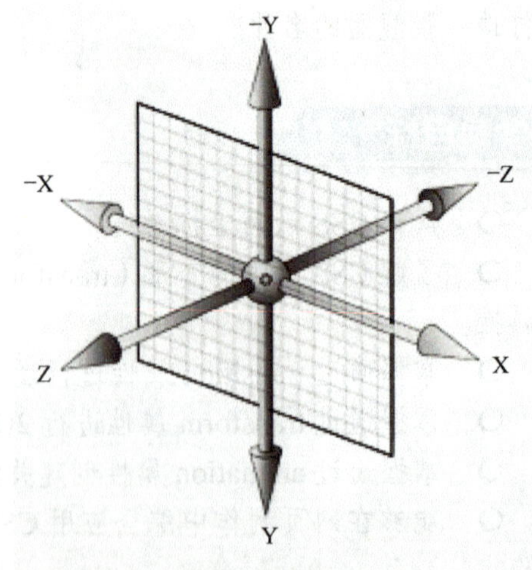

图 7-2　3D 坐标系

判断旋转角度可以使用左手法则，即左手握住旋转轴，竖起拇指指向旋转轴的正方向，即其余手指卷曲的方向（顺时针方向）。X、Y 和 Z 轴的正方向分别是右、下和屏幕外，让轴正向对着自己，顺时针方向就是该轴旋转的方向。

7.2 transform 变形属性

CSS3 变形提供了 transform 和 transform-origin 两个属性，用于对 HTML 元素进行 2D 或 3D 变形。transform 属性允许对元素进行旋转（rotate）、缩放（scale）、倾斜（skew）和移动（translate）等操作，可将这些操作组合起来使用，以创建复杂的动画和变形效果。

7.2.1　2D 变形

在 CSS3 中，2D 变形主要包括平移、缩放、倾斜、旋转和改变中心点 5 种变化效果。它的语法格式如下。

```
transform: translate(x, y); /* 平移 */
transform: scale(x, y); /* 缩放 */
transform: skew(x-angle, y-angle); /* 倾斜 */
transform: rotate(angle); /* 旋转 */
transform-origin: x-offset y-offset; /* 改变中心点 */
```

1）平移。translate(x,y)：表示元素水平方向移动 x 单位（例如，px 等），垂直方向移动 y 单位（例如，px 等），其中 y 可以省略，表示垂直方向没有位移。

translateX（x）：表示元素水平方向移动 x 单位（例如，px 等）。

translateY（y）：表示元素垂直方向移动 y 单位（例如，px 等）。

2）缩放。scale(x,y)：表示元素水平方向的缩放比为 x，垂直方向的缩放比为 y，其中 y 可以省略，表示 y 和 x 相同，以保持缩放比例。

scaleX(x)：表示元素水平方向的缩放比为 x。

scaleY(y)：表示元素垂直方向的缩放比为 y。

3）倾斜。skew(x-angle, y-angle)：表示元素沿着 X 轴方向倾斜 angleX 角度，沿着 Y 轴方向倾斜 angleY 角度，其中 angleY 可以省略，表示 Y 轴方向不倾斜。单位通常为 deg。

skewX(angleX)：表示元素沿着 X 轴方向倾斜 angleX 角度。

skewY(angleY)：表示元素沿着 Y 轴方向倾斜 angleY 角度。

4）旋转。rotate(angle)：表示元素顺时针旋转 angle 角度。单位通常为 deg。

5）matrix 函数。matrix(a, b, c, d, e, f)：允许定义 2D 变形，使用 6 个值的矩阵，如图 7-3 所示。a 和 d 决定了缩放（scaleX 和 scaleY）。b 和 c 决定了倾斜（skewX 和 skewY）。e 和 f 决定了平移（translateX 和 translateY），它可以将所有 2D 变形函数（旋转、缩放、移动和倾斜）组合在一起。以下是一个 matrix() 函数的具体例子，在 CSS 中对元素进行变形。

```
.element {
  transform: matrix(1, 0.5, 0.5, 1, 50, 100);
}
```

$$\begin{bmatrix} a & c & e \\ b & d & f \\ 0 & 0 & 1 \end{bmatrix}$$

图 7-3　matrix 的矩阵表

在这个例子中：a=1，b=0.5，c=0.5，d=1，e=50，f=100。

这个矩阵可以被分解为几个基本的变形：

① 缩放：由 a 和 d 控制，这里元素在 X 和 Y 轴上都被缩放了 1 倍（没有实际缩放）。

② 倾斜：由 b 和 c 控制，这里元素在 X 轴上倾斜了 0.5（顺时针或逆时针取决于坐标系

统的定义），在 Y 轴上倾斜了 0.5（同样，方向取决于坐标系统）。

③ 移动：由 e 和 f 控制，这里元素在 X 轴上移动了 50 个单位，在 Y 轴上移动了 100 个单位。

【示例 7-1】2D 变形的综合演示

在单击相应的盒子后，它会进行平移、缩放、倾斜和旋转等，效果如图 7-4 所示。

```
<!doctype html>
<html>
    <head>
        <meta charset="utf-8">
        <title>transform 变形 </title>
        <style>
        /* 统一设置 5 个盒子的样式  */
        .box1, .box2, .box3, .box4, .box5 {
            width: 100px;
            height: 100px;
            line-height: 100px; /* 行高等于盒子高度，实现垂直居中 */
            margin: 10px;  /* 外边距 */
            background-color: #67DCEB; /* 背景颜色 */
            /*float: left; 左浮动 */
            text-align: center; /* 文字居中 */
        }
        .box1:hover {
            transform: translate(200px, 0px); /* 向右移动 200px*/
            -ms-transform: translate(200px, 0px); /* IE  */
            -webkit-transform: translate(200px, 0px); /* Safari and Chrome */
        }
        .box2:hover {
            transform: scale(0.5); /* 缩小到原来的 0.5 倍 */
            -ms-transform: scale(0.5); /* IE  */
            -webkit-transform: scale(0.5); /* Safari and Chrome */
        }
        .box3:hover {
            transform: skewx(45deg); /* 在 X 轴（水平方向）倾斜 45°  */
            -ms-transform: skewx(45deg); /* IE  */
            -webkit-transform: skewx(45deg); /* Safari and Chrome */
        }
        .box4:hover {
            transform: rotate(45deg); /* 顺时针旋转 45°  */
            -ms-transform: rotate(45deg); /* IE  */
            -webkit-transform: rotate(45deg); /* Safari and Chrome */
        }
        .box5:hover {
            transform: matrix(1, 0.5, 0.5, 1, 50, 100); /* matrix() 方法 */
            -ms-transform: matrix(1, 0.5, 0.5, 1, 50, 100); /* IE  */
```

扫码观看视频

图 7-4　2D 变形示例

```
            -webkit-transform: matrix(1, 0.5, 0.5, 1, 50, 100); /* Safari and Chrome */
        }
        </style>
        </head>
        <body>
        <div class="box1"> 和美乡村 </div>
        <div class="box2"> 绿色家园 </div>
        <div class="box3"> 和谐自然 </div>
        <div class="box4"> 生态宜居 </div>
        <div class="box5"> 美好未来 </div>
    </body>
</html>
```

6）改变中心点。transform-origin 属性用于设置元素旋转的中心点。在默认情况下，变形的原点是元素的中心点（50% 50%）。第一个值表示元素旋转中心点的水平位置，它还可以赋值 lef、right、center、长度和百分比；第二个值表示元素旋转中心点的垂直位置，它还可以赋值 top、bottom、center、长度和百分比。

例如，可以设置“transform-origin:top left;”来使变形从元素的左上角开始，也可以设置具体的像素值或百分比值，例如，“transform-origin:20px 40px;”或“transform-origin:30% 70%;”。

◆ **经验分享**

1）坐标系统：transform-origin 使用的是元素自身的坐标系统，而不是网页的坐标系统。因此，设置的点是相对于元素自身的边界框的。

2）transform-origin 与 transform 配合使用：transform-origin 只在应用 transform 属性时才有意义。如果没有 transform，则 transform-origin 不会产生任何效果。

【示例 7-2】水果放大效果网页演练

杜牧在一首诗中写道“一骑红尘妃子笑，无人知是荔枝来”，广东的一种荔枝品种“妃子笑”也是因此而定名。荔枝不但味道好，还能帮助果农发家致富。在电商平台的网页中，当把鼠标移动到水果商品的图片后，它会实现放大图片的效果。以下是代码示例。

扫码观看视频

```
<!DOCTYPE html>
<html lang="en">
    <head>
        <meta charset="UTF-8">
        <meta name="viewport" content="width=device-width, initial-scale=1.0">
        <title> 查看水果放大效果 </title>
        <style>
        .box {
            width: 300px;  /* 设置图片的宽度 300px */
            height: 300px; /* 设置图片的高度 300px */
            margin-top: 20px; /* 设置图片的上边距 20px */
            margin-left: auto; /* 以下 2 行，盒子居中对齐 */
```

```
            margin-right: auto;
            overflow: hidden; /* 防止图片溢出 */
            border: 1px solid #3E3C3C;
        }
        .img-zoom {
            width: 300px; /* 可以设置想要的宽度 */
            transition: transform 0.3s ease-in-out; /* 过渡效果，使放大过程更平滑 */
        }
        .img-zoom:hover {
            /* 当鼠标悬停在图片上时，应用放大效果 */
            transform: scale(1.2); /* 放大到原始大小的 1.2 倍 */
        }
        </style>
    </head>
    <body>
        <div class="box"> <img class="img-zoom" src="lizhi.jpg" alt=" 放大水果图片 "> </div>
        </body>
</html>
```

在这个示例中，水果放大前的预览效果如图 7-5 所示。当鼠标移动到水果图片上时，图片放大了 1.2 倍，水果放大后的预览效果如图 7-6 所示。

图 7-5　水果放大前的预览效果

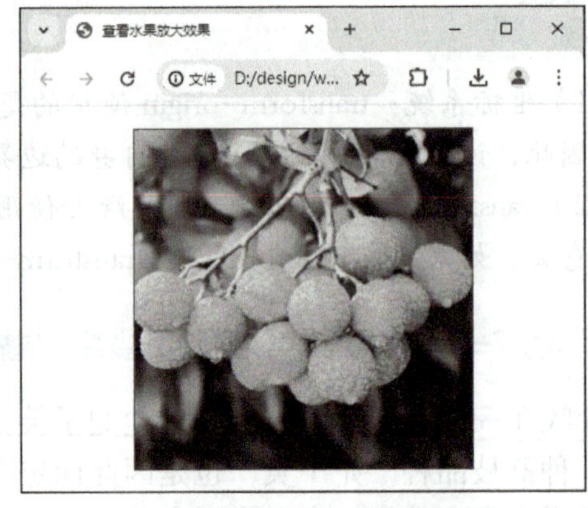

图 7-6　水果放大后的预览效果

7.2.2　3D 变形

3D 变形是在 2D 变形的基础上加上 Z 轴的变化，它更加注重空间位置的变化。对于 3D 变形，还有以下函数。

1）3D 移动函数

translate3d(x, y, z) 在 3D 空间中移动元素。x 是 X 轴上的移动距离，y 是 Y 轴上的移动距离，z 是 Z 轴上的移动距离。还包括 translateX(x)、translateY(y) 和 translateZ(z) 分别用于设置 X 轴、Y 轴和 Z 轴的移动。

2）3D 旋转函数

与 2D 变形函数类似，它有三种旋转函数 rotateX()，rotateY() 和 rotateZ()，不再重复讲解。rotate3d(x, y, z, angle) 是按给定的轴旋转元素。

3）3D 缩放函数

scale3d(x, y, z) 在 3D 空间中缩放元素。还包括 scale X(x)、scale Y(y) 和 scale Z(z) 分别用于设置 X 轴、Y 轴和 Z 轴的缩放。

4）3D 透视效果

perspective: d。d 定义了观察者与 Z=0 平面的距离，使元素具有 3D 效果，也可以理解为视距，属性值越小，透视效果越突出。它的单位通常是像素 (px)。

透视不是通过 transform 属性直接设置的，而是使用 perspective 属性来设置观看者的位置与 Z=0 平面的距离，以创建一个 3D 空间的感觉。虽然 perspective 属性本身不是 transform 的一部分，但它对于创建 3D 效果至关重要。此外，transform-style 属性也常用于 3D 变形，它定义了嵌套元素如何在 3D 空间中呈现。

transform-style 属性语法为“transform-style: flat | preserve-3d”。其中“flat”是默认值，表示子元素不会保留其 3D 位置；“preserve-3d”表示子元素将保留其 3D 位置。

【示例 7-3】图片立方体网页演练

要使用 CSS3 制作一个简单的 3D 半透明立方体展示，需要定义立方体的每个面（通常是 6 个面：前、后、左、右、上、下），然后应用 3D 变形和透明度属性。制作图片立方体的效果，需要在 6 个面的 div 盒子中加入相应的图片。因为图片不能实现透明化，通常只能看到 3 个面的图片，图片立方体网页在浏览器中的预览效果如图 7-7 所示。

扫码观看视频

```
<!doctype html>
<html>
    <head>
        <meta charset="utf-8">
        <title> 立方体图片 </title>
        <style>
        body {
            padding-left: 60px;
            margin: auto; /* 让 body 中的元素居中 */
        }
        .box {
            position: relative; /* 父元素使用相对定位 */
            width: 200px;    height: 200px;
            background-color: skyblue;
            margin-top: 130px;
            /* 在父元素添加 transform-style 启用 3D 空间 */
            transform-style: preserve-3d;/
            transform: rotateX(-33.5deg) rotateY(45deg);
        }
        .box img {
            width: 200px; height: 200px; /* 设置图片大小 */
        }
        .item {
            position: absolute; /* 子元素使用绝对定位 */
            top: 0;  left: 0;  width: 100%;  height: 100%;
```

图 7-7　图片立方体网页预览效果

```
        }
        .top {
            background-color: rgba(255, 0, 0, 0.4);
            transform: rotateX(90deg) translateZ(100px);
        }
        .bottom {
            background-color: rgba(0, 255, 0, 0.4);
            transform: rotateX(-90deg) translateZ(100px);
        }
        .front {    background-color: rgba(100, 100, 100, 0.4);
                    transform: rotateY(0deg) translateZ(100px); /* 旋转 */ }
        .back {     background-color: rgba(100, 100, 100, 0.4);
                    transform: rotateY(-180deg) translateZ(100px);/* 旋转 */ }
        .left {     background-color: rgba(255, 255, 0, 0.4);
                    transform: rotateY(-90deg) translateZ(100px);/* 旋转 */ }
        .right {    background-color: rgba(255, 255, 0, 0.4);
                    transform: rotateY(90deg) translateZ(100px); /* 旋转 */ }
        </style>
    </head>
    <body>
        <!-- 以下是第一个盒子 -->
        <div class="box"> 父元素
          <div class="item top"> 顶部 </div>  <div class="item bottom"> 底部 </div>
          <div class="item front"> 前面 </div>  <div class="item back"> 后面 </div>
          <div class="item left"> 左边 </div>  <div class="item right"> 右边 </div>
        </div>
        <!-- 以下是第二个盒子 , 通常只能看到 3 个面的图片 -->
        <div class="box"> 父元素
          <div class="item top"><img src="1.jpg"/></div>  <div class="item bottom"><img src="2.jpg"/></div>
          <div class="item front"><img src="3.jpg"/></div>  <div class="item back"><img src="2.jpg"/>
        </div>
          <div class="item left"><img src="2.jpg"/></div>  <div class="item right"><img src="2.jpg"/></div>
        </div>
    </body>
</html>
```

在这个例子中，每个面都被设置为了绝对定位，并且使用了 transform 属性来旋转和定位它们。“translateZ(100px)”将每个面沿 Z 轴移动，以便它们在 3D 空间中显示。“transform-style: preserve-3d”确保子元素在 3D 空间中被正确渲染。

7.3 transition 过渡属性

CSS3 的 transition 属性允许 CSS 的属性值在一定的时间区间内平滑地过渡。这种效果不仅能在一些元素从一种样式逐渐变为另一种样式时为网页添加“动态效果”，而且可以提高网页的用户体验。CSS 涉及的过渡属性，见表 7-1。

表 7-1　CSS 涉及的过渡属性

属性	含义	属性值
transition-property	指定应用过渡动画的 CSS 属性	none（无过渡效果）、all（所有可过渡的属性都将过渡）和 property（指定具体的 CSS 属性，例如，width、height 和 background-color 等）
transition-duration	过渡动画完成的时间长度	0s（立即完成，无过渡效果）或正数时间值（例如，2s、0.5s 等）
transition-timing-function	过渡动画的时间曲线，描述动画的速度变化	ease（慢 - 快 - 慢）、linear（匀速）、ease-in（慢到快）、ease-out（快到慢）、ease-in-out（慢 - 快 - 慢，与 ease 类似但变化更平缓）和 cubic-bezier(n,n,n,n)（自定义的贝塞尔曲线）
transition-delay	过渡动画开始前的延迟时间	0s（无延迟）或正数时间值（例如，1s、0.3s 等）

这些属性可以单独设置，也可以合并到 transition 的简写属性中。当使用 transition 简写属性时，可以按照以下顺序设置值：transition-property、transition-duration、transition-timing-function 和 transition-delay。

过渡属性的单独使用和合并使用，代码如下。

```
/* 单独使用 */
element {
  transition-property: width;
  transition-duration: 2s;
  transition-timing-function: ease-in-out;
  transition-delay: 1s;
}
/* 合并使用 */
element {transition: width 2s ease-in-out 1s; }
```

在这个简写的 transition 属性中，四个值的顺序是：transition-property、transition-duration、transition-timing-function 和 transition-delay。

【示例 7-4】水果图片过渡效果演练

早在唐代的时候芒果就已经传入了我国。我国的芒果的主要产地在云南、广西、广东、福建和台湾等省份。设计一个网页，默认显示为未成熟芒果的图片，当鼠标移动到图片上，会变换为成熟芒果的图片，并加上切换的过渡效果，水果图片过渡网页在浏览器中的预览效果，如图 7-8 和图 7-9 所示。

扫码观看视频

图 7-8　水果图片初始的预览效果

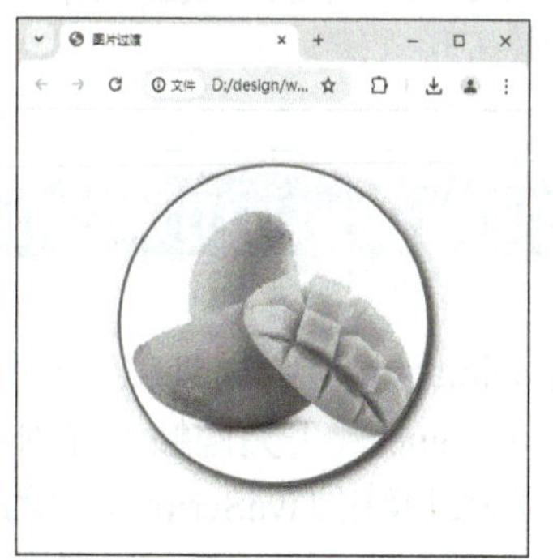

图 7-9　水果图片过渡后的预览效果

```
<!doctype html>
<html>
    <head>
        <meta charset="utf-8">
        <title> 图片过渡 </title>
        <style>
        .photo {
            width: 300px;
            height: 300px;
            border: 3px solid #000;/* 边框颜色为黑色 */
            margin: 50px auto;/* 盒子居中 */
            background-image: url('images/01.jpg');
            background-size: cover; /* 图片铺满盒子 */
            background-position: center;
            transition: all 1s ease-in-out; /* 过渡属性 */
        }
        .photo:hover {
            background-image: url('images/02.jpg');
            background-size: cover;
            background-position: center;
            border: 3px solid #D60505; /* 边框颜色为红色 */
            border-radius: 50%;/* 圆角 */
            box-shadow: 5px 5px 10px #3205D2;/* 阴影 */
        }
        </style>
    </head>
    <body>
        <div class="photo"></div> /* 这是放水果图片的盒子 */
    </body>
</html>
```

“transition: all 1s ease-in-out”中的“all”指定所有 CSS 属性都应用过渡效果，“1s”指定过渡持续时间为 1 秒，“ease-in-out”指定过渡速度为缓慢进入和缓慢退出。图中效果由正方形变为圆形，并且增加了阴影效果。

7.4 animation 动画属性

CSS3 的 animation 动画属性是一个强大的工具，用于在网页上创建动态效果。通过 CSS3 的“@keyframes”（关键帧）规则，可以创建动画，从而在一定场合中可以取代动画图片、Flash 动画以及用 JavaScript 编写的动画。在“@keyframes”中规定某种 CSS，就能创建由当前样式逐渐变为新样式的动画效果。

7.4.1　定义关键帧 @keyframes

@keyframes 是 CSS3 中的一个关键规则，用于定义动画的关键帧，使开发者可以创建更为复杂和精细的动画效果。以下是关于 @keyframes 的详细描述。

1）基本定义。@keyframes 允许定义在动画过程中的特定时间点上元素的样式。通过这些定义的样式，浏览器可以自动计算中间状态，从而生成平滑的动画效果。

2）语法结构。@keyframes 后面通常跟着动画的名称和一对花括号“{ }”。在花括号内，通过百分比来指定动画的不同时间点（即关键帧），例如，0%、25% 和 100% 等。每个时间点后面跟着的是该时间点上的 CSS 规则。

下面的代码定义了一个名为 colorChange 的动画，它会在动画的不同阶段改变元素的背景色。

```
@keyframes colorChange {
    0%    {background: red;}      /* 动画开始时背景色为红色 */
    50%   {background: blue;}     /* 动画中间时背景色变为蓝色 */
100% {background: green;}    /* 动画结束时背景色为绿色 */
}
```

3）关键帧选择器的使用。可以使用 from 和 to 作为动画的起始和结束状态，分别等同于 0% 和 100%。除了 from 和 to，还可在动画过程中添加任意多的关键帧，以便精细地控制动画效果。

4）动画应用。定义好 @keyframes 后，需要通过 CSS 的 animation 属性将动画应用到具体的元素上。

7.4.2　设置动画属性

动画属性也是复合属性，可以直接设置 animation，也可以分开来设计它的子属性。CSS 动画涉及的子属性，见表 7-2。在实际开发中，考虑到浏览器的兼容性，有时还需要加上 -webkit-、-o- 等前缀。

表 7-2　CSS 动画子属性

属性	含义	示例值
@keyframes	定义动画选择器。若赋值为 none，则表示无动画效果	from...to... 或 0%...100%...
animation-name	指定要绑定到选择器的关键帧动画的名称	exampleAnimation
animation-duration	完成动画所花费的时间，以秒或毫秒计。默认值为 0，表示无动画效果	2s、500ms
animation-timing-function	定义动画的速度曲线	ease、linear、ease-in、ease-out、ease-in-out、cubic-bezier(0.1, 0.7, 1.0, 0.1)
animation-delay	动画在启动前的延迟时间，默认值为 0	1s、300ms
animation-iteration-count	动画的播放次数	1、infinite
animation-direction	是否应该轮流反向播放动画	normal、reverse、alternate、alternate-reverse
animation-play-state	设置动画播放状态	paused，running

animation-timing-function 常见的值有 ease（慢快慢）、linear（匀速）、ease-in（由慢到快）、ease-out（由快到慢）和 ease-in-out（由慢到快再到慢），或者使用 cubic-bezier(x1,y1, x2,y2) 函数来自定义速度曲线。

animation-iteration-count 可以设置为具体的次数（例如，1、2 和 3 等）。若设置为 infinite 则表示动画无限次播放。

animation-direction 可选的值包括 normal（正常播放）、reverse（反向播放）、alternate（交替正反播放）和 alternate-reverse（先反向再正向交替播放）。

animation-play-state 规定动画是否 running（正在运行）或 paused（已暂停）。

【示例 7-5】网页进度条动画

它给元素应用一个名为“progressBar”的动画效果，该动画持续 5 秒，速度保持不变，并且会无限次重复播放，如图 7-10 所示。

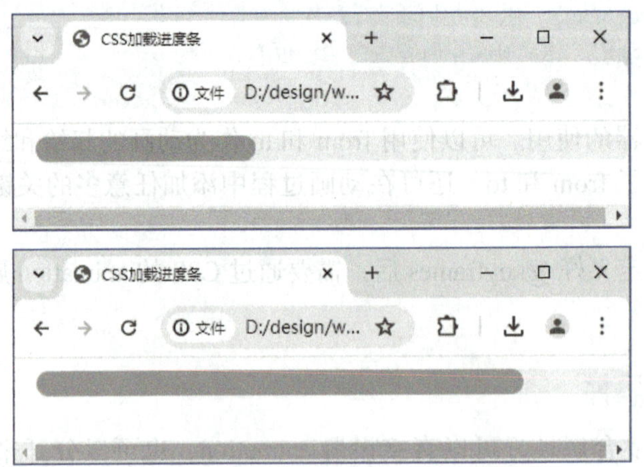

扫码观看视频

图 7-10　进度条效果图

```
<style>
.progress-bar {
    position: relative;                    /* 相对定位 */
    width: 100%;
    height: 20px;
    background-color: #F3F3F3;
    border-radius: 10px;                   /* 圆角 */
    overflow: hidden;                      /* 隐藏多余部分 */
    margin: 10px;
}
.progress-bar::before {
    content: "";                           /* 内容为空 */
   position: absolute;                     /* 绝对定位 */
    top: 0;
    left: -100%;                           /* 从最左边开始 */
    width: 100%;                           /* 到 100% 为满 */
    height: 100%;
```

```
    background-color: #4CAF50;              /* 绿色进度条 */
    border-radius: 10px;
    animation: progressBar 5s linear infinite;   /* 应用动画 */
}
@keyframes progressBar {
    0% {left: -100%; }
    100% {left: 100%; }
}
</style>
<div class="progress-bar"></div>        <!-- 进度条的盒子 -->
```

对于“animation: progressBar 5s linear infinite”代码，“progressBar”是动画的名称，表示要应用的动画效果是名为“progressBar”的动画，“5s”表示动画的持续时间是 5 秒，“linear”表示匀速，“infinite”表示动画将无限次重复播放。

“@keyframes progressBar”代码定义了一个 CSS 动画，名称为“progressBar”。动画从 0 到 100% 的进度内，元素的 left 属性从 −100% 变化到 100%，实现了水平方向上的移动效果。

◆ **经验分享**

在编写 CSS3 动画时，为了确保在不同浏览器中的兼容性，经常需要在某些属性前添加浏览器特定的前缀。谷歌浏览器（Chrome）和 Safari 浏览器前缀为 −webkit−，火狐浏览器（Firefox）前缀为 −moz−，Opera 浏览器前缀为 −o−，Internet Explorer（IE）浏览器前缀为 −ms−。

CSS3 动画浏览器兼容性的写法，代码如下。

```
@keyframes myAnimation {
  /* 动画关键帧定义 */
}
animation: myAnimation 5s infinite;
-webkit-animation: myAnimation 5s infinite;
-moz-animation: myAnimation 5s infinite;
-o-animation: myAnimation 5s infinite; /* 可选，取决于目标浏览器 */
-ms-animation: myAnimation 5s infinite; /* 仅支持 IE10 及以后的版本 */
```

总的来说，CSS3 的 animation 属性提供了强大的动画控制能力，允许开发者创建出丰富多样的动态效果。

【示例 7-6】民宿酒店轮播图网页演练

网页轮播图用于展示多张图片或内容，以循环播放的方式吸引用户注意力，快速传递重要信息或推广产品，提高网页的视觉吸引力和互动性。为一个民宿酒店的网站首页设计轮播图播放效果，切换 4 张不同的图片，以吸引旅客观看。在 HTML 中结合 CSS 制作网页轮播图，可以使用 CSS 的关键帧动画 @keyframes 和 animation 属性来实现。民宿酒店轮播图网页预览效果，如图 7-11 所示。

图 7-11　民宿酒店轮播图网页预览效果

```
<!DOCTYPE html>
<html lang="en">
    <head>
        <meta charset="UTF-8">
        <meta name="viewport" content="width=device-width, initial-scale=1.0">
        <title> 民宿酒店轮播图网页 </title>
        <style>
        body {
            padding: 0px;
            margin: 0px;
        }
        .slider {
            position: relative;/* 相对定位 */
            width: 1200px;
            height: 400px;
            overflow: hidden;/* 溢出隐藏 */
            margin-left: auto; /* 居中 */
            margin-right: auto; /* 居中 */
        }
        .slider img {
            position: absolute; /* 绝对定位 */
            width: 100%; /* 宽度为 100% */
            height: 100%; /* 高度为 100% */
            object-fit: cover; /* 图片自适应 */
            animation: slide 12s infinite; /* 动画 */
            opacity: 0; /* 透明度 */
        }
        .slider img:nth-child(1) {animation-delay: 0s; /* 动画延迟 */}
        .slider img:nth-child(2) {animation-delay: 3s; /* 动画延迟 */}
```

```
        .slider img:nth-child(3) {animation-delay: 6s; /* 动画延迟 */}
        .slider img:nth-child(4) {animation-delay: 9s;/* 动画延迟 */}
        @keyframes slide {
            0% {opacity: 0;}
            20% {opacity: 1;}
            40% {opacity: 1;}
            60% {opacity: 0;}
            100% {opacity: 0;}
        }
        </style>
    </head>
    <body>
        <div class="slider">
            <img src="images/banner1.png" alt="Image 1">
            <img src="images/banner2.png" alt="Image 2">
            <img src="images/banner3.png" alt="Image 3">
            <img src="images/banner4.png" alt="Image 4"> </div>
    </body>
</html>
```

通过 CSS 的 nth-child 选择器，分别为每张图片设置了不同的动画延迟时间。这样可以实现图片逐个出现的滑动效果。四张图片的动画分别延迟 0 秒、3 秒、6 秒和 9 秒。

“@keyframes slide”代码块定义了一个名称为“slide”的 CSS 关键帧动画。它通过改变元素的透明度（opacity）来实现动画效果。在动画过程中，元素的透明度在 0 和 60% 的关键帧处从 0 变为 1，然后在 100% 的关键帧处再次变为 0。这意味着元素将在动画开始和结束时逐渐消失，在 20% 到 40% 的关键帧期间完全可见。此动画循环一次，没有指定具体的动画时长。

技能实训

请参考本书配套的实训手册，完成实训训练。

小结

在本单元中，深入学习了 CSS3 中制作动画的各种属性，它们提供了强大的工具来增强网页的动态效果和交互性。通过复用过渡（transition）、变形（transform）和动画（animation）等属性，能够制作出丰富多样的动画效果，从而提升网页的吸引力和用户体验。

在本单元的学习过程中，还通过具体的示例和技能实训来巩固所学知识，通过制作美丽乡村图片展示网页、客栈网页的遮罩效果和新闻网页的动画效果等系列实训项目，更好地理解了 CSS3 动画属性的应用方法，提高了实践能力和创新意识，同时进一步关注乡村发展，深刻了解乡村振兴战略的重要意义，感受到乡村文化的魅力。

单元 8

JavaScript 基础

情景导入

故乡是每个人心灵的港湾，无论走到哪里，都是人们最温暖的牵挂。故乡的每一寸土地都散发着亲切的气息，那是人们成长的摇篮。国家提出乡村振兴计划，建设美丽乡村，广大乡村的风貌得到了很大的改善。当前，你正身处一个美丽乡村，这里风景如画，鸟语花香，还有热情好客的村民。然而，这个乡村不仅拥有美丽的自然风光，还借助了现代科技的力量，使村民们的生活更加便捷和富裕，其中农村电商平台功不可没。通过促进农产品销售、带动农村经济发展、提高农民生活水平、传承乡村文化和助力乡村振兴等方面的工作，农村电商平台为美丽乡村建设注入了新的动力和活力。

你作为一名前端开发人员，接到公司开发任务，需要为这个乡村电商平台系统研发一款网页版计算器，以辅助业务人员进行数据计算。公司前端工程师决定使用 JavaScript 进行开发，现需要你对接客户、沟通并确认需求，再进行迭代优化，最终完成网页版计算器的开发。

学习目标

- 了解 JavaScript 语言的特性。
- 认识 JavaScript 的语法基础。
- 认识 JavaScript 的循环分支流程控制结构。
- 掌握 JavaScript 常见的内置函数的使用方法。
- 掌握 JavaScript 中函数的定义及使用。
- 能够利用 JavaScript 编写简单的 Web 应用程序。
- 通过了解国家乡村振兴计划，积极参与美丽乡村建设，认识电商平台的科技助农作用，在开发过程中增强职业意识、创新意识。

8.1 JavaScript 简介

JavaScript（简称 JS）是一种广泛使用的 Web 编程语言，它允许在浏览器中实现复杂的功能。JavaScript 是一种解释型脚本语言，可以直接嵌入 HTML 网页中。它主要用于实现客户端的交互功能，例如，表单验证、动态内容更新、动画效果和检测浏览器信息等。它由时任网景公司的布兰登·艾奇（Brendan Eich）于 1995 年创建，最初命名为 LiveScript，后来为了搭上当时 Java 语言的流行东风，改名为 JavaScript，但 JavaScript 与 Java 在设计和用途上有很大的不同。

JavaScript 由核心（ECMAScript）、文档对象模型（DOM）和浏览器对象模型（BOM）三部分组成。基于 Node.js 技术，JavaScript 也可以用于服务器端编程。随着时间的推移，JavaScript 语言不断进化，引入了新的语法特性，例如，箭头函数、类和模块等，其中，ES6（即 ES2015）是一次重大更新，此后每年发布的新版本（如 ES2016、ES2025 等）持续引入新特性。

8.2 语法基础

JavaScript 区分大小写，每行代码可以用英文分号“;”结束，也可以直接按 <Enter> 键换行结束。

8.2.1 用法和注释

在 HTML 网页中插入 JavaScript 脚本代码需要使用 <script> 标签，JavaScript 脚本代码一般放置在 HTML 网页的 <body> 和 <head> 部分中。

一个 HTML 文档中可嵌入多个 JavaScript 脚本代码。JavaScript 脚本代码也可以保存为一个独立的外部文件，方便多个网页使用。外部 JavaScript 文件扩展名是“.js”，使用时须设置 <script> 标签的“src”属性值为外部 JavaScript 文件路径。

JavaScript 注释可用于提高代码的可读性。单行注释以“//”开头，多行注释以“/*”开始，以“*/”结尾。注释可以为单独的一行，也可以放到代码行的结尾处。以下代码是 JavaScript 脚本的使用示例，它会弹出一个对话框，并显示“你好，JavaScript”文字。

【示例 8-1】JavaScript 的用法和注释

```
<!doctype html>
<html>
    <head>
        <meta charset="utf-8">
        <title> 引入 JavaScript</title>
        <!--      以下是引入外部 JavaScript 文件 -->
        <script type="text/javascript" src="getdate.js"></script>
```

```
        <!--    以下是在当前网页书写 JavaScript 代码 -->
        <script type="text/javascript">
            alert(" 你好，JavaScript")      // 弹出对话框
          </script>
    </head>
    <body>
    </body>
</html>
```

8.2.2 变量

在 JavaScript 中，变量是用于存储数据值的标识符，也可以看作存储信息的“容器”。这些变量可以存储不同类型的值，包括数字、字符串、布尔值、对象和数组等。

1. 变量的声明

在 JavaScript 中可以使用 var、let 或 const 关键字来声明变量。

1）var 是最早用于声明变量的方式。它声明的变量具有函数作用域或全局作用域，并且在整个执行上下文中都可以访问。

2）let 关键字提供了块级作用域（block scope），这意味着变量只在其声明的代码块或语句（例如，if、for 循环等）中有效。let 不允许重复声明同一个变量。

3）const 用于声明一个只读的常量。一旦声明，常量的值就不能再改变。

2. 变量的命名规则

变量名（标识符）在 JavaScript 中必须遵守以下规则：

1）变量名可以包含字母、数字、美元符号（$）和下画线（_）。

2）变量名必须以字母、美元符号（$）或下画线（_）开头。

3）变量名区分大小写（myVar 和 myvar 会被视为两个不同的变量）。

4）变量名不能是 JavaScript 的保留字或关键字（例如，var、function 和 for 等）。

3. 变量的作用域和生命周期

作用域：作用域指的是变量在代码中可以被访问的范围。在 JavaScript 中，变量可以在全局作用域或局部作用域（函数作用域或块级作用域）中声明。

生命周期：变量的生命周期指的是变量从创建到销毁的过程。全局变量的生命周期是整个脚本的执行过程，而局部变量的生命周期仅限于其声明的函数或代码块。

8.2.3 关键字

关键字（Keyword）就是 JavaScript 语言内部保留的特殊语法标记，用于表示控制语句的开始和结束，或用于执行特定操作。这些名字具有特定的用途，不能作为 JavaScript 的自定义变量及自定义函数名，否则 JavaScript 会报错。JavaScript 常见的关键字有 break、else、new、var、case、finally、return、void、catch、for、switch、while、continue、function、this、with、default、if、throw、delete、in、try、do、instanceof 和 typeof 等。

◆ 经验分享 ：

JavaScript 预定义了很多全局变量、内置对象和方法，建议避免将其作为 JavaScript 的变量及函数名，防止出现意外的错误或结果。

JavaScript 在 HTML 中使用时，建议避免使用 HTML 和 window 对象及属性的名称作为 JavaScript 的变量名及函数名。

8.2.4 输出

在 JavaScript 中，有多种方式可以输出信息或数据。以下是一些常用的输出语句或方法。

1）使用 window.alert() 在浏览器中弹出警告框，显示指定的信息。

2）使用 window.confirm() 在浏览器中弹出一个带有“确定”和“取消”按钮的对话框，显示指定信息，并返回用户的选择（true 或 false）。

3）使用 window.prompt() 在浏览器中弹出一个对话框，提示用户输入一些内容，并返回用户输入的内容。

4）使用 document.write() 方法将内容写到 HTML 文档中。

5）使用 innerHTML 或 textContent 将内容写到 HTML 的元素中。

6）使用 console.log() 将内容输出到浏览器的控制台中。

8.3 数据类型

JavaScript 是一种动态类型（弱类型）的语言，在定义变量时不需要提前指定变量的类型，变量的类型是在程序运行过程中由 JavaScript 引擎动态决定的，同一个变量可以存储不同类型的数据。JavaScript 中的数据类型可以分为两大类：基本数据类型（值类型）和引用数据类型。

8.3.1 基本数据类型

基本数据类型包括数字（Number）、字符串（String）、布尔（Boolean）、空（null）、未定义（undefined）、Symbol 和 BigInt 等类型。

1）Number：用来定义数值，包括整数和浮点数。

2）String：用于表示文本数据，即字符序列，使用英文半角单引号或双引号包围。字符串中如果有特殊含义的字符或者那些不能直接在代码中使用的字符，则需要使用转义字符。

【示例 8-2】Number 类型定义和常见的转义字符

```
var num1 = 123;        // 整数
var num2 = 3.14;       // 浮点数
\n：换行符，表示新的一行。
\r：回车符，通常用于旧式的文本文件中，表示回到行首。
\t：制表符，表示水平制表符，通常用于缩进或对齐文本。
```

\\：反斜杠，表示一个反斜杠字符本身。
\'：单引号，表示单引号字符。
\"：双引号，表示双引号字符。
\u：以 Unicode 编码表示的字符。
\u{}：以 Unicode 编码表示的字符（支持码点大于 U+FFFF 的字符）。

3）Boolean：用于表示逻辑值，只有两个值：true 和 false。

4）null：用于表示一个空值或“无”的值。设置变量值为 null 可清空变量。

5）undefined：当一个变量被声明但没有赋值时，它的值就是 undefined。

6）Symbol：ES6 引入的表示唯一的、不可变的数据类型，通常用作对象的属性键。

7）BigInt：ES10 引入的用于表示任意大小整数的数据类型。在 JavaScript 中，Number 类型无法精确表示大于“$2^{53}-1$”或小于“$-2^{53}+1$”的整数，而 BigInt 可以解决这个问题。创建 BigInt 有两种方式：一种是在一个整数字面量后面添加“n”作为后缀；一种是使用 BigInt() 函数。

【示例 8-3】第一个 JavaScript 程序

在 JavaScript 代码中，使用了单行注释、多行注释，展示了字符串及转义字符的定义和使用，最后通过浏览器控制台输出变量，具体代码如下。

扫码观看视频

```
<!doctype html>
<html>
    <head>
        <meta charset="utf-8">
        <title> 第一个 JavaScript 程序 </title>
            <script>
                /*
                多行注释：这是一个多行注释的示例，
                它跨越了多行。
                */
                // 使用 let 关键字声明变量，文本数据定义，包括换行符
                let textVar = " 你好 , 我是 JavaScript 粉丝 !\n 这是我的第一个 JavaScript 程序 .";
                // 使用 const 关键字声明常量，常量一旦赋值就不能再改变
                const constantVar = " 这是一个常量 ";
                // 文本中的转义字符示范
                let escapedChars = " 第一行文本 \n 第二行文本 \r 回到行首 \t 缩进文本 \\ 反斜杠 \' 单引号 \" 
双引号 ";
                // 使用 console.log() 输出变量
                console.log(" 文本变量 :", textVar);
                console.log(" 常量变量 :", constantVar);
                console.log(" 包含转义字符的文本 :", escapedChars);
            </script>
    </head>
    <body>
    第一个 JavaScript 程序
    </body>
</html>
```

使用 Chrome 浏览器打开，并按 <F12> 键打开开发者工具，从“控制台”选项卡中可以看到输出效果，如图 8-1 所示。

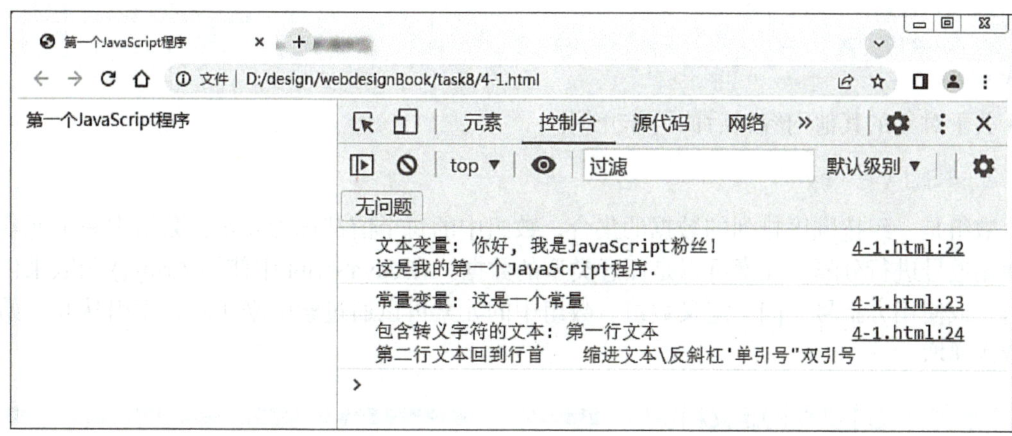

图 8-1　测试效果

8.3.2　引用数据类型

本小节主要介绍对象（Object）、数组（Array）和函数（Function）三种数据类型的引用。

1. 对象（Object）

定义对象类型需要使用花括号“{ }”，在括号内部，对象的属性以“名称：值”对的形式（name : value）来定义，是一组由键、值组成的无序集合，两个属性之间由逗号分隔。

【示例 8-4】对象的定义和使用

在 JavaScript 中，模板字面量（Template Literal）是一种新的字符串表示法，它使用反引号（`）来包围字符串，并允许在字符串中嵌入表达式。这些表达式被包含在 ${} 中，并且会被计算成字符串的一部分。模板字面量使得处理多行字符串和嵌入变量变得更加方便和直观。

扫码观看视频

在 JavaScript 代码中，创建一个 person 对象，它有两个属性 name 和 age，以及一个方法 introduce 用于输出自我介绍。此处使用了模板字面量，“${}”中的字符串将视为表达式（变量），具体代码如下。

```
<script>
    // 1）创建一个名为 person 的对象，包含 name 和 age 属性和 introduce 方法
    let person = {
        name: ' 张三 ', // 对象的属性：姓名
        age: 25,        // 对象的属性：年龄
        introduce: function() {
            // 模板字面量 ${} 中的字符将被视为表达式，模板字面量用反引号包围
            console.log(` 你好，我叫 ${this.name}，今年 ${this.age} 岁。`);
```

```
    }
  };
  // 2）调用对象的 introduce 方法
  person.introduce(); // 输出：你好，我叫张三，今年 25 岁。
</script>
```

关于对象的其他内容，后面再作介绍。

2. 数组（Array）

数组是一组按顺序排列的数据的集合，数组中的每个值都称为元素，数组中两个元素之间使用逗号进行分隔，元素可以是任意类型的数据。在 JavaScript 中使用 Array() 函数来创建数组，或使用方括号“[ ]”定义数组。数组中的元素可以通过索引来访问，索引从 0 开始，并依次递增。

【示例 8-5】数组的定义和使用

在 JavaScript 代码中，创建了一个 fruits 数组，然后给数组添加新元素，再分别读取数组的某一个元素和数组的全部内容，具体代码如下。

```
<script>
  let fruits = [' 苹果 ', ' 香蕉 ', ' 橙子 ']; // 创建一个名为 fruits 的数组，包含 3 个元素
  fruits[3]=' 葡萄 '; // 给 fruits 添加一个元素，下标为 3
  // 数组下标从 0 开始计数，fruits[0] 为第一个元素，fruits[1] 为第二个元素，以此类推
  console.log(' 第一个水果：', fruits[0]); // 输出：苹果
  console.log(' 所有水果：', fruits); // 将输出 fruits 数组中的所有水果
</script>
```

扫码观看视频

关于数组的其他内容，后面再作介绍。

3. 函数（Function）

函数是一段具有特定功能的可重用的代码块，函数并不会自动运行，需要通过函数名调用才能运行，可以接收参数输入并返回输出。函数还可以存储在变量、对象和数组中，而且函数还可以作为参数传递给其他函数。函数是组织代码、避免重复和创建可重用模块的关键方法。

关于函数的其他内容，后面再作介绍。

8.4 运算符

JavaScript 中的运算符是用于执行各种操作的符号，它们可以对变量、值或表达式进行操作，并返回结果。这些运算符涵盖了算术、赋值、比较、逻辑和位操作等多个方面。

8.4.1 算术运算符

它用于执行基本的数学运算，包括加法（+）、减法（-）、乘法（*）、除法（/）、取模（%）、自加（++）和自减（--）等。下面以 x=5 和 y=5 为例讲解算术运算等，见表 8-1。

表 8-1 算术运算符

运算符	描述	示例	x 运算结果	y 运算结果
+	加法	x = y + 2	7	5
-	减法	x = y - 2	3	5
*	乘法	x = y * 2	10	5
/	除法	x = y / 2	2.5	5
%	取模（余数）	x = y % 2	1	5
++	先自加，再返回值	x = ++y	6	6
++	先返回值，再自加	x = y ++	5	6
--	先自减，再返回值	x = --y	4	4
--	先返回值，再自减	x = y --	5	4

8.4.2 赋值运算符

它用于将值赋给变量，包括等号（=）、加等于（+=）、减等于（-=）、乘等于（*=）、除等于（/=）和取余等于（%=）等，下面以 x=10 和 y=5 为例讲解赋值运算符，见表 8-2。

表 8-2 赋值运算符

运算符	描述	示例	等同于	运算结果
=	将运算符右侧的值赋值给运算符左侧的变量	x = y		x = 5
+=	先进行加法运算，再将结果赋值给运算符左侧的变量	x += y	x = x + y	x = 15
-=	先进行减法运算，再将结果赋值给运算符左侧的变量	x -= y	x = x - y	x = 5
*=	先进行乘法运算，再将结果赋值给运算符左侧的变量	x *= y	x = x * y	x = 50
/=	先进行除法运算，再将结果赋值给运算符左侧的变量	x /= y	x = x / y	x = 2
%=	先进行取模运算，再将结果赋值给运算符左侧的变量	x %=y	x = x % y	x = 0

8.4.3 比较运算符

它用于比较两个表达式，包括等于（==）、不等于（!=）、严格等于（===）、严格不等于（!==）、大于（>）、小于（<）、大于等于（>=）和小于等于（<=）等，运算结果是一个布尔值，结果是 true 或者 false，见表 8-3。

表 8-3 比较运算符

运算符	描述	示例
==	等于	x == y 表示如果 x 等于 y，则结果为真
===	严格等于	x === y 表示如果 x 等于 y，并且 x 和 y 的类型也相同，则结果为真
!=	不等于	x != y 表示如果 x 不等于 y，则结果为真
!==	严格不等于	x !== y 表示如果 x 不等于 y，或者 x 和 y 的类型不同，则结果为真
<	小于	x < y 表示如果 x 小于 y，则结果为真
>	大于	x > y 表示如果 x 大于 y，则结果为真
>=	大于或等于	x >= y 表示如果 x 大于或等于 y，则结果为真
<=	小于或等于	x <= y 表示如果 x 小于或等于 y，则结果为真

8.4.4 逻辑运算符

它用于对布尔值进行逻辑运算，包括逻辑与（&&）、逻辑或（||）和逻辑非（!）等，运算结果是一个布尔值，结果是 true 或者 false，见表 8-4。

表 8-4　逻辑运算符

运算符	描述	示例
&&	逻辑与	x && y 表示如果 x 和 y 都为真，则结果为真
||	逻辑或	x || y 表示如果 x 或 y 有一个为真，则结果为真
!	逻辑非	!x 表示如果 x 不为真，则结果为真

8.4.5　条件（三元）运算符

它用于根据条件选择不同的值或表达式，由一个问号和一个冒号组成，语法格式如下。

```
条件表达式 ? 表达式 1 : 表达式 2 ;
```

如果“条件表达式”的结果为真（true），则执行“表达式 1”中的代码，否则就执行“表达式 2”中的代码。

8.4.6　位运算符

它用于对数字进行二进制位的操作，包括按位与（&）、按位或（|）、按位异或（^）、按位非（～）、按位左移（<<）、按位无符号右移（>>）和按位有符号右移（>>>）等。

8.4.7　字符串运算符

JavaScript 中的“+”和“+=”运算符除了可以进行算术运算外，还可以用来拼接字符串，具体如下：

“+”表示将运算符左右两侧的字符串拼接到一起。

“+=”表示先将字符串进行拼接，然后将结果赋值给运算符左侧的变量。

【示例 8-6】条件（三元）运算符和字符串运算符的使用

在 JavaScript 代码中，定义了一个分数变量 score，然后使用条件（三元）运算符“？ :”来判断分数是否及格，如果分数大于等于 60，则结果为“及格”，否则为“不及格”。字符串运算部分，定义了两个字符串变量 firstName 和 lastName，然后演示了使用加号“+”进行字符串拼接，具体代码如下。

扫码观看视频

```
<script>
    // 1）条件（三元）运算符。定义一个变量 score，代表分数
    let score = 85;
    let result = score >= 60 ? ' 及格 ' : ' 不及格 '; // 把条件（三元）运算的结果赋给 result
    console.log(` 分数 ${score} 的评定结果是：${result}`); // 输出：分数 85 的评定结果是：及格
    // 2）字符串运算符。定义两个字符串变量
    let firstName = ' 张 ';
    let lastName = ' 三丰 ';
    let fullName = firstName + lastName;// 使用加号（+）进行字符串拼接
    console.log(` 全名是：${fullName}`); // 输出：全名是：张三丰
</script>
```

8.4.8　运算符优先级

JavaScript 的运算符优先级决定了在一个包含多个运算符的表达式中，各个运算符的执行顺序。优先级高的运算符会先于优先级低的运算符执行。JavaScript 中的运算符优先级从高到低见表 8-5。

表 8-5　运算符优先级

运算符	说明
括号 ()	括号用于改变运算符的优先级，即先计算括号内的表达式
一元运算符	包括自加（++）、自减（--）、逻辑非（!）、按位非（~）、typeof、void 和 delete 等
乘法（*）、除法（/）、取模（%）	这些是算术运算符，用于数值计算
加法（+）、减法（-）	同样是算术运算符，但优先级低于乘、除、取模
位移运算符	包括按位左移（<<）、按位有符号右移（>>）和按位无符号右移（>>>）
关系运算符	包括小于（<）、大于（>）、小于等于（<=）、大于等于（>=）、in 和 instanceof
相等运算符	包括等于（==）、不等于（!=）、严格等于（===）和严格不等于（!==）
位运算符	包括按位与（&）、按位异或（^）和按位或（|）
逻辑运算符	包括逻辑与（&&）、逻辑或（||）
条件（三元）运算符	condition ? exprIfTrue : exprIfFalse
赋值运算符	包括 =、+=、-=、*=、/= 和 %= 等

◆ 经验分享

当多个运算符具有相同的优先级时，它们的执行顺序为从左到右进行，这被称为“左结合性”。但是，也有少数运算符具有右结合性，例如，赋值运算符和条件运算符。

8.5　数据类型转换

JavaScript 是一种动态类型的语言，变量的类型可以在运行时改变，因此在程序运行过程中经常需要检测变量的数据类型，或者转换数据类型。

8.5.1　数据类型判断

常用的类型判断方法主要有两种：typeof 操作符和 instanceof 操作符。

typeof 操作符用于获取一个变量或表达式的类型，返回值的类型为字符串。

instanceof 操作符用来测试构造函数的 prototype 属性是否出现在对象的原型链中的任何位置，以此来判断一个引用类型的变量是否属于某个类型。

8.5.2　数据类型转换

在 JavaScript 中，数据类型转换是一个常见的操作，它允许将一种数据类型转换为另一种数据类型。数据类型转换可以是显式的（由程序员明确指定）或隐式的（由 JavaScript 引擎自动执行）。

1）显式数据类型转换。显式数据类型转换主要使用 Number()、String()、Boolean()、parseInt() 和 parseFloat() 函数进行。此外，还可以通过一元操作符实现显式数据类型转换。

2）隐式数据类型转换。隐式数据类型转换通常在操作符或函数期望一个特定类型的参数时自动发生。例如，在进行算术运算（+、−、*、/ 等）时期望操作数是数字，如果操作数不是数字，则 JavaScript 会尝试将它们转换为数字再进行计算。当使用比较操作符、逻辑操作符、if 语句和条件表达式时，JavaScript 都会尝试将操作数转换为相同的类型以进行比较。

常见的隐式数据类型转换规则主要有以下几种情况：

① 数字与字符串相加，结果是一个字符串，数字转换为字符串。

② 数字与布尔值相加或相减，布尔值 true 转换为 1，false 转换为 0。

③ 逻辑操作符 && 和 || 可接受任意类型的值，并将其转换为期望的布尔值。

④ 在比较操作符中，如果操作数类型不同，则尝试将其转换为相同的类型以便比较。

⑤ 在 if 语句和条件表达式中，操作数会被转换为布尔值。

【示例 8-7】数据类型转换

在 JavaScript 代码中，定义不同数据类型的变量，分别通过显式数据类型转换和隐式数据类型转换，然后输出转换数据类型后的变量，具体代码如下。

扫码观看视频

```
<script>
    // 显式数据类型转换
    // 1. 将字符串显式转换为数字
    let strNum = "123";
    console.log(" 显式转换为数字 :", Number(strNum)); // 输出 : 显式转换为数字 : 123
    // 2. 将数字显式转换为字符串
    let numStr = 123;
    console.log(" 显式转换为字符串 :", String(numStr)); // 输出 : 显式转换为字符串 : 123
    // 3. 将字符串显式转换为布尔值
    let boolstr = "abc"; // 显式转换为布尔类型
    console.log(" 显式转换为布尔值 :", Boolean(boolstr)); // 输出 : 显式转换为布尔值 : true
    // 4. 通过一元运算显式转换字符串为数字
    let numStr2 = '123';
    console.log(" 一元运算显式转换 :", -numStr2); // 输出 : 显式转换为数字 : -123
    // 5. 通过 parseInt() 函数把字符串强制转换成整数。从左到右遇到非数字字符则停止转换
    console.log(parseInt('12ac',10)); // 指明字符串中的数字基数是十进制的，输出：12
    console.log(parseInt('12abc',16));// 指明字符串中的数字基数是十六进制的，输出：76476
    console.log(parseInt('012ac')); // 自动判断字符串中的数字基数为十进制，输出：12
    console.log(parseInt('0x12ac')); // 自动判断字符串中的数字基数为十六进制，输出：4780
    console.log(parseInt('ab12')); // 第一个字符不能转换为数字，返回 NaN，输出：NaN
    // 6. parseFloat() 函数把字符串强制转换成浮点数。从左到右遇到非数字字符则停止转换
    console.log(parseFloat('12.34ab')); // 自动判断字符串中的数字基数是十进制的，输出：12.34
    console.log( parseFloat('-12')); // 自动判断字符串中的数字基数为十进制，输出：-12.00
    console.log(parseFloat('ab12.34')); // 第一个字符不能转换为数字，返回 NaN，输出：NaN

    // 隐式数据类型转换
    // 1. 在算术运算中发生的隐式数据类型转换
```

```
    let num1 = 5, num2 = "10";
    let sum = num1 + num2; // 这里的 num2 会隐式转换为数字
    console.log(" 隐式转换为数字并相加 :", sum); // 输出 : 隐式转换为数字并相加 : 15
    // 2. 在比较运算中发生的隐式数据类型转换
    let str1 = "5", str2 = "3";
    if (str1 > str2) { //str1 和 str2 隐式转换为数字进行运算，但 str1 和 str2 本身不会改变
     console.log(" 字符串比较，隐式转换为数字 :", str1, ">", str2); // 输出 : 字符串比较，隐式转换为数字 : 5 > 3
    }
    // 3. 在逻辑运算中发生的隐式数据类型转换
    let truVal = 5;
    if (truVal) { //truVal 会被隐式转换为 true 进行运算，但 truVal 本身的值不会改变
    console.log(" 隐式转换为布尔值 :", truVal); // 输出 : 隐式转换为布尔值 : 5
    console.log(typeof truVal); // 输出 : number
    }
    // 4. 使用等号（==）进行比较时的隐式数据类型转换
    let num3 = 3, num4= "3";
    if (num3 == num4) { // 输出 : 使用等号时的隐式数据类型转换 : 3 等于 3
    console.log(" 使用等号时的隐式数据类型转换 :", num3, " 等于 ", num4);
    }
    if (num3 === num4) { // 因为类型不同，条件不成立，不会输出
    console.log(" 使用严格等于号时的比较 :", num3, " 全等于 ", num4);
    }
</script>
```

8.6 流程控制语句

在 JavaScript 中，流程控制是编程的基础，它决定了代码的执行顺序。JavaScript 提供了多种流程控制语句，包括条件分支语句（用于基于条件执行代码块）、循环语句（用于重复执行代码块）和跳转语句等。

8.6.1 if 条件语句

1）if 语句。如果指定的条件为 true，则执行代码块。if 条件语句的语法格式如下。

```
if (condition) {
    // 代码块在条件为真时执行
}
```

2）if…else 语句。如果指定的条件为 true，则执行某个代码块，否则执行另一个代码块。if…else 语句的语法格式如下。

```
if (condition) {
    // 条件为真时执行的代码块
} else {
    // 条件为假时执行的代码块
}
```

3）if…else if…else 语句。允许定义多个条件表达式，并根据表达式的结果执行相应的代码。if…else if…else 语句的语法格式如下。

```
if ( 条件表达式 1) {
    // 条件表达式 1 为真时执行的代码
} else if ( 条件表达式 2) {
    // 条件表达式 2 为真时执行的代码
}
……
else if ( 条件表达式 N) {
    // 条件表达式 N 为真时执行的代码
} else {
    // 所有条件表达式都为假时要执行的代码
}
```

If…else if…else 语句在执行过程中，当遇到成立的条件表达式时，会立即执行其后“{ }”中的代码，然后退出整个 if…else if…else 语句，即使后续代码中还有成立的条件表达式，也不再执行。

【示例 8-8】成绩等级情况判断

在 JavaScript 代码中，根据分数 score 的不同范围，打印出不同的成绩评价。如果分数在 90 分以上，打印“优秀”；如果分数在 80 到 89 分之间，打印“良好”；如果分数在 60 到 79 分之间，打印“及格”；如果分数低于 60 分，打印“不及格”，具体代码如下。

```
<script>
    let score = 85; // 定义一个变量表示成绩
    if (score >= 90) { console.log(" 优秀 "); }
    else if (score >= 80) { console.log(" 良好 "); }
    else if (score >= 60) { console.log(" 及格 "); }
    else { console.log(" 不及格 "); }
</script>
```

扫码观看视频

8.6.2 switch case 分支语句

switch case 语句与 if…else 语句的多分支结构类似，都可以根据不同的条件来执行不同的代码。switch case 是 JavaScript 中的一个条件分支结构，它允许根据一个表达式的值来执行不同的代码块。这个结构在处理多个条件分支时非常有用，特别是当这些条件都是离散的、具体的值时。switch case 分支语句的语法格式如下。

```
switch (expression) {
    case value1:
        // 当 expression 的值等于 value1 时执行的代码
        break;
    case value2:
        // 当 expression 的值等于 value2 时执行的代码
        break;
```

```
    // 可以有任意多的 case 语句
    default:
        // 当 expression 的值不等于任何 case 语句的值时执行的代码
        break;
}
```

switch case 表达式的值依次与 case 子句中的值进行比较，如果两者相等，则执行其后的语句段，当遇到 break 关键字时跳出整个 switch case 语句；如果不相等，则继续匹配下一个 case 子句；如果所有 case 子句中没有找到相等的条件，则执行 default 后面的语句。

◆ 经验分享

在 switch case 语句中，表达式使用严格等于（===）来与各个 case 子句中的值进行匹配，因此不会自动转换每个值的数据类型。在使用 switch case 语句时，如果忘记写 break，则代码会继续执行下一个 case 子句，直到遇到 break 或 switch case 语句结束。这通常被称为“贯穿”（fall–through）。

【示例 8–9】星期的判断

在 JavaScript 代码中，定义了一个变量 dayNumber，它表示一周中的某一天（数字形式）；再使用 switch 语句，将 dayNumber 作为表达式；最后为每个可能的星期数（1 到 7）定义了一个 case 语句，并在每个 case 语句中输出对应的中文星期几，具体代码如下。

```
<script>
    let dayNumber = 3; // 定义一个变量，表示一周中某一天的数字
    // 使用 switch case 结构来判断是哪一天，并输出对应的中文星期几
    switch (dayNumber) {
        case 1: console.log(" 星期一 "); break;
        case 2: console.log(" 星期二 "); break;
        case 3: console.log(" 星期三 "); break;
        case 4: console.log(" 星期四 "); break;
        case 5: console.log(" 星期五 "); break;
        case 6: console.log(" 星期六 "); break;
        case 7: console.log(" 星期日 "); break;
        default: console.log(" 输入的数字不是有效的星期数 ");
    }
</script>
```

扫码观看视频

8.6.3　for 循环

循环结构的作用是反复执行一段代码，直到满足循环终止的条件为止。JavaScript 提供 3 种 for 循环结构，for 循环的语法格式如下。

```
// for 循环结构
for ( 初始化表达式 ; 条件表达式 ; 增量表达式 ) {
    // 循环体，要重复执行的代码块
}
```

```
// for…in 循环
for ( 变量名 in 对象 ) {
    // 循环体，对对象的每一个属性执行代码块
}

// for…of 循环
for ( 变量名  of  可迭代对象 ) {
    // 循环体，对可迭代对象的每一个元素执行代码块
}
```

for 循环经常在已知循环次数时使用。如果需要遍历对象，将对象中的属性依次读取出来，可以使用 for…in 循环。for…of 循环是 ES6 中新添加的一个循环方式，与 for…in 循环类似。

【示例 8-10】for 循环结构

在 JavaScript 代码中，用 for 循环输出 1 ～ 5 的整数；创建了一个对象，然后用 for…in 循环遍历对象的属性；创建一个表示“水果”的数组，然后用 for…of 循环遍历，具体代码如下。

```
<script>
    // 1. 使用 for 循环输出数字 1 ～ 5
    for (let i = 1; i <= 5; i++) {
        console.log(i); // 依次输出：1、2、3、4、5
    }

    //2. 使用 for…in 循环遍历对象的属性
    const person = {name: ' 张三 ',age: 30,gender: ' 男 '};// 创建一个对象
    for (let key in person) {
        console.log(key + ':'+ person[key]); // 依次输出：name: 张三 , age:30, gender: 男
    }

    // 3. 使用 for…of 循环遍历数组的元素
    const fruits = [' 苹果 ', ' 香蕉 ', ' 橙子 ']; // 创建一个数组
    for (let fruit of fruits) {
        console.log(fruit); // 依次输出：苹果、香蕉、橙子
    }
</script>
```

扫码观看视频

8.6.4 while 循环

在 JavaScript 中，while 循环和 do…while 循环都用于重复执行一段代码，直到满足特定的条件为止。它们的主要区别在于 do…while 循环至少会执行一次循环体，而 while 循环的循环体可能一次都不执行。while 循环的语法格式如下。

```
// while 循环
while ( 条件表达式 ) {
    // 当条件表达式的值为 true 时执行的代码块
}

// do…while 循环
do {
    // 执行的代码块
} while ( 条件表达式 );
```

【示例 8-11】计算 1 ～ 100 的所有整数的累加和

在 JavaScript 代码中，演示了使用 while 循环和 do…while 循环计算 1 ～ 100 的所有整数的累加和，具体代码如下。

```
<script>
    // 使用 while 循环，当 i ≤ 100 时执行循环体
    let sum = 0; // 初始化变量 sum 为 0，用于存储累加和
    let i = 1; // 初始化变量 i 为 1
    while (i <= 100) {
        sum += i; // 将 i 的值累加到 sum 上
        i++; // i 自加 1，为下一次循环做准备
    }
    console.log("1 ～ 100 的所有整数的累加和为：", sum); // 输出：1 ～ 100 的所有整数的累加和为：5050
    // 使用 do…while 循环，计算 1 ～ 100 的所有整数的累加和，至少执行一次循环体
    let sum2 = 0; // 初始化变量 sum 为 0，用于存储累加和
    let i2 = 1;// 初始化变量 i2 为 1，作为循环的起始值
    do {
        sum2 += i2; // 将 i2 的值累加到 sum 上
        i2++; // i2 自加 1，为下一次循环做准备
    } while (i2 <= 100); // 当 i2 ≤ 100 时继续循环
    console.log("1 到 100 的累加和为：", sum2); // 输出：1 ～ 100 的所有整数的累加和为：5050
</script>
```

扫码观看视频

8.6.5　跳转语句

在 JavaScript 中，跳转语句用于控制代码的执行流程，根据条件或需要跳转到代码的相应位置。以下介绍 JavaScript 主要的跳转语句。

1）break 语句。通常用于 for、while 或 do…while 循环中，当遇到 break 语句时，会立即跳出整个循环。它也可以用于 switch 语句中，跳出当前的 case。

2）continue 语句。通常也是用于 for、while 或 do…while 循环中。当遇到 continue 语句时，会跳过本次循环，直接进入下一次循环。

【示例 8-12】使用 break 和 continue 跳出循环

在 JavaScript 代码中，演示了在累加过程中利用 continue 跳出循环的情况，以及在累加过程中利用 break 跳出循环的情况，具体代码如下。

```
<script>
    var sum = 0; // 定义一个变量，保存 1 ～ 100 的所有奇数的累加和
    for(let i = 1; i <=100; i++) {
        if(i%2==0)continue; // 如果是偶数，则跳过本次循环
        sum += i;
    }
    console.log(' 从 1 ～ 100 的所有奇数的累加和为 '+sum);

    var sum2 = 0;// 定义一个变量，保存累加和
    for(let i = 1; i <=100; i++) {
        sum2 += i;
        if (sum2 >=1000) {
            console.log(' 从 1 ～ '+i+' 的累加和为 '+sum2+'，大于 1000。');
            break; // 当累加和 sum2 ≥ 1000 时，跳出整个循环
        }
    }
</script>
```

扫码观看视频

3）return 语句。用于从函数中返回一个值，并立即结束函数的执行。如果没有返回值，那么也可以单独使用“return;”来结束函数的执行。

4）throw 语句。用于生成一个用户自定义的异常。在 try…catch 语句结构中，当 JavaScript 运行遇到 throw 语句时，它会立即停止当前的执行流程，并跳转到相应的 catch 语句块。

8.7 函数

在 JavaScript 中，函数分为内置系统函数和自定义函数。

8.7.1 内置系统函数

JavaScript 常用的全局内置系统函数，见表 8-6。

表 8-6 全局内置系统函数

函数	说明
encodeURI()	用于对 URI 进行编码，返回编码后的 URI 字符串。例如，空格会编码为 %20
decodeURI()	用于对 URI 进行解码，返回解码后的 URI 字符串
isNaN()	检测一个值是否无法被转换为数字，它会先将值隐式转换为数字，如果结果为 NaN，则返回 true，否则返回 false。ES6 的 Number.is NaN 更严格，它不会转换类型，只有值严格等于 NaN 时才返回 true
eval()	把字符串作为表达式执行运算

此外，还有前面出现过的 parseFloat()、parseInt() 和 Number() 等方法。

8.7.2　自定义函数

函数声明需要以 function 关键字开头，空格后接着的是函数名称，函数名称之后为一对英文括号“( )”用来定义函数中要使用的参数，最后为一对花括号“{ }”用来定义函数的具体代码。函数声明语法格式如下。

```
// 函数声明
function 函数名 ( 参数 1, 参数 2, …, 参数 N) {
    // 函数体代码
    // 可以使用 return 语句返回值
}

// 函数表达式
var 变量名 = function 函数名 ( 参数 1, 参数 2, …, 参数 N) {
    // 函数体代码
    // 可以使用 return 语句返回值
};
```

语法说明：

1）函数名称遵循标识符的命名规则。

2）函数可以没有参数，也可以定义一个或多个参数（中间用英文逗号隔开）。

3）函数表达式中的函数名可以省略，这时定义的函数就成为一个匿名函数。

4）当函数运行到 return 语句时会立即停止运行，并返回到调用函数的地方继续执行。一个函数只能有一个返回值，如果没有 return 语句或没有指定返回值，则函数默认返回 undefined。

【示例 8-13】函数的定义和使用

在 JavaScript 代码中，定义了一个 calculateSum 函数，它接受两个参数并返回它们的和，然后调用函数并把值赋给变量，具体代码如下。

```
<script>
    // 1) 定义函数，接收两个参数
    function calculateSum(a, b) {
      return a + b; // 返回两个数相加的和
    }
    //2) 调用函数
    let sum = calculateSum(5, 3); // 定义变量 sum，保存函数 calculateSum 的返回结果
    console.log('5 加 3 等于：', sum);// 输出：5 加 3 等于：8
</script>
```

扫码观看视频

8.8　对象

JavaScript 是基于对象的语言。在 JavaScript 中，几乎所有的事物都是对象，它拥有属性和方法。其核心对象主要有字符串（String）对象、数组（Array）对象、日期（Date）对象、数学（Math）对象和正则表达式（RegExp）对象等。

8.8.1 字符串对象

在 JavaScript 中，使用最多的是字符串和数组相关的函数。字符串对象提供了许多字符串处理函数，例如，拼接、切割、搜索、替换和转换大小写等。常用的 JavaScript 字符串处理函数见表 8-7。

表 8-7 常用的 JavaScript 字符串处理函数

函数	说明
charAt()	返回在指定位置的字符
charCodeAt()	返回在指定位置的字符的 Unicode 编码
concat()	连接两个或更多字符串，并返回新的字符串
indexOf()	返回某个指定的字符串的值在字符串中首次出现的位置
lastIndexOf()	从后向前搜索字符串
match()	查找一个或多个与正则表达式匹配的字符
replace()	在字符串中查找匹配的子串，并替换与正则表达式匹配的子串
search()	查找与正则表达式相匹配的值
slice()	提取字符串的片段，并在新的字符串中返回被提取的部分
split()	把字符串分割为字符串数组
substr()	从起始位置提取字符串中指定数目的字符
substring()	提取字符串中两个指定的索引号之间的字符
toLowerCase()	把字符串中的大写字母转换为小写字母
toUpperCase()	把字符串中的小写字母转换为大写字母
trim()	去除字符串两边的空白
valueOf()	返回某个字符串对象的原始值

8.8.2 数组对象

JavaScript 提供了许多内置的函数和方法来处理数组，包括创建数组、迭代数组元素、修改数组、搜索数组等操作。常用的 JavaScript 数组处理函数见表 8-8。

表 8-8 常用的 JavaScript 数组处理函数

函数	说明
push()	向数组的末尾添加一个或多个元素，并返回新的长度
pop()	删除并返回数组的最后一个元素
shift()	删除并返回数组的第一个元素
unshift()	向数组的开头添加一个或多个元素，并返回新的长度
splice()	在任意的位置给数组添加 / 删除一个或多个元素
fill()	用一个固定值填充一个数组中从起始位置到结束位置的全部元素
indexOf()	搜索数组中的元素，并返回它首次出现的位置。如果不存在，则返回 -1
lastIndexOf()	搜索数组中的元素，并返回它最后出现的位置。如果不存在，则返回 -1
includes()	判断一个数组是否包含一个指定的值。如果包含，则返回 true，否则返回 false
concat()	拼接两个或更多数组，并返回新的数组
join()	把数组的所有元素放入一个字符串，元素通过指定的分隔符进行分隔
toString()	把数组转换为字符串，并返回结果
map()	通过指定函数处理数组中的每个元素，并返回处理后的数组
forEach()	数组中的每个元素都执行一次回调函数
reduce()	（从左到右）累加数组中的所有元素，并返回结果
filter()	检测数值元素，并返回符合条件的所有元素的数组
isArray()	判断对象是否为数组

【示例 8-14】字符串和数组函数的使用

在 JavaScript 代码中，定义了一个字符串，展示了输出字符串长度、输出指定位置字符、获取子串、字符串替换、字符串分割和字符串查找；定义了一个数组，展示了数组元素的添加和删除等，具体代码如下。

```
<script>
    let str = " 你好，记忆中的故乡。";
    console.log(str.length); // 输出 : 10
    console.log(str.charAt(0)); // 输出：你
    console.log(str.substring(0, 5)); // 输出：你好，记忆
    console.log(str.replace(" 故乡 ", " 田园 ")); // 输出：你好，记忆中的田园。
    console.log(str.split("，")); // 输出 : [" 你好 ", " 记忆中的故乡。"]
    console.log(str.indexOf(" 故乡 ")); // 输出 : 7

    let arr = [" 水 "," 映 "," 月 "];
    console.log(arr.length); // 输出 : 3
    arr.push(" 天 "); // 在数组末尾添加一个元素，数组变为 [" 水 "," 映 "," 月 "," 天 "]
    console.log(arr.shift()); // 删除第一个元素 " 水 "，数组变为 [" 映 "," 月 "," 天 "]
    arr.unshift(" 水 "); // 在数组开头添加一个元素，数组变为 [" 水 "," 映 "," 月 "," 天 "]
    console.log(arr.pop()); // 删除最后一个元素 " 天 "，数组变为 [" 水 "," 映 "," 月 "]
    console.log(arr.join('')); // 输出：水映月
</script>
```

扫码观看视频

技能实训

请参考本书配套的实训手册，完成实训训练。

小结

本单元主要介绍了 JavaScript 的语法基础，包括 JavaScript 的用法、注释和变量的使用，详细介绍了 JavaScript 的数据类型及各种运算符和数据类型转换，重点介绍了流程控制语句，包括分支选择、循环和跳转语句。此外，本单元还简单介绍了内置系统函数和内置对象。这些都是 JavaScript 的核心基础知识，只有掌握这些知识，才能更好地学习后面的内容。

在技能训练环节中，通过网页版计算器、网页贷款计算器和表单注册验证网页 3 个案例，训练了运用 JavaScript 编写 Web 简单应用程序的技能，加深了对 JavaScript 基础知识的理解。

单元 9

JavaScript 进阶

情景导入

内容是网站的核心，要注重内容的质量和更新。美丽乡村网站建设完成后，网站定期发布关于乡村的新闻、动态和文化活动等信息，同时展示乡村的特产、景点和旅游线路等。网站引起了很多用户的兴趣和关注，大家纷纷留言、评论和分享等，增强了用户的参与感和归属感。

由于需要定时更新内容，扩大影响力达到预期宣传效果，网站要进行优化处理。你现在作为一名前端开发人员，接到公司开发任务，需要通过 Ajax 异步请求访问 API 接口以更新网站首页数据、通过 JavaScript 与 CSS 渲染网页。

学习目标

- 了解 JavaScript 模型概念。
- 了解 JavaScript 事件。
- 认识 JavaScript BOM 和 JavaScript DOM。
- 掌握 JavaScript BOM 和 JavaScript DOM 对象的操作。
- 掌握 JavaScript 事件处理。
- 能够利用 JavaScript 实现和 API 的数据交互。
- 通过了解国家乡村振兴计划，积极参与美丽乡村建设，认识美丽乡村网站的宣传作用，在开发过程中增强职业意识和创新意识。

BOM（Browser Object Model，浏览器对象模型）和 DOM（Document Object Model，文档对象模型）是 JavaScript 的重要组成部分，它们和 JavaScript 核心语言共同组成了 JavaScript。通过它们，JavaScript 可以和浏览器进行交互以及操作网页文档内容。

1. 按作用范围来区分

BOM：提供了与浏览器交互的接口，例如，窗口大小、位置、导航、历史记录和浏览器设置等。BOM 主要关注浏览器级别的操作，例如，弹出窗口、设置 cookie 和导航到另一个网页等。

DOM：提供了与 HTML/XML 文档交互的接口，例如，修改文档结构、样式和事件等。DOM 主要关注文档级别的操作，例如，添加、删除或修改 HTML 元素，获取或设置元素的属性值，触发或监听事件等。

2. 按对象结构来区分

BOM 的顶层对象是 window，它代表了浏览器窗口或标签页。window 对象包含了许多子对象和方法，例如，navigator（浏览器信息）、location（URL 信息）、document（文档对象）和 alert()（弹出警告框）等。

DOM 的顶层对象是 document，它代表了整个 HTML/XML 文档。document 对象包含了许多子对象和方法，例如，body（文档体）、head（文档头）和 getElementById()（获取指定 id 的元素）等。

9.1 DOM 简介

DOM 是一种与平台和语言无关的模型，用来表示 HTML 或 XML 文档。文档对象模型中定义了文档的逻辑结构，以及程序访问和操作文档的方式。

当网页加载时，浏览器就会自动创建当前网页的文档对象模型。在 DOM 中，文档的所有部分（例如，元素、属性和文本等）都会被组织成一个逻辑树结构，树中每一个分支的终点（末端）称为一个节点（Element），每个节点都是一个对象，通过 DOM 可以使用 JavaScript 来访问、修改、删除或添加 HTML 文档中的内容。DOM 树，如图 9-1 所示。

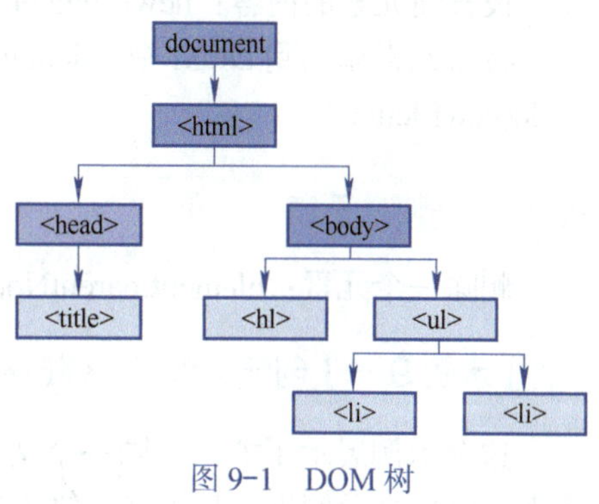

图 9-1 DOM 树

9.2 DOM 对象操作

9.2.1 获取元素

通过 id 获取元素（返回一个元素）：document.getElementById("id")。

通过 name 获取元素（返回一组元素）：document.getElementsByName("name")。

通过类名获取元素（返回一组元素）：document.getElementsByClassName("classname")。

通过标签名获取元素（返回一组元素）：document.getElementsByTagName("tagname")。

通过查询选择器获取元素（返回第一个匹配的元素）：document.querySelector(".myClass")。

通过查询选择器获取元素（返回全部匹配的元素）：document.querySelectorAll(".myClass")。

9.2.2 修改内容

修改元素的 HTML 内容：element.innerHTML = "<p>New content</p>"。

修改元素的文本内容：element.textContent = "New text"。

9.2.3 修改属性

获取属性：element.getAttribute("myAttribute")。

设置属性：element.setAttribute("myAttribute", "newValue")。

移除属性：element.removeAttribute("myAttribute")。

9.2.4 修改样式

内联样式（直接修改元素的 style 属性）：element.style.color = "red"。

类名操作（添加、移除类来更改样式）：element.classList.add("myClass") 或者 element.classList.remove("myClass")。

9.2.5 创建和添加元素

创建一个新元素：let newElement = document.createElement("p")。

设置新元素的内容：newElement.textContent = "New paragraph"。

将新元素添加到 DOM 中：document.body.appendChild(newElement) 或者 element.appendChild(newElement)。

9.2.6 删除元素

删除一个元素：element.parentNode.removeChild(element)。

【示例 9-1】创建、查找、修改和删除 DOM 元素的操作

这个示例展示了如何在同一个文件中将 HTML 和 JavaScript 结合使用，具体代码如下。读者可以根据示例进一步扩展和修改代码，以探索更多 DOM 操作的方法。

```
<!DOCTYPE html>
<html>
    <head>
        <meta charset="UTF-8">
        <title>DOM 操作综合示例 </title>
    </head>
    <body>
        <div id="container">
```

扫码观看视频

```
            <span id="t1"> 故乡，生我养我的地方。</span>
            <p id="p1"> 故乡的天空，白云悠悠，总是那么晴朗，仿佛能洗涤心灵的尘埃。</p>
        </div>
        <button onclick="addElement()"> 添加元素 </button>
        <button onclick="modElement()"> 修改元素 </button>
        <button onclick="romoveElement()"> 删除元素 </button>
        <script>
            // 创建新元素
            function addElement() {
                // 1. 创建新元素
                var newElement = document.createElement('p');
                // 2. 设置新元素内容
                newElement.textContent = ' 无论走到哪里，故乡总是心中最柔软的地方。';
                // 3. 添加新元素到 DOM 中
                var container = document.getElementById('container');
                container.appendChild(newElement);
                // 4. 还可以修改新元素的其他属性、添加事件监听器等操作（这里省略）
            }
            // 修改元素
            function modElement() {
                // 1. 获取 id 为 t1 的元素
                var txt1 = document.getElementById('t1');
                // 2. 修改元素内容
                txt1.textContent = ' 故乡啊，故乡，那是生我养我的地方。';
                // 3. 修改元素字体为红色
                txt1.style.color = "red";
                // 4. 添加元素的 title 属性
                txt1.setAttribute("title", "js 修改后的文本 ");
            }
            // 删除元素
            function romoveElement() {
                // 1. 获取所有 <button> 元素
                var buttons = document.getElementsByTagName('button');
                // 假设要删除最后一个 <button> 元素
                if (buttons.length > 0) {
                    // 2. 查找最后一个 <button> 元素
                    var lastbutton = buttons[buttons.length - 1];
                    // 3. 删除元素
                    lastbutton.parentNode.removeChild(lastbutton);
                }
            }
        </script>
    </body>
</html>
```

以上示例详细说明如下，DOM 操作示例初始效果图和 DOM 操作示例单击按钮后的效果图，如图 9-2 和图 9-3 所示。

1）查找并获取元素：使用 getElementById 和 getElementsByTagName 方法查找 DOM 中的元素。

2）修改元素：使用 textContent 方法修改文本的内容，使用 style 方法修改文本的样式，使用 setAttribute 方法添加文本的属性。

3）创建新元素：使用 createElement 方法创建一个新的 <p> 元素，并使用 textContent 方法设置其内容。

4）添加新元素到 DOM：使用 appendChild 方法将新创建的段落添加到容器中。

5）删除元素：通过找到最后一个 <button> 元素，并使用 removeChild 方法从其父元素中删除它。

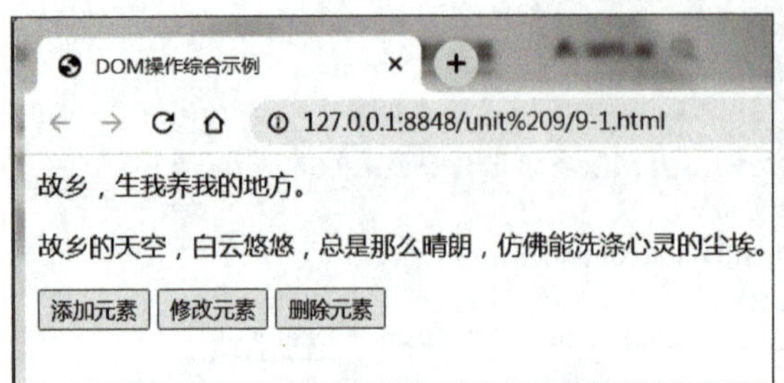

图 9-2　DOM 操作示例初始效果图

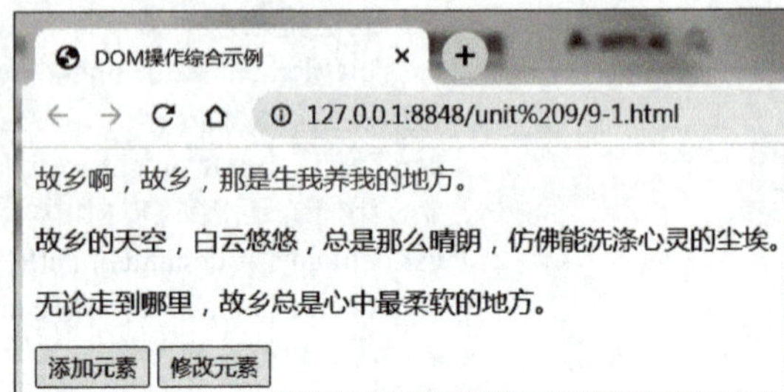

图 9-3　DOM 操作示例单击按钮后的效果图

9.2.7　遍历 DOM

使用 parentNode（父节点）、childNodes（子节点的数组）、firstChild（第一个子元素）、lastChild（最后一个子元素）、previousSibling（前一个兄弟元素）和 nextSibling（后一个兄弟元素）等属性来遍历 DOM 树。

【示例 9-2】遍历 DOM 并执行操作

当涉及遍历 DOM 时，通常使用循环结构（例如，for 循环、for…of 循环和 forEach 方法等）结合 DOM API 来访问和操作 DOM 元素，具体代码如下。

```
<!DOCTYPE html>
<html>
    <head>
        <meta charset="utf-8">
        <title>DOM 遍历示例 </title>
    </head>
    <body>
        <div id="container">
            <div class="item"> 节点一 </div><div class="item" id="item2"> 节点二 </div>
            <div class="item"> 节点三 </div><div class="item"> 节点四 </div>
        </div>
        <button onclick="traverseDOM()"> 遍历子节点 </button>
        <button onclick="findDOM()"> 遍历兄弟节点 </button>
        <script>
            // 遍历子节点函数
            function traverseDOM() {
                // 1. 通过 ID 查找容器元素
                var container = document.getElementById('container');
```

扫码观看视频

```
            // 2. 使用 querySelectorAll 查找 container 中所有 .item 类名的元素，返回 NodeList
            var items = container.querySelectorAll('.item');
          // 3. 遍历 NodeList（NodeList 不是真正的数组，但可以使用 forEach 方法或 for 循环）
          items.forEach(function(item, index) {
                // 4. 修改当前元素的内容（例如，添加一个序号）
                item.textContent = 'Item ' + (index + 1)+':';
                // 还可以添加事件监听器到当前元素（这里省略）
                // 如果需要访问子元素，可以继续遍历（例如，如果有嵌套的元素）
        });
        }
        // 遍历兄弟节点函数
        function findDOM() {
            // 1. 通过 id 查找容器元素
            var item2 = document.getElementById('item2');
            // 2. 使用 previousSibling 查找上一个兄弟元素，使用 nextSibling 查找下一个兄弟元素
            var item1 = item2.previousSibling;
            var item3 = item2.nextSibling.nextSibling;// 空格和换行符，视为文本节点元素
            var item4 = item3.nextSibling;
            // 3. 修改各个元素的内容
            item1.textContent = ' 故乡 ';
            item2.textContent = ' 是一首悠长的歌 ';
            item3.textContent = ' 唱着岁月的静好 ';
            item4.textContent = ' 和着时光的流转 ';
        }
    </script>
  </body>
</html>
```

以上示例详细说明如下，DOM 遍历示例初始效果图和 DOM 遍历示例单击按钮后的效果图，如图 9-4 和图 9-5 所示。

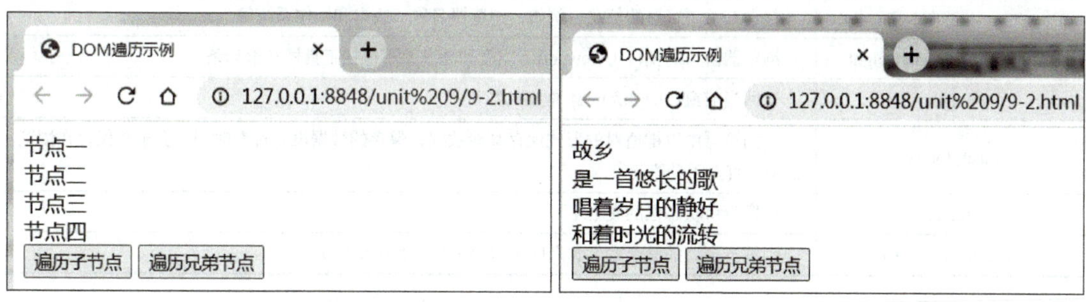

图 9-4　DOM 遍历示例初始效果图　　图 9-5　DOM 遍历示例单击按钮后的效果图

1）通过 id 查找容器元素。

2）使用 querySelectorAll 方法查找所有具有“.item”类名的元素，并返回一个 NodeList 元素节点列表。

3）使用 forEach 方法遍历 NodeList，并修改每个元素的内容。

4）使用 previousSibling 和 nextSibling 方法遍历兄弟元素，并修改每个元素的内容。

9.3 BOM 简介和操作

BOM 是用于描述浏览器与脚本语言（例如，JavaScript）交互的对象及其层次关系的模型。这个模型提供了独立于内容的、可以与浏览器窗口进行互动的对象结构。

BOM 由多个对象组成，其中 window 对象是 BOM 的顶层对象，其他对象都是该对象的子对象，包括 document 对象、navigator 对象、screen 对象、history 对象和 location 对象。这些对象提供了多种与浏览器交互的功能，例如，弹出新浏览器窗口；移动、关闭和更改浏览器窗口大小；提供 Web 浏览器详细信息的导航对象；提供浏览器载入网页详细信息的本地对象；提供用户屏幕分辨率详细信息的屏幕对象；支持 Cookies；扩展 ActiveX 对象类等。BOM 相较于 DOM 来说，缺乏一个统一的标准，在不同的浏览器中呈现的效果可能会有一些差异，在实际开发中需要注意浏览器的兼容性问题。

9.3.1 window 对象

window 对象表示浏览器窗口本身，提供了与浏览器交互的方法和属性。在浏览器环境中，window 对象是全局对象，这意味着在全局作用域中定义的任何变量和函数都自动成为 window 对象的属性和方法。

window 对象的主要属性及其说明见表 9-1，window 对象的主要方法及其说明见表 9-2。

表 9-1 window 对象的主要属性及其说明

属性	说明
name	设置或返回窗口的名称
location	包含当前网页的 URL 信息，可以读取和修改
history	包含浏览器历史记录的相关信息，可以进行前进、后退操作
document	引用与窗口关联的 DOM 文档
navigator	包含有关浏览器的信息，例如，浏览器名称、版本和操作系统等
innerWidth 和 innerHeight	浏览器窗口的视口（viewport）宽度和高度（不包括工具栏和滚动条）
length	返回当前窗口中 <iframe> 框架的数量
localStorage	在浏览器中以键值对的形式保存某些数据，保存的数据没有过期时间，会永久保存在浏览器中，直至手动删除
status	设置窗口状态栏的文本
outerWidth 和 outerHeight	浏览器窗口的整个宽度和高度（包括工具栏和滚动条）

表 9-2 window 对象的主要方法及其说明

属性	说明
alert()	显示一个包含指定消息和“OK”按钮的警告框
confirm()	显示一个包含指定消息以及“OK”和“Cancel”按钮的对话框，并返回一个布尔值表示用户单击了哪个按钮
prompt()	显示一个对话框，提示用户输入一些文本（可选的默认值），然后返回输入的文本或 null（如果用户单击了“取消”按钮）

（续）

属性	说明
open()	打开一个新的浏览器窗口或标签页，并加载指定的 URL
close()	关闭当前窗口或标签页
setTimeout() 和 clearTimeout()	用于在指定的毫秒数后执行代码，或取消之前设置的超时
setInterval() 和 clearInterval()	用于定期执行代码，或取消之前设置的间隔
scrollTo()	滚动当前窗口到文档中的特定位置
scrollBy()	相对于当前滚动位置滚动窗口

9.3.2 navigator 对象

navigator 对象中存储了与浏览器相关的信息，例如，浏览器的名称、版本等，可以通过 window 对象的 navigator 属性引用 navigator 对象，并通过它来获取浏览器的基本信息，在使用 window.navigator 时可以省略 window 前缀。navigator 对象中常用的属性及其说明见表 9-3。

表 9-3 navigator 对象中常用的属性及其说明

属性	说明
appCodeName	返回当前浏览器的内部名称（开发代号）
appName	返回浏览器的官方名称
appVersion	返回浏览器的平台和版本信息
cookieEnabled	返回浏览器是否启用 cookie，启用返回 true，禁用返回 false
onLine	返回浏览器是否联网，联网则返回 true，断网则返回 false
platform	返回浏览器运行的操作系统平台
userAgent	返回浏览器的厂商和版本信息，即浏览器运行的操作系统、浏览器的版本和名称

9.3.3 screen 对象

screen 对象中包含了有关计算机屏幕的信息，例如，屏幕的分辨率、宽度和高度等，可以通过 window 对象的 screen 属性来获取 screen 对象，在使用 window.screen 时可以省略 window 前缀。screen 对象中常用的属性及其说明见表 9-4。

表 9-4 screen 对象中常用的属性及其说明

属性	说明
availTop	返回屏幕上方边界的第一个像素点（大多数情况下返回 0）
availLeft	返回屏幕左边边界的第一个像素点（大多数情况下返回 0）
availHeight	返回屏幕的高度（不包括 Windows 任务栏）
availWidth	返回屏幕的宽度（不包括 Windows 任务栏）
colorDepth	返回屏幕的颜色深度（color depth）
height	返回屏幕的完整高度
pixelDepth	返回屏幕的位深度 / 色彩深度（bit depth）
width	返回屏幕的完整宽度
orientation	返回当前屏幕的方向

【示例 9-3】navigator 和 screen 对象示例

这个示例使用 navigator 检测浏览器的基本信息，使用 screen 获取屏幕的基本信息，具体代码如下。navigator 和 screen 对象信息在浏览器中的预览效果如图 9-6 所示。

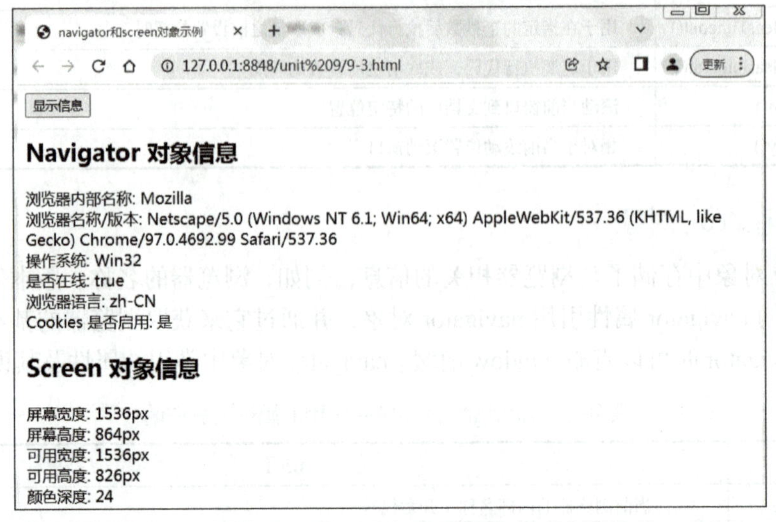

扫码观看视频

图 9-6　navigator 和 screen 对象信息在浏览器中的预览效果

```
<!DOCTYPE html>
<html>
    <head>
        <meta charset="utf-8">
        <title>navigator 和 screen 对象示例 </title>
    </head>
    <body>
        <button onclick="displayInfo()"> 显示信息 </button>
        <div id="output"></div>
        <script>
        function displayInfo() {
            // 获取 output 元素用于显示信息
            var outputDiv = document.getElementById('output');
            // 使用 navigator 对象
            var navigatorInfo = ' 浏览器内部名称 : ' + navigator.appCodeName + '<br>';
            navigatorInfo += ' 浏览器名称 / 版本 : ' + navigator.appName + '/' + navigator.appVersion + '<br>';
            navigatorInfo += ' 操作系统 : ' + navigator.platform + '<br>';
            navigatorInfo += ' 是否在线 : ' + navigator.onLine + '<br>';
            navigatorInfo += ' 浏览器语言 : ' + navigator.language + '<br>';
            navigatorInfo += 'Cookies 是否启用 : ' + (navigator.cookieEnabled ? ' 是 ' : ' 否 ') + '<br>';
            // 可以添加更多 navigator 对象的属性
            // 使用 screen 对象
            var screenInfo = ' 屏幕宽度 : ' + screen.width + 'px<br>';
            screenInfo += ' 屏幕高度 : ' + screen.height + 'px<br>';
            screenInfo += ' 可用宽度 : ' + screen.availWidth + 'px<br>';
```

```
            screenInfo += ' 可用高度 : ' + screen.availHeight + 'px<br>';
            screenInfo += ' 颜色深度 : ' + screen.colorDepth + '<br>';
            // 可以添加更多 screen 对象的属性
            outputDiv.innerHTML = '<h2>Navigator 对象信息 </h2>' + navigatorInfo;
            outputDiv.innerHTML += '<h2>Screen 对象信息 </h2>' + screenInfo;
        }
    </script>
  </body>
</html>
```

9.3.4　history 对象

history 对象中包含了用户在浏览器中窗口访问过的历史 URL 记录。通过 window 对象中的 history 属性可以获取 history 对象，在使用 window.history 时可以省略 window 前缀。history 对象中常用的属性和方法及其说明见表 9-5。

表 9-5　history 对象中常用的属性和方法及其说明

属性和方法	说明
length	返回浏览历史的数目，包含当前已经加载的网页
back()	参照当前网页，返回历史记录中的上一条记录（即返回上一页）
forward()	参照当前网页，前往历史记录中的下一条记录（即前进到下一页）
go()	参照当前网页，根据给定参数，打开指定的历史记录，例如，“-1”表示返回上一页，“1”表示返回下一页

9.3.5　location 对象

location 对象中包含了有关当前网页超链接（URL）的信息，例如，当前网页的完整 URL、端口号等，可以通过 window 对象中的 location 属性来获取 location 对象。由于 window 对象是一个全局对象，因此，在使用 window.location 时可以省略 window 前缀。location 对象中常用的属性和方法及其说明见表 9-6。

表 9-6　location 对象中常用的属性和方法及其说明

属性和方法	说明
hash	返回一个 URL 中锚的部分（即 url 中“#”及其后面的内容）
host	返回一个 URL 的主机名和端口号
hostname	返回一个 URL 的主机名
href	返回一个完整的 URL
pathname	返回一个 URL 中的路径部分，开头有个“/”
port	返回一个 URL 中的端口号，如果 URL 中不包含明确的端口号，则返回一个空字符串 ''
protocol	返回一个 URL 协议，即 URL 中冒号“:”及其之前的部分，例如，http: 和 https:
search	返回一个 URL 中的查询部分，即 URL 中“?”及其之后的一系列查询参数
reload()	重新加载当前 URL
assign()	加载指定的 URL，即载入指定的文档

【示例 9-4】history 和 location 对象示例

这个示例使用 history 对象跳转历史浏览记录，使用 location 跳转到指定的网页，具体代码如下。

```
<!DOCTYPE html>
<html>
    <head>
        <meta charset="utf-8">
        <title>history 和 location 对象示例 </title>
    </head>
    <body>
        <button onclick="goToPage()"> 导航到新网页 </button>
        <button onclick="goBack()"> 返回上一页 </button>
        <button onclick="goToHome()"> 返回主页 </button>
        <button onclick="reloadPage()"> 重新加载网页 </button>
        <p onclick="showCurrentUrl()"> 单击显示 URL：<span id="currentUrl"></span></p>
        <script>
            // 更新当前 URL 显示
            function showCurrentUrl() {
                document.getElementById('currentUrl').textContent = location.href;
            }
            // 导航到新网页
            function goToPage() {
                // 使用 location 对象的 assign 方法导航到新网页
                location.assign('https://www.baidu.com');
            }
            // 返回上一页
            function goBack() {
                // 使用 history 对象的 back 方法返回上一页
                history.back();
            }
            // 返回主页（假设你知道主页的 URL）
            function goToHome() {
                // 使用 location 对象的 href 属性直接设置 URL
                location.href = 'https://www.baidu.com';
            }
            // 重新加载当前网页
            function reloadPage() {
                // 使用 location 对象的 reload 方法重新加载当前网页
                location.reload();
            }
        </script>
    </body>
</html>
```

扫码观看视频

9.4 JavaScript 事件处理

在 HTML 中，用户或浏览器在网页上执行特定操作称为事件。这些事件可以由用户交互（例如，单击按钮、提交表单等）或浏览器行为（例如，网页加载、滚动等）触发。DOM 事件允许 JavaScript 在 HTML 文档元素中注册（绑定）不同的事件处理程序，当事件被触发时，可以执行相应的 JavaScript 代码来响应这些事件。

下面是一些常见的 HTML 事件。

9.4.1　鼠标事件

鼠标事件主要是指鼠标执行特定操作时触发的事件，例如，单击、双击、移动和滚动等。常见的鼠标事件及其说明见表 9-7。

表 9-7　常见的鼠标事件及其说明

属性	说明
onclick	当用户单击某个对象时触发
oncontextmenu	当用户单击鼠标右键打开上下文菜单时触发
ondblclick	当用户双击某个对象时触发
onmousedown	当鼠标按钮被按下时触发
onmouseenter	当鼠标指针移动到元素上时触发
onmouseleave	当鼠标指针移出元素时触发
onmousemove	当鼠标被移动时触发
onmouseover	当鼠标移到某元素之上时触发
onmouseout	当鼠标从某元素移开时触发
onmouseup	当鼠标按键被松开时触发

9.4.2　键盘事件

键盘事件是指用户与键盘进行交互时触发的事件，例如，按键按下、按键释放等。常见的键盘事件及其说明见表 9-8。

表 9-8　常见的键盘事件及其说明

属性	说明
onkeydown	当某个键盘按键被按下时触发
onkeypress	当某个键盘按键被按下并松开时触发
onkeyup	当某个键盘按键被松开时触发

9.4.3　窗口事件

窗口事件主要是与浏览器窗口的打开、关闭、调整大小和滚动等交互相关的事件。常见的窗口事件及其说明见表 9-9。

表 9-9　常见的窗口事件及其说明

属性	说明
onload	当网页全部内容加载完成时触发
onscroll	当文档或窗口发生滚动时触发
onunload	当关闭或退出网页时触发
onresize	当窗口或框架被重新调整大小时触发

【示例 9-5】鼠标、键盘、窗口事件示例

这个示例演示了鼠标单击事件、键盘按键事件和窗口重置事件，具体代码如下。

扫码观看视频

```
<!DOCTYPE html>
<html>
    <head>
        <meta charset="utf-8">
        <title> 鼠标、键盘、窗口事件示例 </title>
        <style>
            #output{width:300px;height:300px;border:1px solid black; overflow:scroll;}
        </style>
    </head>
    <body>
        <div id="output"></div>
        <input type="text" id="input1" placeholder=" 请输入文字…">
        <button id="btn1"> 输入 </button>
        <script>
            // 获取 div 元素和按钮元素
            var outputDiv = document.getElementById('output');
            var btn1 = document.getElementById('btn1');
            var input1 = document.getElementById('input1');
            // 1. 给按钮添加鼠标单击事件
            btn1.addEventListener('click', function(event){
                alert(' 你单击了 " 输入 " 按钮 ');
            });
            // 2. 给显示输出内容的 div 元素添加鼠标进入事件
            outputDiv.addEventListener('mouseenter', function(event) {
                outputDiv.style.backgroundColor = 'lightyellow';
            });
            // 3. 给显示输出内容的 div 元素添加鼠标离开事件
            outputDiv.addEventListener('mouseleave', function(event) {
                outputDiv.style.backgroundColor = 'white';
            });
            // 4. 给文本输入框添加键盘按下事件
            input1.addEventListener('keydown', function(event) {
                outputDiv.innerHTML += ' 键码 : ' + event.keyCode + ' 被按下。<br>';
            });
```

```
            // 5. 给文本输入框添加键盘按键事件
            input1.addEventListener('keypress', function(event) {
                outputDiv.innerHTML += ' 字符码 : ' + event.charCode + ' 被输入。<br>';
            });
            // 6. 给文本输入框添加键盘松开事件
            input1.addEventListener('keyup', function(event) {
                outputDiv.innerHTML += ' 键码 : ' + event.keyCode + ' 被释放。<br>';
            });
            // 7. 给窗口添加 resize 事件侦听器
            window.addEventListener('resize', function(event) {
               outputDiv.innerHTML += ' 当前窗口宽度 : ' + window.innerWidth + 'px, 高度 : ' + window
.innerHeight + 'px<br>';
            });
        </script>
    </body>
</html>
```

9.4.4　表单事件

表单事件是与表单元素（例如，输入框、按钮等）相关的各种事件。当用户与表单元素进行交互时，这些事件会被触发。常见的表单事件及其说明见表 9-10。

表 9-10　常见的表单事件及其说明

属性	说明
onblur	当元素失去焦点时触发
onchange	当表单元素的内容改变时触发
onfocus	当元素获取焦点时触发
oninput	当元素获取用户输入时触发
onreset	当表单重置时触发
onsearch	当用户向搜索域 (<input="search">) 输入文本时触发
onselect	当用户选取 (<input> 和 <textarea>) 文本时触发
onsubmit	当表单提交时触发

此外还有复制、剪切和粘贴元素内容的剪贴板事件，拖放元素的事件，多媒体（Media）播放、暂停的事件，触摸屏幕的事件等。

【示例 9-6】表单事件示例

这个示例演示了常见的表单事件，例如，获得焦点、失去焦点、单选值改变、文本输入和表单提交等，具体代码如下。

```
<!DOCTYPE html>
<html>
    <head>
        <meta charset="utf-8">
        <title> 表单事件示例 </title>
    </head>
```

扫码观看视频

```
    <body>
        <h5> 时光客栈民宿客户意见反馈 </h5>
        <form id="myForm">
            您的姓名 :<input type="text" id="customerName" name="customerName"><br>
            您的电话 :<input type="text" id="customerPhone" name="customerPhone"><br>
            服务评价 :<input type="radio" id="satisfaction" name="service" value=" 满意 "> 满意  
            <input type="radio" id="unsatisfactory" name="service" value=" 不满意 "> 不满意 <br>
            您的意见 :<textarea rows="3" cols="50" id="advice"></textarea><br>
            <button type="submit"> 提交 </button>
        </form>
        <div id="output" style="margin-top: 20px; border: 1px solid #CCC; padding: 10px;">
            <!-- 事件处理结果将在这里显示 -->
        </div>
        <script>
        // 获取表单和表单元素
        var form = document.getElementById('myForm');
        var customerName = document.getElementById('customerName');
        var customerPhone = document.getElementById('customerPhone');
        var services = document.getElementsByName('service');
        // 1. 姓名输入框失去焦点事件
        customerName.addEventListener('blur', function(event) {
            if(!customerName.value)alert(" 请输入姓名！ ");
        });
        // 2. 电话输入框获得焦点事件
        customerPhone.addEventListener('focus', function(event) {
            output.innerHTML = ' 温馨提示：电话号码只能输入数字。';
        });
        // 3. 服务评价单选框内容改变事件
        services.forEach(function(item, index) {
            item.addEventListener('change', function(event) {
                output.innerHTML = ' 服务评价 : ' + event.target.value;
            });
        });
        // 4. 意见输入框内容输入事件（实时更新）
        document.getElementById('advice').addEventListener('input', function(event) {
                output.innerHTML = ' 您的意见已输入 ' + event.target.value.length + ' 个字符。';
        });
        // 5. 表单提交事件
        form.addEventListener('submit', function(event) {
            event.preventDefault(); // 阻止表单默认提交行为
            // 在这里可以添加提交表单到服务器的代码
        });
        </script>
    </body>
</html>
```

以上示例的详细说明如下。

1）给“您的姓名”输入框添加失去焦点的事件侦听器，“姓名”为空时弹出警告提示。

2）给“您的电话”输入框添加获得焦点的事件侦听器，提示“电话”只能输入数字。

3）遍历给“服务评价”每个选项添加改变的事件侦听器，输出改变后的选项值。

4）给“您的意见”输入框添加输入的事件侦听器，提示意见内容的长度。

5）给表单添加提交的事件侦听器，阻止表单默认的提交行为。

9.4.5　事件绑定与监听

1. 事件绑定

通常是指将事件处理程序（事件监听器）附加到DOM元素的过程。在早期的JavaScript中，这通常是通过内联HTML属性（例如，onclick）或使用DOM元素的on<event>属性来完成的，一个事件只能绑定一个处理程序。

2. 事件监听

通常是指使用addEventListener()方法将事件处理程序（事件监听器）附加到DOM元素的过程。这种方法比早期的事件绑定方法更加灵活和强大，它允许为同一元素和同一事件添加多个监听器，并且还提供了关于事件的更多信息。事件监听把HTML和JavaScript代码分离，提高了代码的可维护性和可读性。

【示例 9-7】事件绑定与监听示例

这个示例实现的功能说明如下。

1）通过内联方式给“按钮 1”绑定了单击事件。

2）通过监听方式给“按钮 2”的单击事件添加了两个监听器，单击该按钮时会依次执行两个事件处理函数。

3）通过绑定方式给“按钮 2”的单击事件绑定了两个监听器，绑定的第二个事件监听器覆盖了第一个事件监听器。

扫码观看视频

```
<!DOCTYPE html>
<html>
    <head>
        <meta charset="utf-8">
        <title> 事件绑定与监听示例 </title>
    </head>
    <body>
        <button onclick="alert(' 内联绑定单击处理事件 ')"> 按钮 1</button>
        <button id="myBtn"> 按钮 2</button>
        <script>
            var button = document.getElementById('myBtn');
            // 添加单击事件监听器
            button.addEventListener('click', function() {alert(' 单击的第一个事件监听器 !');});
            button.addEventListener('click', function() {alert(' 单击的第二个事件监听器 !');});
            // 绑定单击事件监听器
            button.onclick = function() {alert('js 绑定单击处理事件 1');};// 不会触发，被覆盖了
```

```
            button.onclick = function() {alert('js 绑定单击处理事件 2');};
        </script>
    </body>
</html>
```

3. 解除事件绑定

解除事件绑定通常是指移除通过内联 HTML 属性（例如，onclick）设置的事件处理器。由于该事件处理器是在 HTML 中直接定义的，需要重新设置这个属性为空函数或者直接删除这个属性。

4. 解除事件监听

解除事件监听通常是指使用 removeEventListener 方法移除之前通过 JavaScript 添加的事件监听器。removeEventListener 需要与 addEventListener 使用相同的函数引用以及相同的参数。

【示例 9-8】解除事件绑定与监听示例

```
<!DOCTYPE html>
<html>
    <head>
        <meta charset="utf-8">
        <title> 解除事件绑定与监听示例 </title>
    </head>
    <body>
        <button id="myBtn1"> 按钮 1</button>
        <button id="myBtn2"> 按钮 2</button>
        <button onclick="cancleClick1()"> 移除按钮 1 单击事件 </button>
        <button onclick="cancleClick2()"> 移除按钮 2 单击事件 </button>
        <script>
            function handleClick() {console.log(' 单击了按钮 ');}
            //1. 绑定与监听单击事件
            const btn1 = document.getElementById('myBtn1');
            const btn2 = document.getElementById('myBtn2');
            btn1.onclick =handleClick;
            btn2.addEventListener('click', handleClick);
            //2. 解除事件绑定
            function cancleClick1() {
                btn1.onclick = null;
                // 或者设置一个空函数来替代原来的事件处理器
                btn1.onclick = function() {};
            }
            //3. 移除事件监听器
            function cancleClick2() {btn2.removeEventListener('click', handleClick);       }
        </script>
    </body>
</html>
```

扫码观看视频

5. 事件分派

事件分派通常是指使用 dispatchEvent() 方法在指定的事件目标上触发一个（原生或自定义）事件，通常用于模拟用户交互或触发自定义事件。

6. 事件取消

某些事件有默认行为（例如，submit 事件提交表单），如果需要阻止默认行为，则可以在事件监听器中调用 event.preventDefault() 方法。

事件传播是指事件从捕获阶段到目标阶段，再到冒泡阶段的过程。如果要阻止事件继续传播，则可以在事件对象上调用 event.stopPropagation() 方法。

9.4.6 事件冒泡与事件捕获

在 JavaScript 中，当事件被触发时，它并不直接在触发它的元素上执行事件处理函数，而是会经历一个被称为“事件流”的过程。这个过程包括三个阶段：

1）捕获阶段：事件从文档的根节点向下传播到目标元素。

2）目标阶段：事件到达目标元素。

3）冒泡阶段：事件从目标元素向上传播回文档的根节点。

在 JavaScript 中，可以使用 addEventListener() 方法的第三个参数来指定事件处理程序的阶段。如果第三个参数为 true，那么事件处理程序将在捕获阶段被触发；如果第三个参数为 false 或省略，那么事件处理程序将在冒泡阶段被触发。

9.4.7 事件委托

事件委托是指一种利用事件冒泡原理的技术，通过在父元素上设置监听器来处理子元素的事件。这种方法可以减少事件监听器的数量，提高性能。

9.5 JavaScript JSON

9.5.1 JSON 简介

JSON（JavaScript Object Notation，JavaScript 对象标记法）是轻量级的文本数据交换格式，文件扩展名为“.json”。JSON 用来存储和交换文本信息的语法，类似 XML，但比 XML 更小、更快，更易解析。JSON 虽然使用 JavaScript 语法来描述数据对象，但 JSON 格式仅仅是一个文本，可以被很多编程语言读取以及作为数据格式传递，所以 JSON 独立于语言和平台。JSON 有两种主要的数据结构：

1）对象。对象由若干键 / 值对（即 key:value）组成的无序集合，每个对象以左花括号“{”开始，以右花括号“}”结尾，多个键 / 值对之间使用逗号“,”分隔。定义对象的示例语法格式如下。

```
{
  "name": "John",
  "age": 30,
  "city": "New York"
}
```

2）数组。数组是一个有序的值列表，每个数组以左方括号“[”开始，以右方括号“]”结尾，多个值之间使用逗号“,”分隔。定义一维数组的示例语法格式如下。

```
[
  "apple",
  "banana",
  "cherry"
]
```

在 JSON 中，属性名称或键都是字符串格式的（需要使用英文的双引号括起来），而值可以是任意类型。通常一个 JSON 文件中只能有一个 JSON 对象。

9.5.2 JSON 使用

1）访问对象值。可以像访问数组或对象一样访问 JSON 对象值。

2）修改对象值。可以像修改数组或对象一样修改 JSON 对象值。

3）删除对象值。使用 delete 关键字来删除 JSON 对象的属性。例如，delete 对象 . 属性。

4）JSON 对象转成字符串。这通常使用 JSON.stringify() 方法来实现，将一个 JSON 对象（实际是一个 JavaScript 对象）转换为一个 JSON 格式的字符串。

5）字符串转成 JSON 对象。这通常使用 JSON.parse() 方法来实现，将一个 JSON 格式的字符串转换为一个 JSON 对象。

9.6 JavaScript Ajax

9.6.1 Ajax 简介

JavaScript 中的 Ajax（Asynchronous JavaScript and XML，异步 JavaScript 和 XML）是一种技术，它允许网页应用程序与服务器进行快速的信息交换，而无须重载（刷新）整个网页。通过使用 Ajax，Web 应用程序可以更快地将增量更新呈现在用户界面上，并且可以将用户界面的响应性提升到新的水平。

尽管 Ajax 的名字中包含了 XML，但实际上它并不要求服务器返回 XML 数据。它可以使用任何数据格式，例如，JSON、纯文本等。在大多数情况下，由于 JSON 的轻量级和易解析性，它已成为首选的数据交换格式。Ajax 的工作原理如图 9-7 所示。

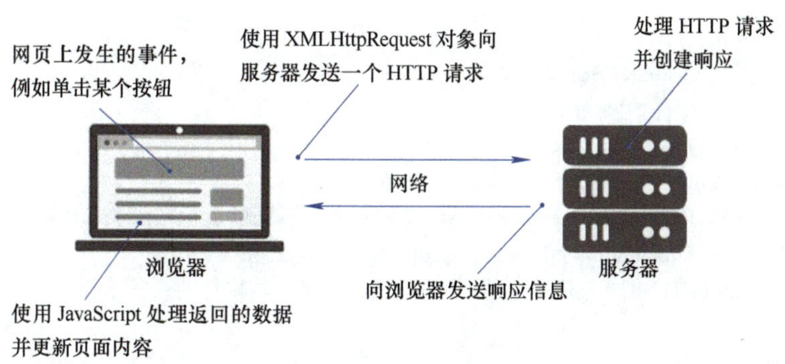

图 9-7　Ajax 的工作原理

因为 Ajax 请求是异步执行的，所以 Ajax 请求发送之后，代码会继续向下执行，直至结束。

9.6.2　Ajax 使用

Ajax 使用的基本步骤如下。

1）创建 XMLHttpRequest 对象。这是 Ajax 通信的基础。在现代浏览器中，可以使用 new XMLHttpRequest() 来创建一个新的 XMLHttpRequest 对象。

2）设置请求。使用 XMLHttpRequest 对象的 open() 方法来指定 HTTP 请求的类型（例如，GET 或 POST）和请求的 URL。

3）发送请求。调用 XMLHttpRequest 对象的 send() 方法来发送请求。对于 GET 请求，send() 方法可以不带参数；对于 POST 请求，将需要发送的数据作为参数传递给 send() 方法。

4）处理响应。在 XMLHttpRequest 对象上设置 onreadystatechange 事件监听器，以便在服务器的响应到达时进行处理。当 readyState 属性变为 4（表示请求已完成）且 status 属性为 200（表示请求成功）时，可以通过 responseText 或 responseXML 属性获取服务器的响应数据。

【示例 9-9】Ajax 的使用示例

这个示例演示了利用 Ajax 异步请求客户的信息，并读取结果显示在网页中。其中 customer.json 内容为 {"name":"John","age": 30,"city": "New York"}。

```
<!DOCTYPE html>
<html>
    <head>
        <meta charset="utf-8">
        <title>Ajax 的使用示例 </title>
    </head>
    <body>
        <h5> 客户信息 </h5>
        <div id="showmsg"></div>
    </body>
    <script>
    //1. 创建 XMLHttpRequest 对象
    var xhr = new XMLHttpRequest();
```

扫码观看视频

```
    //2. 配置请求参数
    xhr.open("GET", "customer.json", true);
    //3. 监听状态改变事件的回调函数
    xhr.onreadystatechange = function () {
      if (xhr.readyState === 4 && xhr.status === 200) {
        var data = JSON.parse(xhr.responseText); // 将服务器返回的数据转成 JSON 对象
        var showDiv = document.getElementById("showmsg");
        showDiv.innerHTML = " 客户姓名："+data.name + "；客户年龄："+ data.age;
      }
    };
      //4. 发送请求
      xhr.send();
      </script>
</html>
```

技能实训

请参考本书配套的实训手册，完成实训训练。

小结

本单元主要介绍了 JavaScript 的内置对象，包括 window 对象、document 对象、location 对象、screen 对象、navigator 对象和 history 对象。本单元还介绍了 DOM 的操作、事件处理和 JSON 异步请求等。学习本单元后，可以在 Web 网页上动态添加、删除节点和节点内容，更加灵活地操作网页元素。

在技能训练环节中，通过渲染美丽乡村网站首页的 JSON 格式新闻数据、制作 Tab 选项卡效果网页和直播评论弹幕网页，综合应用 JavaScript 内置对象和 DOM 操作，完成 Web 前端开发中的 JavaScript 常用模块或网页的编程，进一步了解和掌握了 JavaScript 编程技术。

参 考 文 献

[1] 李志云，董文华．Web 前端开发案例教程 [M]．2 版．北京：人民邮电出版社，2023．

[2] 北京新奥时代科技有限责任公司．Web 前端开发实训案例教程：初级 [M]．北京：电子工业出版社，2019．

[3] 刘瑞新．网页设计与制作教程 Web 前端开发 [M]．6 版．北京：机械工业出版社，2021．

职业教育“人工智能+”新形态一体化教材

Web 前端开发技术（AIGC版）实训手册

主　编◎蓝永健　刘径平

副主编◎古振忠　谢秀玲　蔡秀梅

参　编◎何倍廷　韦　权　黄洁燕
李天凤　邓爱玲　林丽婷
陈晓丽　陈利娟　范智峰

机械工业出版社
CHINA MACHINE PRESS

二维码索引

名称	图形	页码	名称	图形	页码
手册 1-1　HBuilderX 的安装和使用		001	手册 3-3　志愿活动征集表单网页制作		024
手册 1-2　Visual Studio Code 的安装和使用		003	手册 3-4　音频播放网页制作 1		024
手册 1-3　浏览器的安装和使用		006	手册 3-5　音频播放网页制作 2		024
手册 1-4　Dreamweaver 的安装和使用		007	手册 3-6　招聘报名网页制作 1		024
手册 1-5　PHPStudy 的安装和使用		007	手册 3-7　招聘报名网页制作 2		024
手册 2-1　公司简介网页制作 1		010	手册 4-1　美化公司简介页 1		027
手册 2-2　公司简介网页制作 2		010	手册 4-2　美化公司简介页 2		027
手册 2-3　企业统计表网页制作		013	手册 4-3　工匠技能认证网页制作		035
手册 2-4　公司联系方式网页制作		014	手册 4-4　美化用户登录页		035
手册 3-1　公司视频宣传网页制作 1		017	手册 4-5　美化招聘报名页		035
手册 3-2　公司视频宣传网页制作 2		017	手册 5-1　美丽乡村首页制作 1		039

（续）

（续）

名称	图形	页码	名称	图形	页码
手册 10-3　制作管理后台的用户列表页 2		093	手册 10-6　制作网站的新闻列表页		103
手册 10-4　制作网站的图片列表页 1		102	手册 10-7　制作网站的首页 1		105
手册 10-5　制作网站的图片列表页 2		102	手册 10-8　制作网站的首页 2		105

目录

单元 1　搭建开发环境

1.1　HBuilderX 的安装和使用

1. 任务规划

前往 HBuilderX 官方网站下载适合当前操作系统的软件并进行安装。

打开 HBuilderX，熟悉其界面布局。

创建一个新的 HTML5 项目，在新项目中编写一个基本的 HTML 网页，并保存。使用 HBuilderX 内置的浏览器或者第三方浏览器预览并验证网页。

2. 任务实施

（1）HBuilderX 的下载和使用

1）下载和安装。访问 HBuilderX 官方网站，选择适合自己操作系统版本（Windows 或 macOS）的软件版本下载。下载完成后解压安装包。由于 HBuilderX 是免安装的，解压后即可使用。双击“HBuilderX.exe”可执行文件，即可启动该软件。

扫码观看视频

2）创建快捷方式。鼠标右键单击“HBuilderX.exe”可执行文件，选择“创建快捷方式”命令，然后将其拖动到桌面上，即可在桌面上创建其快捷方式。

（2）简单网页制作

1）选择软件的颜色主题。首次启动 HBuilderX 时，会提示选择合适的颜色主题，读者可以根据自己的习惯选定颜色主题。

2）创建项目。选择“文件”→“新建”→“项目”菜单命令，打开“新建项目”对话框，选择“普通项目”的“基本 HTML 项目”模板，然后输入项目名称，设置项目的保存位置，单击“创建”按钮完成项目创建，如图 1-1 所示。把硬盘中的网站文件夹拖入 HBuilderX 界面中，它会自动创建为项目文件。

3）网页代码示例。创建项目后便可以在项目中新建 HTML、CSS 和 JavaScript 等文件，并编写代码。选择“文件”→“新建”→“html 文件”菜单命令，在打开的窗口中输入文件名称后即新建一个 HTML 文件，然后输入下面的示例代码。它在 HBuilderX 编辑器中的效果如图 1-2 所示。

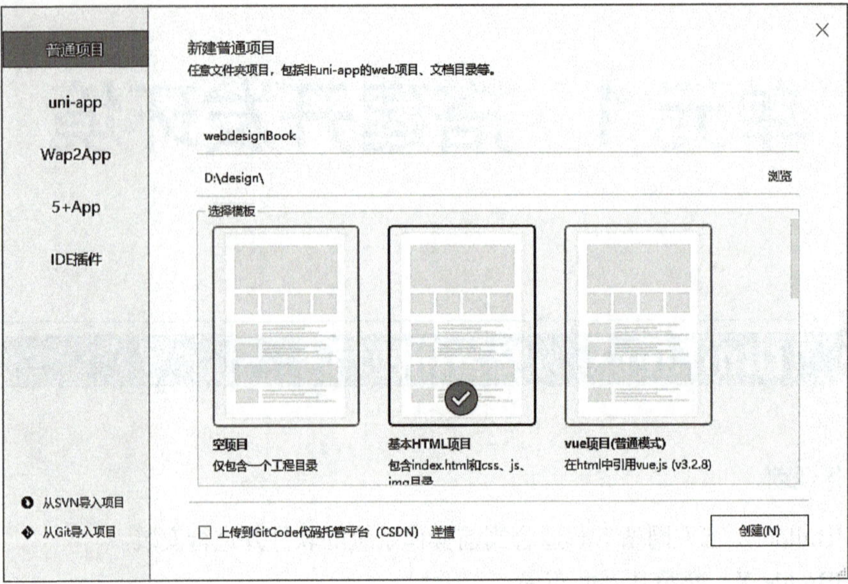

图 1-1　创建项目

图 1-2　HBuilderX 代码示例

```
<!DOCTYPE html>
<html lang="zh-CN">
    <head>
        <meta charset="UTF-8">
        <meta name="viewport" content="width=device-width, initial-scale=1.0">
        <title> 我的第一个网页 </title>
    </head>
    <body>
        <h1> 欢迎来到我的第一个网页！ </h1>
        <p> 这是我在 HBuilderX 中创建的网页。</p>
    </body>
</html>
```

3. 任务验证

在 HBuilderX 中选择合适的浏览器运行该项目，查看网页效果，如图 1-3 所示。

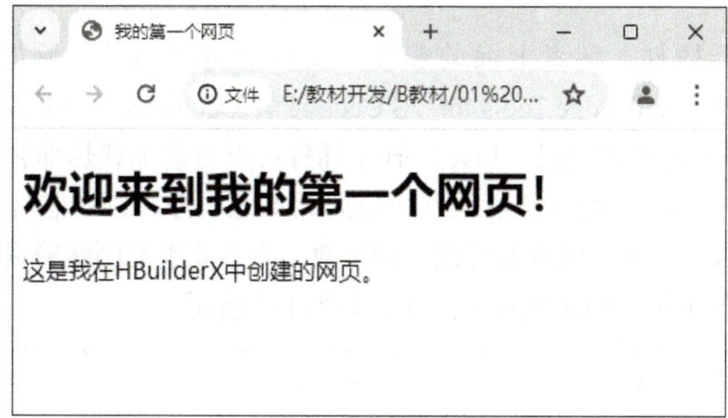

图 1-3　网页效果

1.2 Visual Studio Code 的安装和使用

1. 任务规划

前往 Visual Studio Code 官方网站下载适合当前操作系统版本的软件并进行安装。

探索并安装至少一个 AIGC 编程助手类型的 VS Code 扩展插件。

打开 VS Code，熟悉其界面布局和基本功能。

创建一个新的文件夹作为项目目录，在 VS Code 中打开这个项目文件夹，创建一个基本的 HTML 网页并保存。使用 VS Code 的浏览器或者第三方浏览器预览并验证网页。

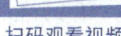

扫码观看视频

2. 任务实施

（1）VS Code 的下载和安装

1）下载和安装。访问 VS Code 官方网站，下载合适版本的软件。下载完成后，找到下载的安装文件并运行它。按照安装向导的提示，可以方便地完成安装过程。

2）设置中文语言。安装完成后，打开 VS Code 软件，此时界面可能是英文的，为了更方便地使用，可以安装中文插件。在左侧工具栏单击“扩展”图标（或使用组合键 <Ctrl+Shift+X>），在搜索框中输入“Chinese”进行搜索，选择“Chinese（Simplified）（简体中文）Language Pack for Visual Studio Code”进行安装。安装完成后重启 VS Code，则变成了中文界面。

（2）插件的安装

1）安装“通义灵码”插件。使用组合键 <Ctrl+Shift+X> 打开“扩展”工具，在搜索框中输入 AIGC 编程助手的插件名称，例如，输入“TONGYI Lingma”，可以选择“通义灵码”

智能编码助手进行安装。安装完成后，在左边的侧栏即可以打开“通义灵码”智能编码助手。首次使用“通义灵码”智能编码助手时需要输入阿里云的认证账号。读者可以根据提示自行完成认证。

2）安装浏览器插件。参考上面的步骤，安装浏览器插件。例如，可以安装 Open Browser Preview、Microsoft Edge Tools for VS Code 或者 Debugger for Firefox 等。

3）安装 Live Server 扩展插件。Live Server 插件可以自动加载热部署前端网页相关的文件（.html、.js、.ts、.css），简单来说就是快速启动本地服务，自动监听，只要在编辑器中修改了代码，Live Server 浏览网页就可以立即生效，不需要手动刷新网页即可更新内容。参考上面的步骤，搜索并安装 Live Server 插件，如图 1-4 所示。

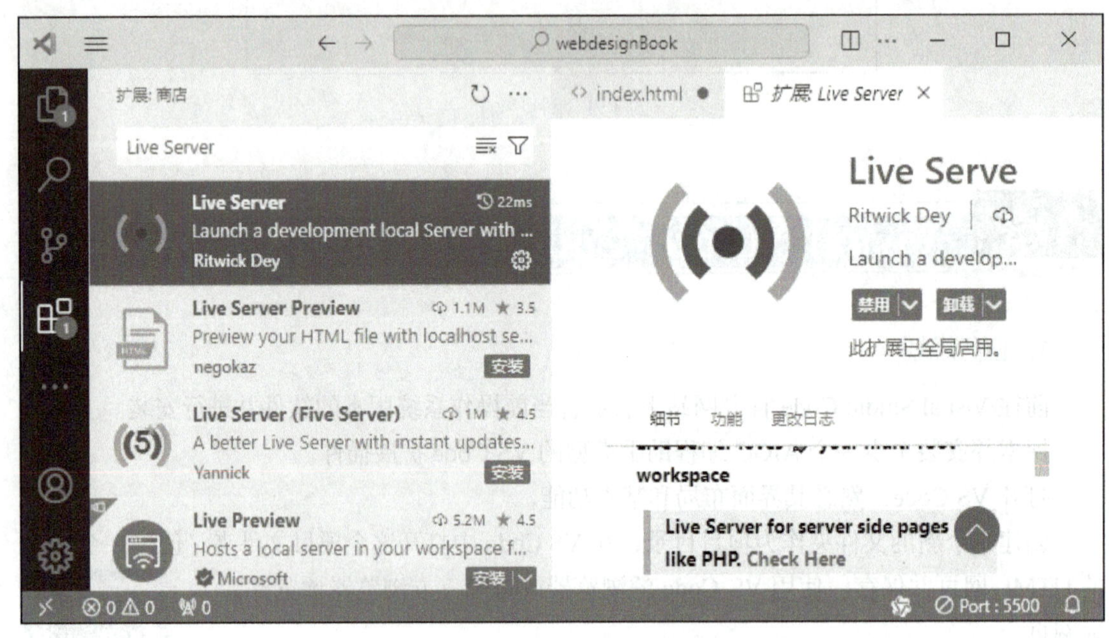

图 1-4　Live Server 插件的安装

（3）简单网页的制作

1）向 AIGC 智能编码助手提问。打开“通义灵码”智能编码助手后，输入提示词，以获取创建一个简单 HTML 网页的操作步骤，参考提示词如下。

简述在 VS Code 中新建一个项目，创建一个简单的 HTML 网页的步骤，同时也给出一个简单网页的示例代码。

2）创建工作区项目和 HTML 网页文件。“通义灵码”智能编码助手反馈的参考步骤如图 1-5 所示。根据 AIGC 的提示步骤，创建一个工作区和项目，并新建 HTML 文件“index.html”。

3）编写和整理代码。把 AIGC 给出的 HTML 参考代码插入 HTML 文件“index.html”中，再对参考代码进行整理，如图 1-6 所示。后续 AIGC 的反馈图不再赘述，仅给出 AIGC 反馈的参考代码。

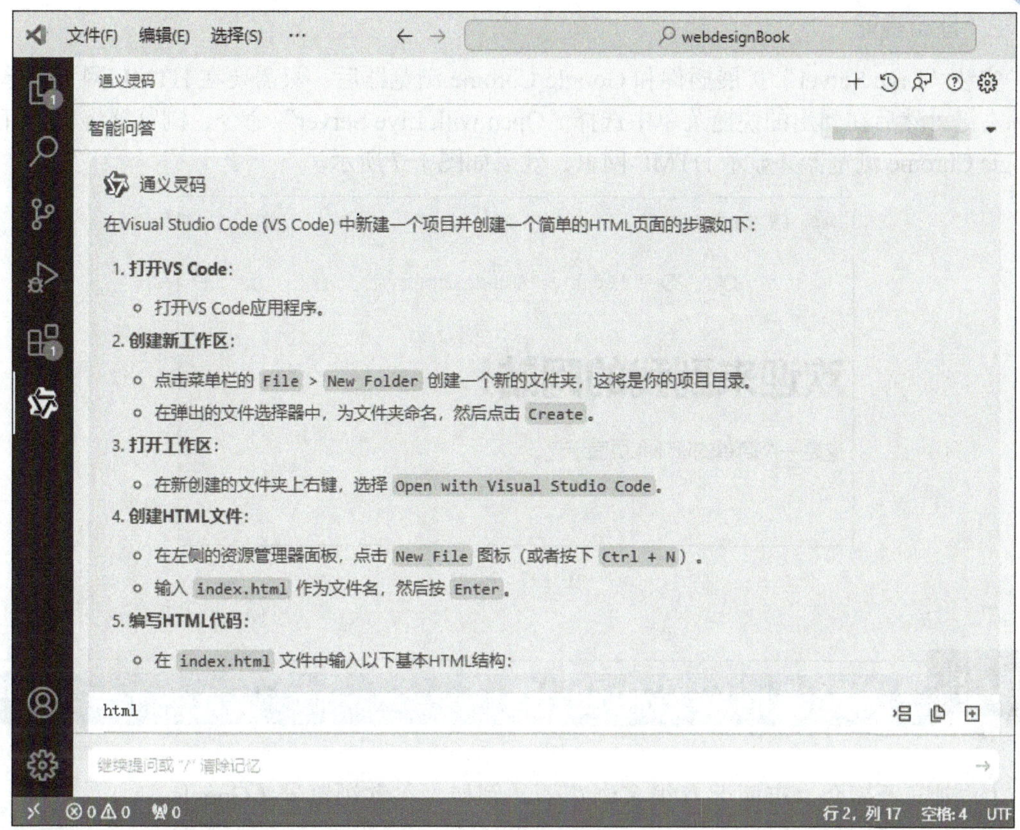

图 1-5　AIGC 反馈的参考步骤

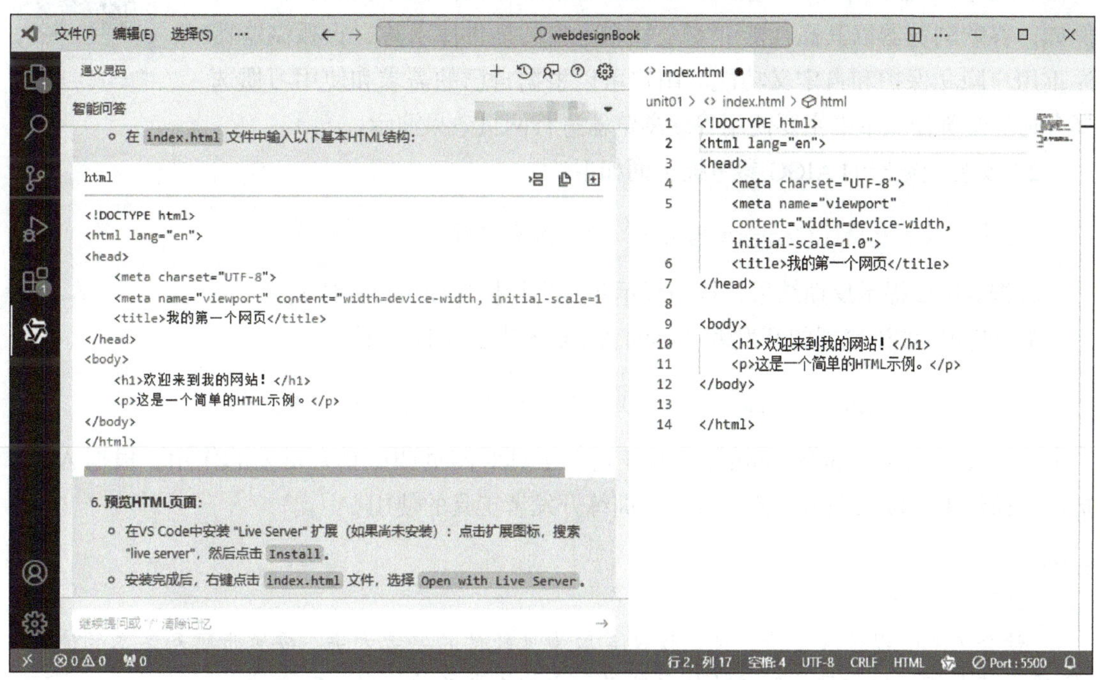

图 1-6　AIGC 反馈的参考代码

3. 任务验证

安装“Live Server”扩展插件和 Google Chrome 浏览器后，只需要在 HTML 网页上单击鼠标右键，然后在弹出的快捷菜单中选择“Open with Live Server”命令，浏览器将自动打开 Google Chrome 浏览器并显示 HTML 网页，效果如图 1-7 所示。

图 1-7　效果

1.3 浏览器的安装和使用

1）浏览器简介。市面上有很多浏览器，例如，谷歌浏览器（Google Chrome）、火狐浏览器（Mozilla Firefox）、微软 Edge 浏览器、360 安全浏览器、UC 浏览器、Opera 浏览器和 Vivaldi 浏览器等。这些浏览器各有特点，例如，谷歌浏览器以其高性能、安全性和丰富的插件库著称，火狐浏览器注重用户隐私保护和自定义功能。用户可以根据自己的需求和使用习惯选择合适的浏览器。本书主要使用谷歌浏览器进行网页效果演示。

扫码观看视频

2）安装浏览器的 AIGC 参考提示词如下。

安装谷歌浏览器（Google Chrome）的方法和步骤。

根据 AIGC 提示反馈结果，按照提示步骤进行操作便可以完成安装。

3）使用谷歌浏览器的开发者工具的 AIGC 参考提示词如下。

使用谷歌浏览器（Google Chrome）的开发者工具的方法和步骤。

谷歌浏览器（Google Chrome）的开发者工具对网页调试具有重要的作用。根据 AIGC 提示反馈结果，按照提示步骤进行操作训练开发者工具的使用。

◆ 经验分享

结合 AIGC 提示和反馈，可以快速获取常见软件的安装方法、安装步骤和基本的使用方法。读者可以把它们整理成软件安装教程文档或者软件使用帮助文档。

1.4 Dreamweaver 的安装和使用

扫码观看视频

1）Dreamweaver 简介。Dreamweaver 是一款专业的集网页制作和网站管理于一身的所见即所得的网页代码编辑器。利用它对 HTML、CSS 和 JavaScript 等内容的支持，设计人员和开发人员可以快速地制作网页和进行网站建设。

2）安装 Dreamweaver 软件的 AIGC 参考提示词如下。

> 安装 Dreamweaver 的方法和步骤。

根据 AIGC 提示反馈结果，按照提示步骤进行操作便可以完成安装。

3）使用 Dreamweaver 创建网站和第一个网页的参考提示词如下。

> 使用 Dreamweaver 创建一个网站，再在这个网站中创建一个网页，列出它们的方法和步骤，并给出一个简单网页的参考代码。

根据 AIGC 提示反馈结果，按照提示步骤进行操作便可以完成网站的创建和网页的创建。

1.5 PHPStudy 的安装和使用

扫码观看视频

1）PHPStudy 简介。PHPStudy 是一个集成了 Apache、MySQL、PHP、phpMyAdmin 和 ZendOptimize 等多个开发工具的集成环境软件，是一个 PHP 调试环境的程序集成包，一次性安装，无须配置即可使用。它可以帮助开发者快速搭建 PHP 开发环境，广泛应用于 PHP 开发。它也可以作为静态网站服务器使用。

2）安装 PHPStudy 软件的 AIGC 参考提示词如下。

> 安装 PHPStudy 的方法和步骤。

根据 AIGC 提示反馈结果，按照提示步骤进行操作便可以完成安装。

3）使用 PHPStudy 软件配置本地服务器的参考提示词如下。

> PHPStudy 配置本地网站服务器的方法和步骤。

根据 AIGC 提示反馈结果，按照提示步骤进行操作便可以完成本地服务器的配置。

1.6 练习题

1. 填空题

1）HTML 文档的基本结构包括 <!DOCTYPE html>、________、<head> 和 <body> 等

部分。

2）CSS 用于描述 HTML 文档的________，包括颜色、布局和字体等。

3）JavaScript 是一种编程语言，用于实现网页的________交互功能。

4）________标签包含了所有可见的网页内容，例如，标题、段落和图片等。

5）________浏览器由 Google 公司开发，是目前使用较为广泛的浏览器之一。

2. 选择题

1）以下哪个不是 Web 前端开发常用的技术？（　　）

A．HTML　　B．CSS　　C．PHP　　D．JavaScript

2）下列哪个标签用于定义网页的主体内容？（　　）

A．<head>　　B．<header>　　C．<body>　　D．<footer>

3）下列哪个标签用于定义网页的标题？（　　）

A．<title>　　B．<h1>　　C．<meta>　　D．<head>

4）什么是响应式设计？（　　）

A．网页能够自适应不同屏幕的尺寸和设备类型

B．网页内容根据用户输入变化

C．网页加载速度优化

D．多用户同时在线交互

5）HBuilderX 是由哪家公司开发的？（　　）

A．Microsoft　　B．Google　　C．DCloud 公司　　D．Adobe

单元 2　HTML 基础

2.1 制作企业简介网页

1. 任务规划

完成“企业简介”网页的制作。企业简介网页由三部分组成：页眉区、内容区和页脚区，效果如图 2-1 所示。页眉区要求呈现网站的 logo 图片、网站的一级导航超链接和 banner 大图，以吸引用户的注意。页脚区要求呈现网站的版权信息。内容区要求把公司简介的文字内容放到网页中，让客户能快速了解企业。

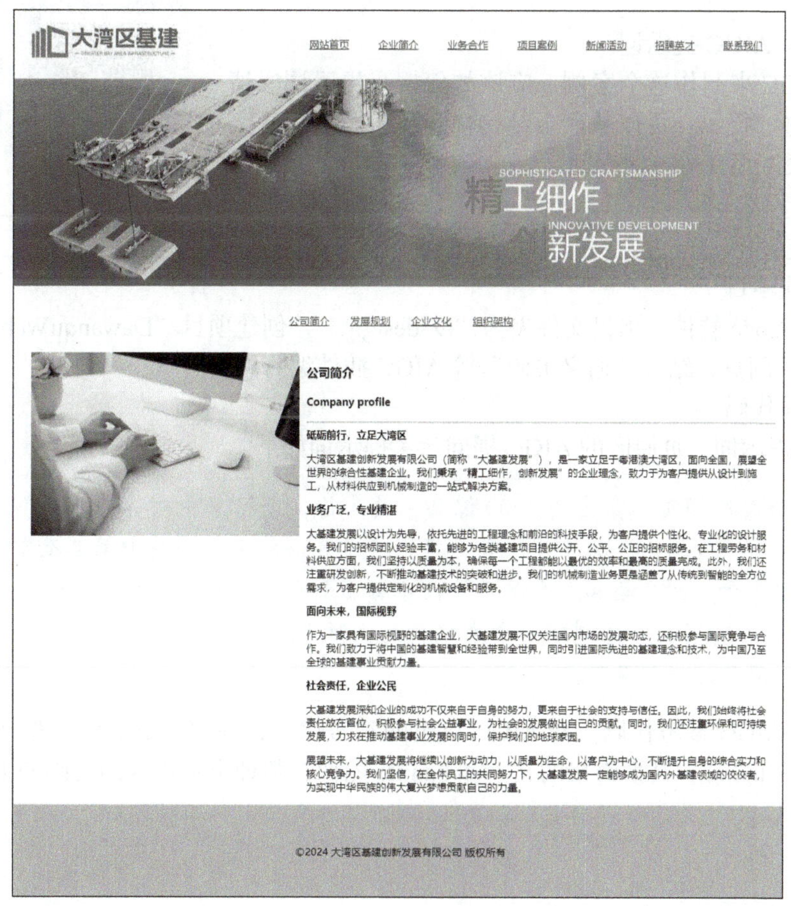

图 2-1　网页效果

制作企业简介网页涉及的网页技术有 HTML 文字、HTML 超链接、HTML 图像和 HTML 表格，分析如下。

页眉区由 1 个 logo 图标、1 个网站导航条和 1 张 banner 大图组成。考虑到还没有学习 DIV+CSS 布局，这里先使用表格布局。使用 2 个表格布局这个网页模块，表格布局时要把表格线的宽度设置为 0，以达到隐藏线条的效果。页眉区的布局结构如图 2-2 所示。

	超链接	超链接	超链接	超链接	超链接	超链接	超链接

图 2-2　页眉区的布局结构

页脚区由网站版权说明组成，可以设置一个 1 行 1 列的表格。企业简介网页的内容区上面是 4 个超链接导航文字，下面是 1 个图片和几段长文本，可以设置 2 个表格。企业简介网页内容区的布局结构如图 2-3 所示。

超链接　超链接　超链接　超链接

图像	文字

图 2-3　企业简介网页内容区的布局结构

2. 任务实施

（1）撰写 AIGC 提示词

结合 AIGC 来制作这个案例，应该如何撰写提示词？请在下面写出来。提示：可以从网页结构描述、色彩搭配、字体与排版和交互设计等方向提问。

扫码观看视频

扫码观看视频

____

____

（2）创建项目

打开 VS Code 软件，项目文件夹为“D:\design\”，创建项目“DawanquWebsite”，新建“about.html”网页，结合“通义灵码”等 AIGC 插件编写网页。

（3）编写代码

1）撰写提示词。页眉区的 AIGC 提问参考提示词如下。

> 创建 1 个表格网页，宽度为 1200 像素，共 1 行，表格居中对齐，不设置 CSS，表格边框线为 0。第 1 行的高度为 110 像素，第 1 行有 8 个单元格，其中第 2 至第 8 个单元格的宽度为 110 像素，第 2 至第 8 个单元格内各有 1 个文字超链接，文字超链接居中对齐。
>
> 在这个表格的下面，再创建一个表格，为 1 行 1 列，宽度为 100%，表格居中对齐，不设置 CSS，表格边框线为 0。

2）整理 AIGC 参考代码。对 AIGC 给出的参考代码，在 HBuilderX 或者 VS Code 等软件中进行加工和处理，替换链接的文字和 banner 图像，整理出页眉区的代码如下。

```
<!DOCTYPE html>
<html lang="en">
    <head>
        <meta charset="UTF-8">
```

```
        <meta name="viewport" content="width=device-width, initial-scale=1.0">
        <title> 公司简介 - 大湾区基建创新发展有限公司 </title>
    </head>
    <body>
        <!-- 第 1 个表格 :logo 和导航 -->
        <table border="0" width="1200" align="center" cellpadding="0" cellspacing="0">
          <!-- 第 1 行 -->
          <tr height="110">
            <!-- 第 1 个单元格 -->
            <td ><img src="img/about/logo-sm.jpg" width="250" height="60" alt="" /></td>
            <!-- 第 2 至第 8 个单元格，尝试设置宽度为 110 像素，包含居中对齐的文字超链接 -->
            <td width="110" align="center"><a href="#"> 网站首页 </a></td>
            <td width="110" align="center"><a href="#"> 企业简介 </a></td>
            <td width="110" align="center"><a href="#"> 业务合作 </a></td>
            <td width="110" align="center"><a href="#"> 项目案例 </a></td>
            <td width="110" align="center"><a href="#"> 新闻活动 </a></td>
            <td width="110" align="center"><a href="#"> 招聘英才 </a></td>
            <td width="110" align="center"><a href="#"> 联系我们 </a></td>
          </tr>
        </table>
        <!-- 第 2 个表格：banner 图像 -->
        <table border="0" width="100%" align="center" cellpadding="0" cellspacing="0">
          <!-- 单元格 -->
          <tr>
            <td><img src="img/banner/banner1.jpg"   width="100%" alt="banner 图片 " /></td>
          </tr>
        </table>
    </body>
</html>
```

3）撰写 AIGC 提示词。页脚区的 AIGC 提问参考提示词如下。

创建 1 个表格，为 1 行 1 列，宽度为 100%，高度为 150 像素，表格居中对齐，表格边框线为 0。单元格背景颜色为灰色，文字水平和垂直都居中对齐，不设置 CSS。

4）整理 AIGC 参考代码。对 AIGC 给出的参考代码，结合文字素材进行加工和处理，整理出页脚区的代码如下。

```
<table border="0" width="100%" height="150">
  <!-- 单元格 -->
  <tr>
   <td align="center" valign="middle" bgcolor="#ADACAC" > ©2024 大湾区基建创新发展有限公司 版权所有 </td>
  </tr>
</table>
```

单元格以 bgcolor="#ADACAC" 实现背景颜色，align="center" 实现文字水平居中，valign="middle" 实现文字垂直居中。

5）撰写 AIGC 提示词。内容区的 AIGC 提问参考提示词如下：

创建 1 个表格，为 1 行 1 列，宽度为 100%，高度为 100 像素，表格居中对齐，表格边框线为 0。在这个单元格里有 5 个超链接，水平居中对齐，超链接文字左右有 3 个空格字符的间隔。

再创建 1 个表格，为 1 行 2 列，宽度为 1200 像素，表格居中对齐，表格边框线为 0。第 1 个单元格的宽度为 450 像素，单元格文字水平和垂直都居中。第 2 个单元格设置文字：第 1 行文字为 h3，第 2 行文字为 h4，接下来是 1 个水平线，再接下来是 1 个加粗小标题和 1 段文字。

6）整理 AIGC 参考代码。对 AIGC 给出的参考代码，结合文字素材和图像素材进行加工和处理，整理出内容区的代码如下。

```
<!-- 内容区 -->
<!-- 第 1 个表格：1 行 1 列，宽度为 100%，高度为 100 像素，居中对齐，边框线为 0 -->
<table border="0" width="100%" height="100">
 <!-- 单元格 -->
 <tr>
  <td style="text-align: center;">   <a href="#"> 公司简介 </a>   
       <a href="#"> 发展规划 </a>   
       <a href="#"> 企业文化 </a>   
       <a href="#"> 组织架构 </a>    </td>
 </tr>
</table>
<!-- 第 2 个表格：1 行 2 列，宽度为 1200 像素，居中对齐，边框线为 0 -->
<table border="0" width="1200" align="center" cellpadding="0" cellspacing="0">
 <!-- 第 1 行：两个单元格 -->
 <tr>
  <!-- 第 1 个单元格：宽度为 450 像素，文字水平居中 -->
  <td width="450" align="center" valign="top"><img src="img/about/1.jpeg" width="95%"
                                   class="content-img" alt="" /></td>
  <!-- 第 2 个单元格：放置文字、标题和段落 -->
  <td><h3> 公司简介 </h3>
    <h4>Company profile</h4>
    <hr />
    <strong> 砥砺前行，立足大湾区 </strong><br />
    <p> 大湾区基建创新发展有限公司（简称 &ldquo; 大基建发展 &rdquo;），是一家立足于粤港澳大湾区，
面向全国，展望全世界的综合性基建企业。我们秉承 &ldquo; 精工细作，创新发展 &rdquo; 的企业理念，
致力于为客户提供从设计到施工，从材料供应到机械制造的一站式解决方案。 </p>
    <!-- 其他文字省略，请查看素材文件 -->
   </td>
 </tr>
</table>
```

每个超链接前后各有 3 个空格字符（使用“ ”表示）以实现左右间隔。第 2 个表格的第 2 个单元格包含了 h3 标题、h4 标题、水平线、加粗小标题以及 1 段文字。

◆ 经验分享

AIGC 辅助编程在网页软件开发中扮演着重要角色，下面 3 项要素共同构成了 AIGC 辅助编程的核心流程。

1）要求程序员明确提出软件开发需求。

2）程序员需要深入理解网页实现的技术原理和所需技术。

3）将网页的实施步骤用提示词的形式准确表述出来。

3. 任务验证

完善代码后，在浏览器中查看和验证效果，如图 2-1 所示。

2.2 制作企业统计表网页

1. 知识梳理

有以下标签或者属性：table、caption、th、tr、td、border、cellspacing、cellpadding、colspan、rowspan、align 和 valign。请选择合适的标签或者属性在下面的内容中填空。

表格用（　　　　　），行用（　　　　　），列用（　　　　　），合并列用（　　　　　），合并行用（　　　　　），单元格水平居中用（　　　　　），单元格垂直居中用（　　　　　），单元格之间的间距用（　　　　　），表格边框的宽度用（　　　　　）。

2. 任务描述

请结合学到的网页知识制作一份企业报备情况统计表。图 2-4 是报备情况统计表的效果图。第一行是表名，第二行是填报单位和填报时间，最后一行是填报人和联系电话，中间是一个具有单元格合并的复杂表格。

生产经营单位安全生产风险点“一企一册”报备情况统计表

________市　　　　　　　　　　填报时间：____年____月____日

序号	上报“一企一册”企业数量 / 家	风险点数量 / 个	风险等级情况				备注
			一级 / 个	二级 / 个	三级 / 个	四级 / 个	
1							
2							
3							
4							
5							
6							
7							
8							
9							

填报人：　　　　　　　　　　　　　　　　联系电话：

图 2-4　企业报备情况统计表效果图

3. 撰写 AIGC 提示词

扫码观看视频

效果图原图可以在教材配套素材中获取。可以把效果图上传给 AIGC 工具，再根据前面的知识梳理和启发，结合 AIGC 来制作这个案例，撰写提示词。请在下面把提示词写出来。

____

____

4. 编写代码

结合给出的 AIGC 提示词，在 AIGC 工具中提问，并阅读给出的参考代码。把参考代码放到网页编辑器中进行验证。请参考微课视频完成练习。

2.3 制作企业联系方式网页

本次拓展练习要求制作一个企业联系方式网页，联系方式网页效果图如图 2-5 所示，具体要求如下。

扫码观看视频

完成企业联系方式网页的制作，其中的页眉区和页脚区可以复用前面案例的做法和代码。内容区的内容和图片素材可以自定义，要求有联系方式的文字信息和地图信息。可以自己定义地图图像，以后再使用 API 等方式接入线上电子地图。请参考微课视频完成练习。

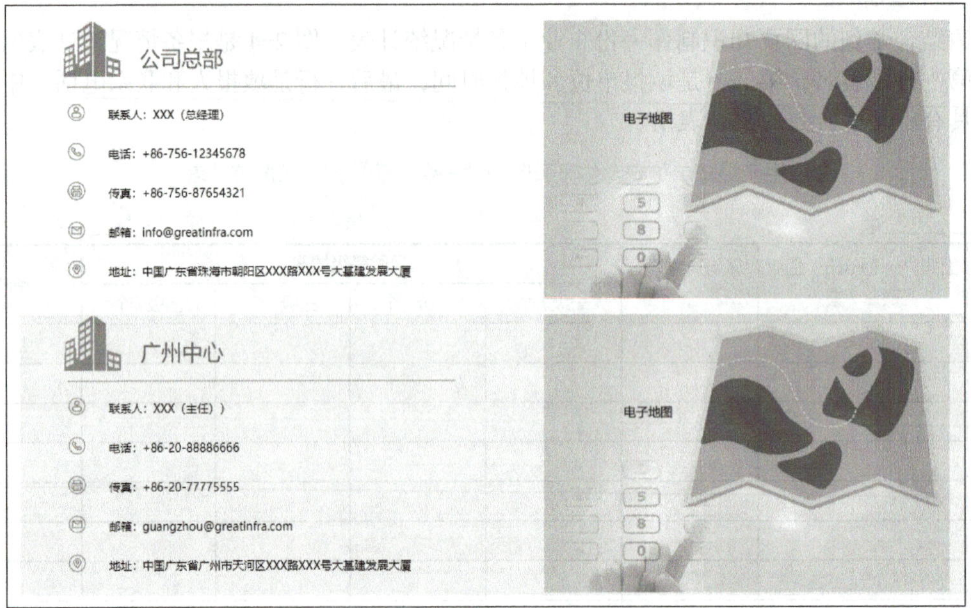

图 2-5　联系方式网页效果图

2.4 练习题

1. 选择题

1）以下哪个属性用于定义当用户单击超链接时，超链接目标在哪个窗口或标签页中打开？（　　）

A. href　　B. target　　C. title　　D. rel

2）在 HTML 文档中，以下哪个标记用于定义网页的头部内容？（　　）

A. <head>　　B. <meta>　　C. <body>　　D. <html>

3）在 HTML 中，以下哪个描述是正确的？（　　）

A. “<>”在 HTML 中被称为标签对。

B. “</>”用于表示标签的闭合。

C. 标签的属性值必须放在引号内。

D. 标签对中的开始标签和闭合标签的名称可以不同。

4）以下哪个元素属于 HTML 中的块级元素？（　　）

A. <span>　　B. <img>　　C. <div>　　D. <a>

5）在 HTML 中，以下哪个描述是正确的？（　　）

A. 行内元素可以设置宽度和高度。

B. 块级元素只占据内容所需的空间。

C. 行内块元素可以设置宽度和高度，会在其前后生成换行。

D. 块级元素不能包含行内元素。

2. 判断题

1）在 HTML 中，使用绝对路径链接到其他网站时，必须包含完整的 URL，包括协议（例如，http:// 或 https://）、域名和完整的路径。（　　）

2）在 HTML 中，使用相对路径链接到当前目录的子目录中的文件时，只需要提供文件名，不需要包含子目录名称。（　　）

3）JPEG 是一种无损压缩的图像格式，常用于存储和传输摄影图像。（　　）

4）PNG 图像格式支持透明度和 alpha 通道，使得它在创建具有复杂布局和设计的网页时非常有用。（　　）

5）在 HTML 中，<img> 标签的 src 属性用于指定图像的 URL，而 alt 属性用于在图像无法显示时提供替代文本。（　　）

单元 3　HTML 进阶

3.1 制作企业视频宣传网页

1. 任务规划

企业视频宣传网页需要 2 个网页，视频宣传列表网页呈现视频宣传信息的列表和分页超链接，视频宣传详情网页呈现视频宣传的详情内容。为了保持整个网站的风格统一，企业视频宣传网页采用统一的页眉区和页脚区，视频宣传列表网页的效果如图 3-1 所示。视频宣传详情网页的效果如图 3-2 所示。

媒体报道　活动策划

城市基础设施建设商务活动

本次商务活动旨在向外界展示我们在城市基础设施领域的专业能力和丰富经验，吸引更多合作伙伴加入我们的行列，共同推动城市基础设施建设的繁荣发展。

播放次数：2000次 | 发布日期：2024-01-01 08:00:12

城市基础设施建设商务活动

本次商务活动旨在向外界展示我们在城市基础设施领域的专业能力和丰富经验，吸引更多合作伙伴加入我们的行列，共同推动城市基础设施建设的繁荣发展。

播放次数：2000次 | 发布日期：2024-01-01 08:00:12

城市基础设施建设商务活动

本次商务活动旨在向外界展示我们在城市基础设施领域的专业能力和丰富经验，吸引更多合作伙伴加入我们的行列，共同推动城市基础设施建设的繁荣发展。

播放次数：2000次 | 发布日期：2024-01-01 08:00:12

城市基础设施建设商务活动

本次商务活动旨在向外界展示我们在城市基础设施领域的专业能力和丰富经验，吸引更多合作伙伴加入我们的行列，共同推动城市基础设施建设的繁荣发展。

播放次数：2000次 | 发布日期：2024-01-01 08:00:12

城市基础设施建设商务活动

本次商务活动旨在向外界展示我们在城市基础设施领域的专业能力和丰富经验，吸引更多合作伙伴加入我们的行列，共同推动城市基础设施建设的繁荣发展。

播放次数：2000次 | 发布日期：2024-01-01 08:00:12

城市基础设施建设商务活动

本次商务活动旨在向外界展示我们在城市基础设施领域的专业能力和丰富经验，吸引更多合作伙伴加入我们的行列，共同推动城市基础设施建设的繁荣发展。

播放次数：2000次 | 发布日期：2024-01-01 08:00:12

上页 1 2 下页

图 3-1　视频宣传列表网页的效果

视频宣传新闻的标题

视频时长： 10分钟

点播数量： 100万次

视频主题： 视频主题内容

摘要： 本策划案专注于"城市基础设施建设"领域，旨在通过精心设计的商务活动，吸引更多的招商与招标工作。活动将突出公司在城市基础设施领域的专业实力、丰富经验以及成功案例，同时，结合市场需求和行业趋势，为潜在合作伙伴展示一个充满商机的合作前景。通过本次活动，我们期望与更多合作伙伴携手共建智慧城市，共创美好未来。

一、活动背景与目的

随着城市化进程的加速，城市基础设施建设成为推动城市发展的重要力量。作为业内领先的企业，我们深知基础设施建设对于提升城市品质、促进经济繁荣和民生改善的重要意义。本次商务活动旨在向外界展示我们在城市基础设施领域的专业能力和丰富经验，吸引更多合作伙伴加入我们的行列，共同推动城市基础设施建设的繁荣发展。

二、活动主题与亮点

本次商务活动的主题为"智慧城市，共建未来"。我们将通过以下几个方面展示公司在城市基础设施建设领域的亮点：

1.成功案例展示：精选一系列具有代表性的城市基础设施建设项目，通过现场展示、视频播放等形式，向与会者展示公司在项目规划、设计、施工、运营等方面的专业实力。

2.技术创新展示：重点介绍公司在城市基础设施建设领域的技术创新成果，如智能交通系统、绿色建筑技术、环保节能技术等，突显公司的技术领先地位。

3.合作伙伴分享：邀请部分合作伙伴代表上台分享合作经验，展示公司在项目合作中的诚信、专业与高效。

三、活动流程与安排

图 3-2　视频宣传详情网页的效果

视频宣传列表网页涉及的网页技术有 HTML 文字、HTML 超链接、HTML 图像和 HTML 表格。它有 6 条视频信息，以照片墙的形式展示，后面是分页工具条。表格的每一个单元格中包含一条视频宣传信息。它由一张封面图片、标题、发布时间、播放数量和摘要文字组成。考虑到还没有学习 DIV+CSS 布局，这里先使用 2 行 3 列的表格布局。视频宣传列表网页的布局效果如图 3-3 所示。

视频信息 1	视频信息 2	视频信息 3
视频信息 4	视频信息 5	视频信息 6

图 3-3　视频宣传列表网页的布局效果

视频宣传详情网页由视频新闻的标题、视频播放区、摘要信息和详情介绍文字组成，可以使用以下表格布局形式，如图 3-4 所示。

视频新闻的标题	
视频播放区	摘要信息
子标题 1	
相关内容	
子标题 2	
相关内容	
子标题 3	
相关内容	
子标题 4	
相关内容	
子标题 5	
相关内容	

图 3-4　视频宣传详情网页的布局效果

2. 任务实施

（1）撰写 AIGC 提示词

结合 AIGC 来制作这个案例，应该如何撰写提示词？

扫码观看视频

扫码观看视频

请在下面写出来。提示：可以从网页结构描述、色彩搭配、字体与排版和交互设计等方向提问。

____

____

（2）创建视频宣传列表页文件

使用 VS Code 软件，打开项目文件夹“D:\design\DawanquWebsite”，新建“video_list.html”。为保持网页统一风格，把“about.html”公司简介中的页眉区和页脚区复制和粘贴到“video_list.html”以重复使用，再结合“通义灵码”等 AIGC 插件编写网页。

（3）编写视频宣传列表网页代码

1）撰写视频宣传列表网页的 AIGC 提示词。它的参考提示词如下。

> 在 HTML 中，创建 1 个 2 行 3 列的表格，表格居中对齐，边框线为 0，表格的宽度为 1200px，单元格的宽度为 400px。
>
> 在第 1 个单元格里放 1 张 360px×230px 的视频封面图片，图片下面是视频新闻的标题，标题下面是新闻的摘要，摘要下面是视频播放数量和发布日期。封面图片和标题有超链接。
>
> 以上代码都不设置 CSS。

AIGC 给出的参考代码如下。

```
<!-- 视频图片列表 -->
<table width="1200" border="0" align="center" cellpadding="5" cellspacing="5">
  <tr>
    <td width="400">
        <!-- 图片超链接 -->
        <a href=" 视频超链接地址 ">
        <img src=" 视频封面图片地址 " alt=" 视频封面 " width="360" height="230">
        </a>
        <!-- 标题超链接 -->
        <a href=" 视频超链接地址 "><h3> 视频新闻的标题 </h3> </a>
        <p> 新闻的摘要……</p>
        <p> 视频播放数量 : 1000 次 </p>
        <p> 发布日期 : 2025-05-25</p>
    </td>
    <td width="400"> 单元格内容 </td>    <td width="400"> 单元格内容 </td>
  </tr>
  <tr>
    <td width="400"> 单元格内容 </td>    <td width="400"> 单元格内容 </td>
    <td width="400"> 单元格内容 </td>
  </tr>
</table>
```

2）整理 AIGC 参考代码。对参考代码进行整理。在 HBuilderX 或者 VS Code 等软件中进行加工和处理，替换超链接、文字和图像 URL，整理代码如下。

```
<!-- 视频图片列表 -->
<table width="1200" border="0" align="center" cellpadding="5" cellspacing="5">
```

```
  <tr>
      <td width="400">
          <!-- 图片超链接 -->
          <a href="video_details.html">
              <img src="../img/video/video01.jp" alt=" 视频封面 " width="360" height="230">
          </a>
          <!-- 标题超链接 -->
          <a href="video_details.html"><h3> 城市基础设施建设商务活动 </h3></a>
          <p> 本次商务活动旨在向外界展示我们在城市基础设施领域的专业能力和丰富经验，吸引更多
合作伙伴加入我们的行列，共同推动城市基础设施建设的繁荣发展……</p>
          <p> 视频播放数量 : 2000 次 </p>
          <p> 发布日期 : 2024-05-25 08:00:00</p>
      </td>
      <td width="400"> 与第 1 个单元格内容类似，印刷时省略，全部代码详见素材 </td>
      <td width="400"> 与第 1 个单元格内容类似，印刷时省略，全部代码详见素材 </td>
  </tr>
  <tr>
      <td width="400"> 与第 1 个单元格内容类似，印刷时省略，全部代码详见素材 </td>
      <td width="400"> 与第 1 个单元格内容类似，印刷时省略，全部代码详见素材 </td>
      <td width="400"> 与第 1 个单元格内容类似，印刷时省略，全部代码详见素材 </td>
  </tr>
</table>
```

3）撰写分页导航条 AIGC 提示词。视频宣传列表网页分页导航条的 AIGC 提问参考提示词如下。

在 HTML 中，创建 1 个 1 行 1 列的表格，表格居中对齐，边框线为 0，表格的宽度为 1200px。在单元格里放 4 个超链接，分别是“上页、1、2、下页”以实现分页导航条。以上代码都不设置 CSS。

AIGC 给出的参考代码基本可以直接使用，代码如下。

```
<!-- 分页导航条 -->
<table border="0" width="1200"  align="center">
  <tr>
      <td>
          <!-- 上一页超链接 -->
          <a href=" 上一页超链接地址 "> 上页 </a>   
          <!-- 首页超链接 -->
          <a href=" 首页超链接地址 ">1</a>  
          <!-- 第二页超链接 -->
          <a href=" 第二页超链接地址 ">2</a>   
          <!-- 下一页超链接 -->
          <a href=" 下一页超链接地址 "> 下页 </a>
      </td>
  </tr>
</table>
```

至此，“video_list.html”视频宣传列表页代码的编写完成了。

◆ 经验分享

关于撰写 AIGC 提示词的一个非常实用的策略是采用一个简明的公式来构建请求，即“Prompt = 角色 + 任务 + 要求 + 细节”。通过这个公式，可以确保 Prompt 的输出效果能基本满足大多数询问需求。例如，“你是一位经验丰富的 Web 前端开发工程师，设计一个包含用户名、密码、邮箱和手机号字段的响应式注册表单网页，并确保必填项验证和用户友好性。”

（4）编写视频宣传详情网页代码

1）撰写详情网页的 AIGC 提示词。仿照前面内容的第 1 步，新建“video_details.html”，再结合“通义灵码”等 AIGC 插件编写网页。视频宣传详情网页的 AIGC 提问参考提示词如下。

在 HTML 中，创建 1 个 12 行 1 列的表格，表格居中对齐，边框线为 0，表格的宽度为 1200px，以实现视频宣传详情网页。

第 1 行为视频宣传新闻的标题。

第 2 行拆分为左右 2 个单元格。其中左边单元格的宽度为 750px，加入 1 个 HTML5 的 <video> 标签以播放视频，视频封面图片为 712px*412px。右边单元格为“视频时长”“点播数量”“视频主题和摘要”。

第 3、5、7、9 行的单元格为有新闻内容的子标题，单元格背景为灰色。第 4、6、8、10 行为对应子标题下面的新闻内容。

AIGC 给出的参考代码如下。

```
<!-- 视频详情 -->
<table border="0" width="1200" align="center">
  <tr>        <td colspan="2" bgcolor="#F4F4F4"> 视频宣传新闻的标题 </td> </tr>
  <tr>
      <td width="750">
          <video width="712" height="412" controls poster=" 视频封面图片地址 ">
              <source src=" 视频文件地址 " type="video/mp4">
              Your browser does not support the video tag.
          </video>
      </td>
      <td bgcolor="#F4F4F4"> 视频时长、点播数量、视频主题和摘要 </td>
  </tr>
  <tr bgcolor="#F4F4F4">      <td colspan="2"> 子标题 1</td> </tr>
  <tr>        <td colspan="2"> 子标题 1 的内容 </td> </tr>
  <!-- 重复第 3 行到第 6 行的结构，直到第 12 行 -->
  <tr bgcolor="#F4F4F4">      <td colspan="2"> 子标题 2</td> </tr>
  <tr>        <td colspan="2"> 子标题 2 的内容 </td> </tr>
  <tr bgcolor="#F4F4F4">      <td colspan="2"> 子标题 3</td> </tr>
  <tr>        <td colspan="2"> 子标题 3 的内容 </td> </tr>
```

```
  <tr bgcolor="#F4F4F4">      <td colspan="2"> 子标题 4</td> </tr>
  <tr>        <td colspan="2"> 子标题 4 的内容 </td> </tr>
</table>
```

2）整理详情网页代码。对 AIGC 给出的参考代码，结合文字素材和图像素材进行加工和处理，整理出内容区的代码如下。

```
<!-- 视频详情 -->
<table border="0" width="1200" align="center">
  <tr>        <td colspan="2" ><h2> 城市基础设施建设商务活动 </h2></td> </tr>
  <tr>
      <td width="750">
          <video  id="video1" poster="../files/video/641.jpg" controls="controls"  class="video-1">
          <source src="../files/video/video-01.mp4" type="video/mp4">
        </video>
      </td>
      <td bgcolor="#F4F4F4">
        <p><strong> 发布时间：</strong>2024-1-1 08:00:01</p>
        <p><strong> 视频时长：</strong>04:01</p>
        <p><strong> 点播数量：</strong>1002 次 </p>
        <p><strong> 视频主题：</strong> 活动、庆典、会议 </p>
        <p> 本策划案专注于 &ldquo; 城市基础设施建设 &rdquo; 领域，旨在通过精心设计的商务活动，吸
引更多的招商与招标工作。活动将突出公司在城市基础设施领域的专业实力、丰富经验以及成功案例，
同时，结合市场需求和行业趋势，为潜在合作伙伴展示一个充满商机的合作前景。通过本次活动，我们
期望与更多合作伙伴携手共建智慧城市，共创美好未来。</p>
      </td>
  </tr>
  <tr bgcolor="#F4F4F4">
      <td colspan="2"> 一、活动背景与目的 </td>
  </tr>
  <tr>
        <td colspan="2"><p> 随着城市化进程的加速，城市基础设施建设成为推动城市发展的重要力量。
作为业内领先的企业，我们深知基础设施建设对于提升城市品质、促进经济繁荣和民生改善的重要意义。
本次商务活动旨在向外界展示我们在城市基础设施领域的专业能力和丰富经验，吸引更多合作伙伴加入
我们的行列，共同推动城市基础设施建设的繁荣发展。</p></td>
  </tr>
  <!-- 重复第 3 行到第 6 行的结构，直到第 12 行，印刷时省略，全部代码详见素材 -->
</table>
```

以上代码为视频提供了封面图片，并指向了具体的视频 URL 路径。

◆ **经验分享**

在编程方面要想用好 AIGC 需要一系列技巧，其中提示词的选择尤为关键，因为它直接关系到生成的代码或内容的质量。以下是关于提示词选择的 10 个技巧。

1）明确性：确保提示词清晰明确，避免歧义。例如，明确指定要生成的代码类型（例如，Python、JavaScript）和具体功能。

2）简洁性：用尽可能少的词汇传达关键信息。冗长的提示词可能使 AIGC 系统难以捕捉核心需求。

3）具体性：具体描述你想要生成的代码的功能、参数和返回值。例如，说明函数接收哪些输入、如何处理输入并返回结果。

4）结构性：以结构化的方式组织提示词，例如，使用列表或段落来区分不同部分的需求。

5）示例引导：提供代码示例或伪代码，帮助 AIGC 系统理解意图和期望的输出格式。

6）上下文关联：如果可能，将提示词与之前的代码或项目上下文进行关联，以便 AIGC 生成更符合项目需求的代码。

7）反馈循环：根据 AIGC 生成的初步代码进行反馈和调整提示词，逐步优化输出结果。

8）避免过度依赖：虽然 AIGC 可以生成代码，但程序员仍需要对其生成的代码进行审查和测试，以确保其质量和准确性。

9）多次调整：由于 AIGC 系统的能力有限，可能需要多次尝试和调整提示词才能获得满意的结果。

10）持续学习：随着 AIGC 技术的不断发展，程序员需要不断学习和探索新的提示词编写技巧和方法，以提高生成代码的质量和效率。

3. 任务验证

完善代码后，在浏览器中查看视频宣传列表网页和视频宣传详情网页的效果，如图 3-1 和图 3-2 所示。

3.2 制作志愿活动征集表单网页

1. 知识梳理

有以下标签或者属性 form、action、method、target、color、date、datetime、datetime-local、month、time、url、week、text、password、radio、checkbox、file、search、tel、email、number、range、select 和 textarea。请选择合适的标签或者属性在下面的内容中填空。

表单用（　　　　），密码框用（　　　　），单选按钮用（　　　　），多选按钮用（　　　　），日历用（　　　　），表单提交的 URL 地址用（　　　　），多行文本用（　　　　），单行文本用（　　　　），网址用（　　　　）。

2. 任务描述

请根据志愿活动数据表的结构（见表 3-1）结合学到的知识制作一个志愿活动征集表单网页，并提供必要的表单验证。表单网页效果图如图 3-5 所示，它是表单网页的其中一个格式外观，也可以制作成其他格式的外观，网页标题等文字可以自定义。

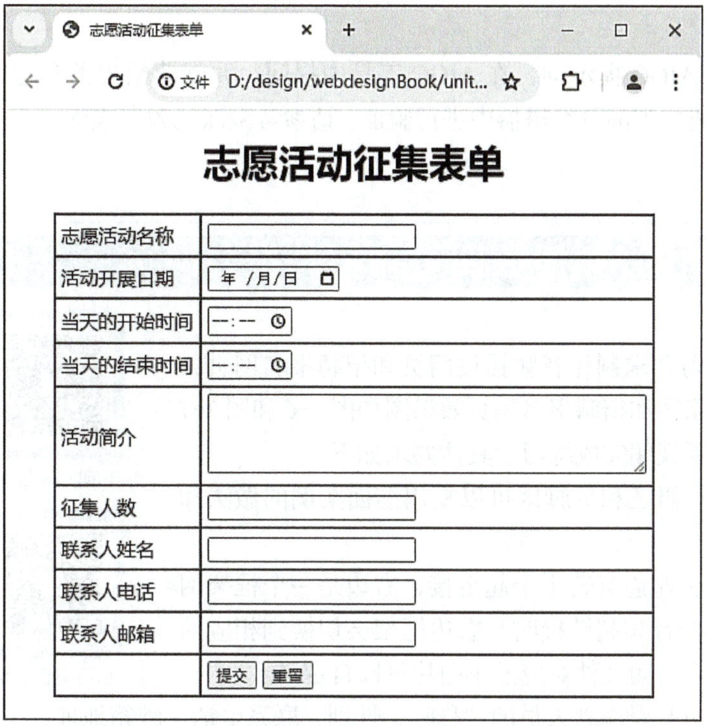

图 3-5　表单网页效果图

表 3-1　志愿活动数据表结构

序号	英文字段名	类型和长度	中文字段名
1	activity_name	varchar(255)	志愿活动名称
2	event_date	date	活动开展日期
3	start_time	time	当天的开始时间
4	end_time	time	当天的结束时间
5	activity_description	text	活动简介
6	recruitment_count	int	征集人数
7	contact_name	varchar(100)	联系人姓名
8	contact_phone	varchar(20)	联系人电话
9	contact_email	varchar(255)	联系人邮箱

3. 撰写 AIGC 提示词

根据前面的知识梳理和启发，结合 AIGC 来制作这个案例，应该如何撰写提示词？请在下面写出来。

____

____

4. 编写代码

扫码观看视频

结合给出的 AIGC 提示词，在 AIGC 工具中提问，并阅读给出的参考代码。把参考代码放到网页编辑器中进行验证。请参考微课视频完成练习。

3.3 制作音频播放网页和招聘报名网页

扫码观看视频

扫码观看视频

扫码观看视频

扫码观看视频

本次拓展练习要求制作音频播放网页和招聘报名网页，音频播放网页效果图和招聘报名网页效果图如图 3-6 和图 3-7 所示。请参考微课视频完成练习。具体要求如下。

2 个网页的页眉区和页脚区可以复用前面案例的做法和代码。

音频播放网页左边有若干个超链接，右边是一个框架网页。单击左边某个音频超链接时，右边框架会切换到相应的音频并播放。每个音频文件对应的小图片可以自定义。

招聘报名网页是对应聘人员的“称呼、性别、联系电话、邮箱地址、工作地点、职位名称和职位编号”等信息进行收集，并允许应聘者上传简历，招聘图片可以自定义。

图 3-6　音频播放网页效果图

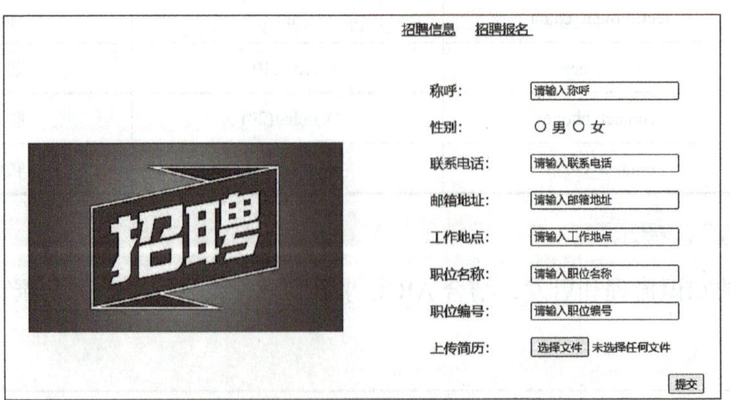

图 3-7　招聘报名网页效果图

3.4 练习题

1. 选择题

1）在 HTML 中，如果想要创建一个项目列表，要求每个项目前都有一个圆点标记，那么应该使用哪种类型的列表？（　　）

A．有序列表（Ordered List）　　B．无序列表（Unordered List）

C．自定义列表（Definition List）　　D．表格（Table）

2）在 HTML5 中，<audio> 元素用于播放音频文件，以下哪个属性用于指定音频文件的来源？（　　）

A．src　　B．source　　C．audio-src　　D．media

3）在 HTML 表单中，如果想要提交表单数据并且确保数据不会在 URL 中显示（出于安全和数据量考虑），那么应该设置 <form> 元素的哪个属性为“post”？（　　）

A．action　　B．method　　C．target　　D．enctype

4）在 HTML 表单中，如果想要创建一个按钮，当用户单击它时，表单的字段值将被重置为初始值，那么应该使用哪个标签和类型？（　　）

A．<input type="submit">　　B．<input type="reset">

C．<button type="submit">　　D．<button type="button">

5）如果想在 HTML 表单中创建一个滑块，让用户可以在一定范围内选择一个值，那么应该使用哪个类型的 <input> 标签？（　　）

A．<input type="text">　　B．<input type="range">

C．<input type="color">　　D．<input type="date">

2. 判断题

1）<input type="text"> 标签用于创建多行的文本输入框。（　　）

2）<input type="password"> 标签的输入内容在网页上默认显示为明文。（　　）

3）<input type="radio"> 标签通常与 <label> 标签一起使用，以提高可访问性。（　　）

4）<input type="checkbox"> 标签允许用户选择多个选项。（　　）

5）<input type="hidden"> 标签在网页上对用户可见，但不可编辑。（　　）

单元 4　CSS3 基础

4.1　美化企业简介网页

1. 任务规划

在前面的任务中已经设计了“企业简介网页”，并使用表格等 HTML 元素编写了相应代码，实现了简单的公司简介网页，但是它还没有使用 CSS 进行美化，效果还不是非常好看。本任务主要使用 CSS 对超链接、文本等元素进行处理，页面美化后的效果如图 4-1 所示。

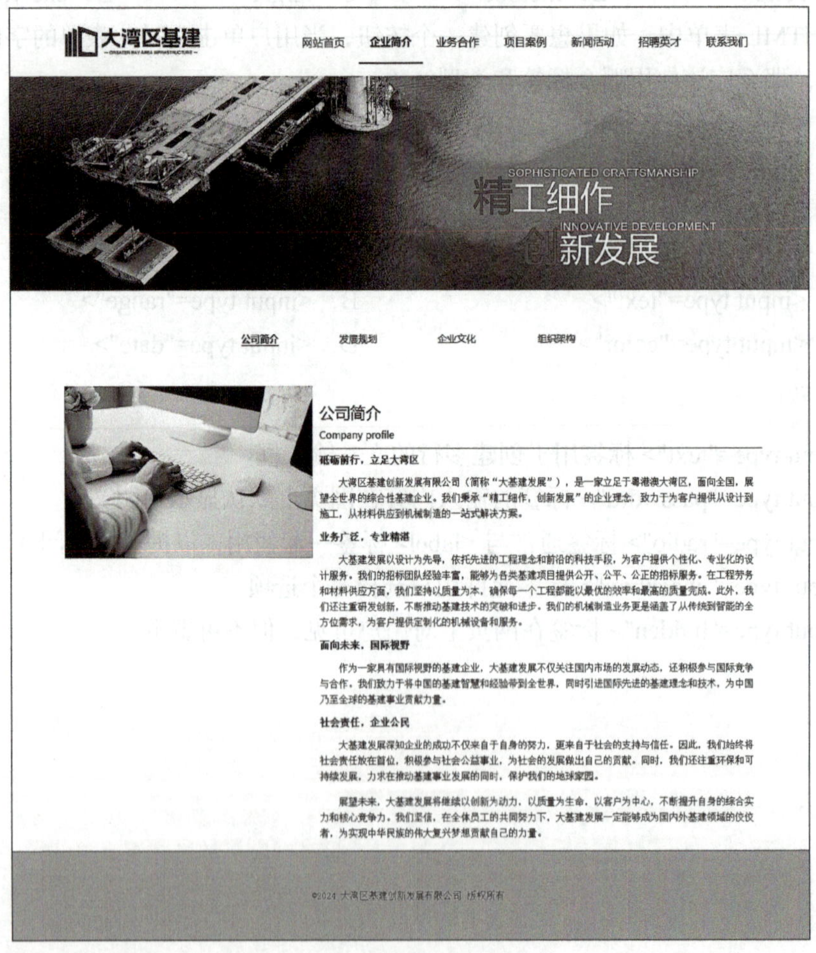

图 4-1　网页美化后的效果图

1）页眉区的导航超链接美化。要求删除下画线、文字颜色默认为黑色；当前超链接的文字状态为文字加粗并且有底部边框线效果；当鼠标滑过超链接时，单元格显示背景色为红色，文字颜色显示为白色。

2）banner 图美化。要求指定最小宽度为 1200px，并设定宽度为 100% 以实现响应式变化。

3）内容区的二级导航超链接美化。要求删除下画线、文字颜色默认为黑色；当前超链接的文字状态为文字加粗并且有下画线效果；当鼠标滑过超链接时，超链接文字加粗显示。

4）内容区的正文内容美化。要求每段文字首行缩进 2 格，指定行高和文字的颜色。

5）页脚区的美化。指定背景颜色，文字水平居中和垂直居中。

涉及 CSS3 文本相关属性、CSS3 背景属性、CSS3 选择器、超链接伪类以及 CSS3 权重等知识。

2. 任务实施

扫码观看视频　扫码观看视频

（1）撰写 AIGC 提示词

结合 AIGC 来制作这个案例，你认为应该如何撰写提示词？在下面写出来。提示：可以从网页结构描述、色彩搭配、字体与排版和交互设计等方向提问。

____

____

（2）项目文件准备

使用 VS Code 软件，打开项目文件夹“D:\design\DawanquWebsite”，新建“css/pub.css”和“css/about.css”2 个 CSS 文件，打开“about.html”公司简介网页并添加 CSS 链接文件。

```
<title> 公司简介 - 大湾区基建创新发展有限公司 </title>
<link href="css/pub.css" rel="stylesheet" type="text/css">
<link href="css/about.css" rel="stylesheet" type="text/css">
```

（3）页眉区的导航超链接美化

1）结合“通义灵码”等 AIGC 插件编写网页，页眉区导航超链接的 AIGC 提问参考提示词如下。

> ＜把 logo 和导航的整个表格 table 代码复制到这里＞
>
> 基于以上代码，为表格创建 CSS，类名为“menu”。
>
> 1）定义表格的宽度为 1200px，居中对齐，没有表格边框线。
>
> 2）定义超链接默认状态：字体为微软雅黑，字体大小为 18px，颜色为 #333，删除下画线，display 属性为 block，高度和行高都是 70px。
>
> 3）定义鼠标超链接滑过超链接时的状态：字体加粗，背景颜色为 #CC3333，文字颜色为 #FFF，底部边框线的颜色为 #CC3333、宽度为 1px、实线。
>
> 4）定义导航超链接的当前状态，类名为“menu-active”，字体加粗，文字颜色为 #CC3333，底部边框线的颜色为 #CC3333，边框为宽度是 3px 的实线。

2）将 AIGC 给出的参考代码保存到“css/pub.css”，在 HBuilderX 或者 VS Code 等软件中进行加工和处理。同时还可以单击鼠标右键，在弹出的快捷菜单中选择“通义灵码”→“生成注释”命令，如图 4-2 所示。

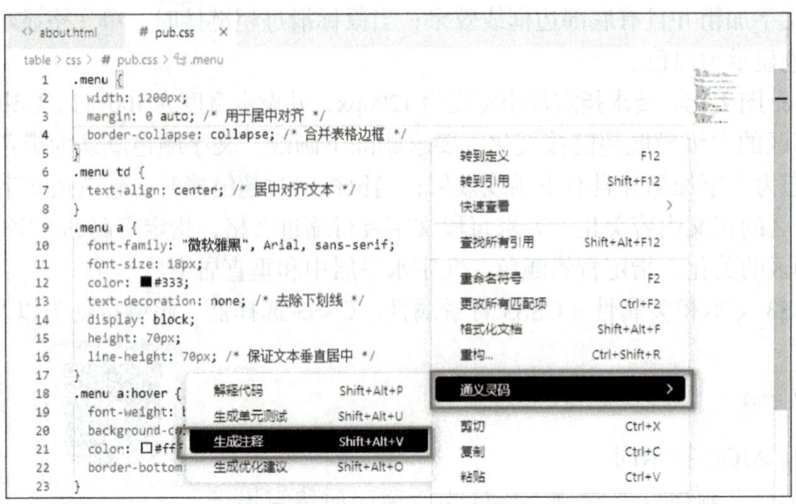

图 4-2 “生成注释”功能

整理后的 CSS 代码如下。

```
/* 定义菜单的样式 */
.menu {
  width: 1200px; /* 设置菜单的宽度 */
  margin: 0 auto; /* 使菜单居中显示 */
  border-collapse: collapse; /* 合并表格边框，用于菜单的样式效果 */
}
/* 设置菜单中单元格的样式 */
.menu td {
  text-align: center; /* 文本居中对齐，使菜单项水平居中 */
}
/* 设置菜单中超链接的样式 */
.menu a {
  font-family: " 微软雅黑 ", Arial, sans-serif; /* 设置字体 */
  font-size: 18px; /* 设置字体大小 */
  color: #333; /* 设置字体颜色 */
  text-decoration: none; /* 删除下画线，使超链接看起来更像按钮 */
  display: block; /* 将超链接作为块级元素处理，以便设置高度和行高 */
  height: 70px; /* 设置超链接的高度 */
  line-height: 70px; /* 使文本垂直居中于超链接块中 */
}
/* 鼠标悬停在超链接上时的样式 */
.menu a:hover {
  font-weight: bold; /* 加粗字体，突出悬停状态 */
  background-color: #CC3333; /* 设置背景颜色，突出悬停状态 */
  color: #FFF; /* 设置字体颜色为白色，提高可读性 */
  border-bottom: 1px solid #CC3333; /* 添加下画线，进一步突出悬停状态 */
}
```

```
/* 当前选中菜单项的样式 */
.menu-active {
  font-weight: bold; /* 加粗字体，突出当前选中状态 */
  color: #CC3333; /* 设置字体颜色，与背景形成对比 */
  border-bottom: 3px solid #CC3333; /* 加粗下画线，进一步突出当前选中状态 */
}
```

3）对 HTML 代码进行修改。“通义灵码”助手会自动提示添加相应的 CSS 到 HTML 代码中，即为表格指定 CSS 文件“menu”，将企业简介的超链接样式指定为当前超链接样式“menu-active”。

```
<table border="0" width="1200" align="center" cellpadding="0" cellspacing="0" class="menu">
  <!-- 第一行 -->
  <tr height="110">
   <!-- 第 1 个单元格 -->
   <td ><img src="../img/about/logo-sm.jpg" width="250" height="60" alt="" /></td>
   <!-- 第 2 至第 8 个单元格，尝试设置宽度为 110 像素，包含居中对齐的文字超链接 -->
   <td width="110" align="center"><a href="#"> 网站首页 </a></td>
   <td width="110" align="center"><a href="#" class="menu-active"> 企业简介 </a></td>
   <!-- 示例：将“联系我们”设为当前激活状态 -->
   <td width="110" align="center"><a href="#"> 业务合作 </a></td>
   <td width="110" align="center"><a href="#"> 项目案例 </a></td>
   <td width="110" align="center"><a href="#"> 新闻活动 </a></td>
   <td width="110" align="center"><a href="#"> 招聘英才 </a></td>
   <td width="110" align="center"><a href="#"> 联系我们 </a></td>
  </tr>
</table>
```

4）在浏览器中测试导航超链接效果，如图 4-3 所示。

图 4-3　导航超链接效果

◆ 经验分享

为了提高通义灵码插件在智能编码的辅助应用效率和效果，需要了解和掌握一些快捷键。

1）接受行间代码建议：<Tab>。

2）废弃行间代码建议：<Esc>。

3）查看上一个行间推荐结果：<Alt + [>。

4）查看下一个行间推荐结果：<Alt +] >。

5）手动触发行间代码建议：<Alt + P>。

（4）banner 图像美化

1）banner 图像美化的 AIGC 提问参考提示词如下。

< 把 banner 图像表格 table 代码复制到这里 >

基于以上代码，为图像 img 创建 CSS，类名为“banner”。

1）定义最小宽度为 1200px。

2）定义图像宽度为 100%。

2）参照前一步的做法，将 AIGC 给出的参考代码保存到“css/pub.css”中，在 HBuilder X 或者 VS Code 等软件中进行加工和处理。整理后的 CSS 代码如下。

```
/* 对类名为 "banner" 的图像设置样式 */
.banner {
  min-width: 1200px; /* 设置图像的最小宽度为 1200px */
  width: 100%; /* 设置图像的宽度为 100%，确保图像自适应其容器宽度 */
  display: block; /* 使图像表现为块级元素，有助于去掉可能的底部空白间隙 */
}
```

3）对 HTML 代码进行修改。在 HTML 代码中，需要给 <img> 标签添加类名“banner”。

```
<table border="0" width="100%" align="center" cellpadding="0" cellspacing="0">
  <!-- 单元格 -->
  <tr>
    <td><img src="../img/banner/banner1.jpg" class="banner" alt="banner 图片 " /></td>
  </tr>
</table>
```

4）在浏览器中测试导航超链接效果。

（5）内容区的二级导航超链接美化

1）内容区的二级导航超链接美化的 AIGC 提问参考提示词如下。

< 把内容区的二级导航表格 table 代码复制到这里 >

基于以上代码，为表格创建 CSS，类名为“menu-sub”。

1）定义表格宽为 1200px，居中对齐，没有表格边框线。

2）单元格内文字居中对齐，行高和单元格高都是 15px。

3）定义超链接默认状态：字体为微软雅黑，字号大小为 16px，颜色为 #666，删除下画线，display 属性为 inline-block。

4）定义鼠标超链接滑过超链接时的状态：字体加粗，背景颜色为 #000。

5）定义导航超链接的当前状态，类名为“menu-sub-active”，字体大小为 18px，文字加粗，底部边框线颜色为 #666、边框宽度为 2px、实线。

2）参照前一步的做法，将 AIGC 给出的参考代码保存到“css/pub.css”中，在 HBuilder X 或者 VS Code 等软件中进行加工和处理。整理后的 CSS 代码如下。

```
/* 对类名为 "menu-sub" 的表格设置样式 */
.menu-sub {
    width: 1200px; /* 定义表格宽度为 1200px */
    margin: 0 auto; /* 表格居中对齐 */
    border-collapse: collapse; /* 移除表格边框线 */
    text-align: center; /* 单元格内容居中对齐 */
    line-height: 15px; /* 设置行高为 15px */
}
```

```
.menu-sub td {
    height: 15px; /* 设置单元格的高度为 15px */
}
/* 定义超链接的默认状态 */
.menu-sub a {
    font-family: " 微软雅黑 ", Arial, sans-serif; /* 设置字体 */
    font-size: 16px; /* 设置字体大小 */
    color: #666; /* 设置字体颜色 */
    text-decoration: none; /* 去除下画线 */
    display: inline-block; /* 修改为 inline-block 以保持块状特性但按行内元素排列 */
}
/* 鼠标悬停在超链接上时的状态 */
.menu-sub a:hover {
    font-weight: bold; /* 字体加粗 */
    background-color: #000; /* 背景颜色变为黑色 */
    padding: 5px;
}
/* 定义导航超链接的当前状态，类名为 "menu-sub-active" */
.menu-sub-active {
    font-size: 18px; /* 设置字体大小为 18px */
    font-weight: bold; /* 文字加粗 */
    border-bottom: 2px solid #666; /* 底部边框线颜色为 #666、宽度为 2px、实线 */
}
```

3）对 HTML 代码进行修改。在 HTML 代码中给表格添加类名“menu-sub”，并且为当前状态的超链接添加类名“menu-sub-active”。

```
<table border="0" width="100%" height="100" class="menu-sub">
    <!-- 单元格 -->
    <tr>
     <td style="text-align: center;">
         <a href="#" class="menu-sub-active"> 公司简介 </a>   
         <a href="#"> 发展规划 </a>   
         <a href="#"> 企业文化 </a>   
         <a href="#"> 组织架构 </a>   
     </td>
    </tr>
</table>
```

4）在浏览器中测试导航超链接效果。

（6）对内容区的正文内容进行美化

1）对内容区的正文内容进行美化的 AIGC 提问参考提示词如下。

＜把内容区的正文表格 table 代码复制到这里＞

基于以上代码，为“公司简介”表格单元格 td 创建 CSS，类名为“content”。

1）重新定义 h3 样式：字体为微软雅黑，字体大小为 26px，颜色为 #666，高度为 18px，字体粗细为 normal 以去除默认的粗体。

2）重新定义 h4 样式：字体为微软雅黑，字体大小为 16px，颜色为 #666，高度为 12px，字体粗细为 normal 以去除默认的粗体。

> 3）重新定义 strong 样式：颜色为 #000。
> 4）重新定义 p 标签样式：字体大小为 16px，颜色为 #666，行高为 26px，段首空 2 个字符。

2）参照前一步的做法，将 AIGC 给出的参考代码保存到“css/about.css”中，在 HBuilder X 或者 VS Code 等软件中进行加工和处理。整理后的 CSS 代码如下。

```
/* 对类名为 "content" 的单元格内的元素设置样式 */
.content h3 {
  font-family: " 微软雅黑 "; /* 设置字体 */
  font-size: 26px; /* 设置字体大小 */
  color: #666; /* 设置字体颜色 */
  line-height: 18px; /* 设置行高 */
  font-weight: normal; /* 设置字体粗细为正常 */
}
.content h4 {
  font-family: " 微软雅黑 "; /* 设置字体 */
  font-size: 16px; /* 设置字体大小 */
  color: #666; /* 设置字体颜色 */
  line-height: 12px; /* 设置行高 */
  font-weight: normal; /* 设置字体粗细为正常 */
}
.content strong {
  color: #000; /* 设置字体颜色 */
}
.content p {
  font-size: 16px; /* 设置字体大小 */
  color: #666; /* 设置字体颜色 */
  line-height: 26px; /* 设置行高 */
  text-indent: 2em; /* 设置段首缩进 2 个字符 */
}
```

3）对 HTML 代码进行修改。在 HTML 代码中，为了应用这些样式，需要在对应的 <td> 标签中添加 class="content"。

```
<!-- 第二个单元格：放置文字、标题和段落 -->
<td class="content">
  <!-- 内容保持不变 -->
</td>
```

4）在浏览器中测试导航超链接效果。

（7）页脚区美化

1）页脚区美化的 AIGC 提问参考提示词如下。

> < 把页脚区表格 table 代码复制到这里 >
> 基于以上代码，对表格单元格 td 创建 CSS，类名为“footer”。
> 1）单元格高度和行高都为 150px。
> 2）单元格背景颜色为 #ADACAC，文字居中对齐。

2）参照前一步的做法，将 AIGC 给出的参考代码保存到“css/pub.css”中，在 HBuilder X

或者 VS Code 等软件中进行加工和处理。整理后的 CSS 代码如下。

```
/* 对类名为 "footer" 的单元格设置样式 */
.footer {
   height: 150px; /* 设置单元格的高度为 150px */
   line-height: 150px; /* 设置行高为 150px，以实现垂直居中对齐 */
   background-color: #ADACAC; /* 设置单元格背景颜色 */
   text-align: center; /* 设置文字水平居中对齐 */
   vertical-align: middle; /* 设置文字垂直居中对齐，不过通常 line-height 已足够实现垂直居中效果 */
}
```

3）对 HTML 代码进行修改。在 HTML 代码中，给相应的 <td> 标签添加类名“footer”。

```
<!-- 页眉区 -->
<table border="0" width="100%" height="150" cellpadding="0" cellspacing="0">
 <!-- 单元格 -->
 <tr>
  <td class="footer" > ©2024 大湾区基建创新发展有限公司 版权所有 </td>
 </tr>
</table>
```

4）在浏览器中测试导航超链接效果。

3. 任务验证

完善全部代码后，在浏览器中查看网页美化后的整体效果，如图 4-1 所示。

4.2 制作工匠技能认证网页

1. 知识梳理

有以下标签或者属性：font-family、font-size、font-weight、font-style、font-variant、font-stretch、color、text-align、text-decoration、text-indent、line-height、letter-spacing、word-spacing、text-transform、white-space、text-shadow、text-overflow、direction、text-orientation、text-justify、text-emphasis 和 list-style-type、list-style-image 和 list-style-position。请选择合适的标签或者属性在下面的内容中填空。

列表项的符号用（　　　　），文本对齐用（　　　　），文本的阴影用（　　　　），文本的装饰用（　　　　），首行缩进用（　　　　），行高用（　　　　），文本颜色用（　　　　），文本溢出容器用（　　　　），字体大小用（　　　　），字体粗细用（　　　　）。

2. 任务描述

企业通过开展技能认证为工匠提供专业资格评定，激发员工提升技能的积极性。认证结果与晋升、薪酬挂钩，增强员工的荣誉感和归属感，营造“比学赶超”的良好氛围，推动企业高质量发展。请根据表 4-1 某企业的工匠技能认证成绩数据，结合学到的网页知识制作一个工匠技能认证网页，并提供必要的表单搜索、表单验证、全选效果、分页条等功能。图 4-4 是工匠技能认证网页的参考效果，也可以制作成其他格式的效果。

表 4-1 工匠技能认证成绩数据

序号	工号	姓名	部门	认证级别	证书编号	年度
1	001	张三	产品研发部	一级	10011101	2023
2	002	李四	产品研发部	一级	10011102	2023
3	003	王五	车床研发部	二级	10011103	2022
4	004	赵六	软件研发部	二级	10011104	2023
5	005	刘七	软件研发部	二级	10011105	2022
6	006	陈八	软件研发部	三级	10011106	2024
7	007	周九	新技术研发部	一级	10011107	2023
8	008	吴十	新技术研发部	二级	10011108	2024
9	009	郑十一	新媒体研发部	一级	10011109	2023
10	010	高十二	新媒体研发部	一级	10011110	2022

图 4-4 工匠技能认证网页的参考效果

3. 撰写 AIGC 提示词

根据前面的知识梳理和启发，结合 AIGC 来制作这个案例，应该如何撰写提示词？请在下面写出来。

____

____

4. 编写代码

结合给出的 AIGC 提示词，在 AIGC 工具中提问，并阅读给出的参考代码。把参考代码放到网页编辑器中进行验证。请参考微课视频完成练习。

扫码观看视频

4.3 美化用户登录网页和招聘报名网页

本次拓展练习要求美化用户登录网页和招聘报名网页，用户登录网页和招聘报名网页的参考图如图 4-5 和图 4-6 所示。请参考微课视频完成练习。用户登录网页需要对表单进行元素美化，要求如下。

扫码观看视频

扫码观看视频

1）指定网页的背景图像，X 轴重复显示。

2）所有超链接默认状态为删除下画线。

3）设定软件标题，字体为微软雅黑，字形为加粗，文字大小为 36px，字体颜色为 #FFF。

4）设定外层表格的边框宽为 1px 的实线，边框颜色为 #B4B0B0。

图 4-5　用户登录网页效果图

图 4-6　招聘报名网页效果图

5）设定外层表格的单元格字体为微软雅黑，文字大小为 16px。

6）设定内层表格的单元格行高为 90px。

7）为表单输入框定义样式：宽度为 100%，内边距为 25px，四周边框为 1px 的实线，边框颜色为 #CCC，边框圆角为 4px，文字大小为 20px。

8）为表单输入框定义获取焦点的样式：边框颜色为 #6596EC，边框阴影为 #6596EC。

9）给所有按钮重置默认样式，模仿 Bootstrap 按钮风格，采用蓝色背景 #6596EC。当鼠标悬停时按钮的样式为深蓝色背景 #444DE8。

招聘报名网页也需要对表单进行美化，它的页眉区和页脚区可以复用前面案例的做法和代码，因此可以不再重新设计这两部分的 CSS 代码。

4.4 练习题

1. 选择题

1）在 CSS 中，用于设置元素字体加粗的属性是？（　　）

A．font-weight　　B．font-style　　C．font-family　　D．text-decoration

2）CSS3 中，用于控制背景图片尺寸的属性是？（　　）

A．background-size　　B．background-position

C．background-repeat　　D．background-origin

3）关于 CSS3 中的 @font-face 规则，以下说法错误的是？（　　）

A．可以用来定义自定义字体。

B．需要指定字体文件的 URL。

C．可以设置字体的样式属性，例如，粗细和样式。

D．不能应用于网页中的文本元素。

4）下列哪项 CSS 代码能够正确选择所有的段落元素（<p> 标签）并设置其字体颜色为蓝色？（　　）

A．p {color: blue;}　　B．.p {color: blue;}

C．#p {color: blue;}　　D．p.color {color: blue;}

5）CSS3 中，用于控制文本阴影效果的属性是？（　　）

A．text-shadow　　B．box-shadow　　C．drop-shadow　　D．shadow

2. 判断题

1）在 CSS 中，使用 !important 声明可以提高某条样式的优先级，使其优于任何其他相同选择器的样式声明。（　　）

2）在 CSS 中，“list-style-type: none;”可以移除列表项前的默认标记（例如，圆点或数字）。（　　）

3）使用标签选择器（例如，<p>）设置样式会影响文档中所有该类型的元素，而使用类选择器（.myClass）只有当元素被赋予相应的类名时才会应用样式，这意味着类选择器提供了更灵活的样式控制。（　　）

4）CSS 中的通用选择器 * 可以选择网页中的所有元素，但过度使用会影响网页性能。（　　）

5）在 CSS 中，使用逗号分隔的选择器称为后代选择器，可以一次性选择多个不相关的元素。（　　）

单元 5　CSS 盒子模型

5.1　制作美丽乡村首页

1. 任务规划

本单元的任务是制作以“乡村振兴”为主题的“美丽乡村”网站首页。该首页的版面主要分为页头区域、内容区域和页脚区域三大部分。首页的效果图如图 5-1 所示，实现思路如下。

图 5-1　首页的效果图

1）设计首页的总体布局规划图，将首页设计成 5 个子模块：网页头部导航区、新闻列表区、乡村特色区、热门新闻区和页脚区。

网页头部导航区设计宽度为 100%，其他 4 个模块宽度为 90%，5 个模块都定义最小宽度为 400px，它的布局效果如图 5-2 所示。

2）设计首页的总体布局的代码。

3）设计 5 个子模块的代码。

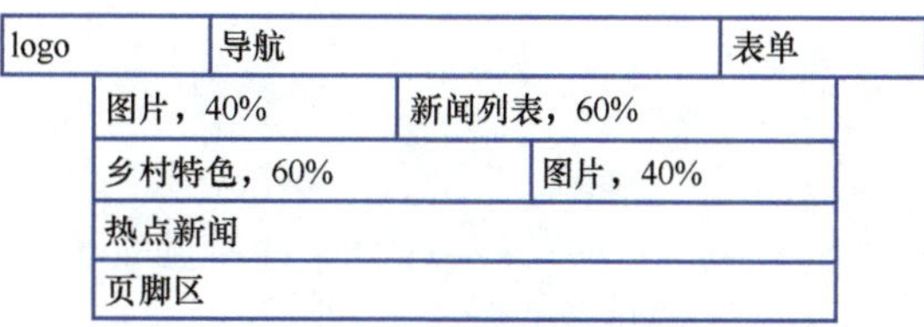

图 5-2　首页布局效果

2. 任务实施

（1）撰写 AIGC 提示词

结合 AIGC 来制作这个案例，应该如何撰写提示词？请在下面写出来。提示：可以从网页结构描述、色彩搭配、字体与排版和交互设计等方面提问。

扫码观看视频

扫码观看视频

（2）创建项目和网页

使用 VS Code 软件，打开项目文件夹“D:\design\”，创建项目“BeautifulRuralVillagesWebsite”，新建“css”“js”“img”三个子文件夹以及空白首页文件“index.html”，把相关的素材整理好之后放到对应的子文件夹中。在“css”子文件夹内创建“styles.css”文件并链接到 HTML 网页中。

```
<title> 美丽乡村主题网站 </title>
<link rel="stylesheet" href="css/styles.css">
```

（3）设计首页的总体布局框架

依据前面所规划的整体版面框架设计图进行代码编写，为提升效率，结合“通义灵码”等 AIGC 工具来初步编写。

1）撰写 AIGC 提示词。设计首页的总体布局框架的 AIGC 提问参考提示词如下。

> 仿照 Bootstrap 框架的风格，使用 HTML5+CSS3 技术创建一个“美丽乡村”主题网站的首页布局框架：
>
> 1）不能直接使用 Bootstrap 框架，要求 CSS 和 HTML 的代码分离，使用浮动布局。
>
> 2）第一部分，网页头部导航区，宽 100%，最小高度 100px。
>
> 3）第二部分，新闻列表区，1 行 2 列，宽 90%。其中左边 40%，右边 60%，居中对齐。

4）第三部分，乡村特色区，1 行 2 列，宽 90%。其中左边 60%，右边 40%，居中对齐。
5）第四部分，热门新闻列表区，宽 90%，居中对齐。
6）第五部分页脚区，2 行 1 列，宽 90%，居中对齐。

2）整理 AIGC 反馈的 HTML 代码，把新代码保存到新建的 index.html 文件中，替换旧的原始文件代码，结果参考如下。

```
<!DOCTYPE html>
<html lang="zh">
    <head>
        <meta charset="UTF-8">
        <meta name="viewport" content="width=device-width, initial-scale=1.0">
        <link rel="stylesheet" href="css/styles.css">
        <title> 美丽乡村主题网站 </title>
    </head>
    <body>
        <! -- 网页头部导航区  删除了 class="section" -->
        <header id="header" >
            <div > 头部导航栏内容 </div>
        </header>
        <!-- 新闻列表区 -->
        <section id="news-list" class="section">
            <div class="container">
                <div class="column left"> 左侧新闻列表 </div>
                <div class="column right"> 右侧新闻列表 </div>
            </div>
        </section>
        <!-- 乡村特色区 -->
        <section id="village-feature" class="section">
            <div class="container">
                <div class="column wide"> 乡村特色介绍 </div>
                <div class="column narrow"> 特色图片或简介 </div>
            </div>
        </section>
        <!-- 热门新闻列表区 -->
        <section id="hot-news" class="section">
            <div class="container"> 热门新闻列表 </div>
        </section>
        <!-- 页脚区 -->
        <footer id="footer" class="section">
            <div class="container">
                <div class="footer-row"> 版权信息 </div>
                <div class="footer-row"> 联系方式 </div>
            </div>
        </footer>
    </body>
</html>
```

3）整理 AIGC 反馈的 CSS 代码，参考如下。

```
/* 基础样式 设置网页主体的字体和边距 */
body {
    font-family: Arial, sans-serif; /* 设置字体 */
    margin: 0; /* 设置网页的边距 */
    padding: 0; /* 设置网页的内边距 */
}
/* 设置段落的宽度和居中显示 */
.section {
    width: 90%; /* 设置容器的宽度 */
    margin: 20px auto; /* 设置容器的边距 */
}
/* 防止容器内容溢出 */
.container { overflow: hidden; /* 清除浮动 */ }
/* 导航区样式 */
#header {
    min-height: 100px; /* 设置高度 */
    background-color: #F8F9FA; /* 设置背景颜色 */
    border-bottom: #DDD solid 1px; /* 设置下边框 ， 因为 AIGC 提示词没有这个要求，这是手工添加的。*/
}
/* 新闻列表区样式 */
.column {
    float: left; /* 设置浮动 */
    box-sizing: border-box; /* 包含边框 */
    padding: 10px; /* 设置内边距 */
}
/* 左侧栏宽度设置 */
.left { width: 40%; /* 设置宽度 */ }
/* 右侧栏宽度设置 */
.right { width: 60%; /* 设置宽度 */ }
/* 乡村特色区样式 */
.wide { width: 60%; /* 设置宽度 */ }
/* 窄栏样式 */
.narrow { width: 40%; /* 设置宽度 */ }
/* 清除浮动，用于热点新闻区 */
#hot-news { clear: both; /* 清除之前的浮动 */ }
/* 设置页脚的基本样式 */
#footer .footer-row {
    height: 50px; /* 每行的高度 */
    line-height: 50px; /* 文字垂直居中 */
    text-align: center;
    border-top: 1px solid #DDD;
}
```

4）在浏览器中查看效果。

◆ 经验分享

“通义灵码”支持两种通过自然语言描述生成代码的方式：

在编辑器中，直接通过注释的方式描述需要的功能，直接在编辑器中生成代码建议，单击 <Tab> 键可直接采纳。

在智能问答中，直接描述需要的功能，智能问答助手将生成代码建议，并支持一键插入或复制代码。

（4）网页头部导航区的制作

1）初步分析和要求。网页头部导航区主体色彩以白色作为底色，绿色与浅灰色为主要元素搭配色。为网站设计 7 个链接文字的导航菜单，通过 CSS 美化导航菜单效果，鼠标悬浮在标题之上时，背景色和下边框发生改变，鼠标移开后恢复原始外观。

2）撰写提示词。网页头部 logo 及导航区部分的 AIGC 提问参考提示词如下。

< 把网页头部导航区的 HTML 代码复制到这里 >

基于以上代码结构，仿照 Bootstrap 框架的风格，使用 HTML5+CSS3 分离技术制作网页头部导航区。

1）不能使用 Bootstrap、Flex 和 JavaScript 技术，可以使用 DIV+CSS，可以使用浮动布局。

2）1 行 3 列，宽 95%，居中。

3）第 1 列放 logo 图标，图像的宽和高都是 60px。

4）第 2 列生成一级网站导航，7 个导航超链接，横向排列，并设计超链接导航样式。

5）第 3 列插入一个搜索表单，并提供 HTML5 自带的表单验证。

6）为每一行 CSS 代码给出注释。

3）整理 AIGC 的参考代码，把 HTML 代码替换到“index.html”相应的模块位置中。HTML 参考代码如下。

```
<!-- 网页头部导航区 -->
<header id="header">
    <div class="container">
        <div class="column logo">
            <img src="img/logo.jpg" alt="logo" width="60" height="60">
        </div>
        <div class="column nav">
            <ul>
                <li><a href="#"> 首页 </a></li>
                <li><a href="#"> 新闻资讯 </a></li>
                <li><a href="#"> 乡村新貌 </a></li>
                <li><a href="#"> 休闲旅游 </a></li>
                <li><a href="#"> 助农产业 </a></li>
                <li><a href="#"> 人才振兴 </a></li>
                <li><a href="#"> 联系我们 </a></li>
            </ul>
        </div>
```

```
        <div class="column search">
            <form action="#" method="get">
                <input type="search" id="searchInput" name="query" required placeholder=" 搜索……">
                <button type="submit"> 搜索 </button>
            </form>
        </div>
        <div class="clearfix"></div> <!-- 清除浮动 -->
    </div>
</header>
```

4）整理 AIGC 反馈的 CSS 代码到 CSS 文件中，参考如下。

```
/* =========== 头部容器宽度设置 ================= */
#header .container {
    width: 95%; /* 设置宽度 */
    margin: 0 auto; /* 设置居中 */
}
/* logo 列样式 */
.column.logo {
    width: 20%; /* 调整列宽以适应内容 */
    text-align: center; /* 水平居中 */
}
/* 导航列样式 */
.column.nav {
    width: 50%; /* 调整列宽以适应内容 */
    text-align: center; /* 水平居中 */
}
.column.nav ul {
    list-style-type: none; /* 移除列表样式 */
    margin: 0; /* 移除外边距 */
    padding: 0; /* 移除外边距 */
    margin-top: 40px;  /* 设置上边距 */
}
.column.nav li {
    display: inline-block; /* 显示为行内块元素 */
    margin-right: 10px; /* 设置右边距 */
}
.column.nav a {
    text-decoration: none; /* 移除超链接下画线 */
    color: #333; /* 设置超链接颜色 */
    transition: color 0.3s ease; /* 添加过渡效果 */
    font-size: 18px; /* 设置字体大小 */
}
.column.nav a:hover {
    color: #007BFF; /* 鼠标悬停颜色变化 */
```

```
    font-weight: bold; /* 鼠标悬停字体加粗 */
}
/* 搜索列样式 */
.column.search {
    width: 30%; /* 调整列宽以适应内容 */
    text-align: center; /* 水平居中 */
    margin-top: 40px; /* 设置上边距 */
}
.column.search input[type="search"] {
    width: 80%; /* 调整输入框宽度 */
    padding: 10px; /* 调整输入框内边距 */
    border: 1px solid #CCC;    /* 调整边框样式 */
    border-radius: 3px;  /* 调整圆角 */
}
.column.search button {
    padding: 5px 10px;  /* 调整按钮大小 */
    border: none;  /* 移除按钮边框 */
    border-radius: 3px;  /* 调整圆角 */
    background-color: #007BFF;  /* 设置按钮背景颜色 */
    color: white;  /* 设置按钮文字颜色 */
    cursor: pointer;  /* 设置鼠标样式 */
    transition: background-color 0.3s ease; /* 添加过渡效果 */
}
.column.search button:hover {    background-color: #0056B3; /* 鼠标悬停背景颜色变化 */ }
/* 清除浮动 */
.clearfix::after {
    content: "";
    display: table;
    clear: both;
}
```

5）在浏览器中查看导航区效果，如图 5-3 所示。

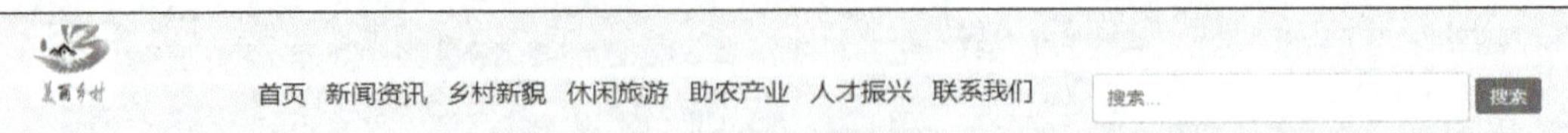

图 5-3　导航区效果

（5）新闻列表区和乡村特色区的制作

1）初步分析和要求。新闻列表对应的图片在左边展示，div 盒子宽度为 40%，高度最大为 150px；右边为新闻列表区域，div 盒子的宽度为 60%，高度最大为 150px，使用无序列表显示最近 8 条新闻记录。乡村特色区左边盒子的宽度为 60%，放一段文字，右边盒子的宽度为 40%，放一个图片。

2）撰写 AIGC 提示词。新闻列表区的 AIGC 提问参考提示词如下。

<把新闻列表区和乡村特色区的 HTML 代码复制到这里>

基于以上代码结构，仿照 Bootstrap 框架的风格，使用 HTML5+CSS3 分离技术制作。

1）不能使用 Bootstrap、Flex 和 JavaScript 技术，可以使用 DIV+CSS，可以使用浮动布局。

2）新闻列表区 1 行 2 列布局，左边是图片展示，宽占 40%；右边是新闻列表，纵向排列，宽占 60%，里面有一个标题文字"新闻列表"，标题有下边框线。

3）新闻列表使用无序列表元素生成，并对每条新闻设置超链接，只显示 1 行字不换行，超出宽度部分用省略号代替，溢出不显示。

4）乡村特色区 1 行 2 列布局，左边盒子的宽度为 60%，里面有一个标题文字"乡村特色"，标题有下边框线，再放一段文字；右边盒子的宽度为 40%，放一个图片。

3）整理 AIGC 反馈的 HTML 代码和 CSS 代码，方法与前面的步骤类似，代码省略。代码请查看配套素材。

4）在浏览器中查看新闻列表区和乡村特色区的效果，如图 5-4 所示。

图 5-4　新闻列表区和乡村特色区的效果

（6）热门新闻区的制作

1）初步分析和要求。热门新闻区有 3 条新闻，每条新闻左边是新闻缩略图，右边是新闻标题、新闻摘要和发布时间。

2）撰写 AIGC 提示词。新闻列表区的 AIGC 提问参考提示词如下。

<把热门新闻列表区的 HTML 代码复制到这里>

基于以上代码结构，仿照 Bootstrap 框架的风格，使用 HTML5+CSS3 分离技术制作。

1）不能使用 Bootstrap、Flex 和 JavaScript 技术，可以使用 DIV+CSS，可以使用浮动布局。

2）第一部分为栏目标题：有一个标题文字"热门新闻"，标题有下边框线。

3）第二部分为新闻列表：每条新闻 1 行 2 列布局；左边宽占 30%；右边宽占 70%；每条新闻有一个外边框，底部外边距为 20px。

4）左边是新闻图片。

5）右边有新闻标题、新闻摘要和发布时间，新闻摘要最多显示 3 行，超出后自动出现省略号。

6）共有 3 条新闻，每条新闻的图片和标题都有超链接。

3）整理 AIGC 反馈的 HTML 代码和 CSS 代码，方法与前面的步骤类似，代码省略。代码请查看配套素材。

4）在浏览器中查看热门新闻区的效果，如图 5-5 所示。

图 5-5　热门新闻区的效果

（7）页脚区的制作

1）初步分析和要求。页脚区可以设计为 1 行 8 列的盒子，第 1 至第 6 个盒子有超链接文字，第 7 和第 8 个盒子有图片。

2）撰写 AIGC 提示词。新闻列表区的 AIGC 提问参考提示词如下。

<把页脚区的 HTML 代码复制到这里>

基于以上代码结构，仿照 Bootstrap 框架的风格，使用 HTML5+CSS3 分离技术制作。

1）不能使用 Bootstrap、Flex 和 JavaScript 技术，可以使用 DIV+CSS，可以使用浮动布局。

2）设计 1 行 8 列的盒子。

3）第 1 至第 6 个盒子有超链接导航文字，垂直展示 3 行超链接文字，第 1 行超链接文字加粗。

4）第 7 和第 8 个盒子有图片，图片下面有图标的标题文字。

3）整理 AIGC 反馈的 HTML 代码和 CSS 代码，方法与前面步骤类似，代码省略。详细代码请查看配套资源。

4）在浏览器中查看页脚区的效果，如图 5-6 所示。

首页	新闻资讯	乡村新貌	助农电商	人物风采	关于我们		
新闻列表	三农要闻	文明乡风	品牌直击	非遗传承	旅游		
乡村特色介绍	时政新闻	古貌新颖	电商直播	人间有真情	名宿		
热门新闻					新闻	微信	微博
					联系我们		

图 5-6　页脚区的效果

3. 任务验证

完善全部代码后，在浏览器中查看美丽乡村首页的整体效果，如图 5-1 所示。

5.2　制作下拉菜单式网站导航

1. 知识梳理

有以下标签或者属性：border、border-radius、padding、padding-top、padding-right、padding-bottom、padding-left、margin、margin-top、margin-bottom、margin-left、margin-right、box-shadow、box-sizing、float、clear 和 position。请选择合适的标签或者属性在下面的内容中填空。

边框圆角用（　　　　），上内边距用（　　　　），上外边距用（　　　　），边框用（　　　　），盒子阴影用（　　　　），清除浮动用（　　　　），浮动用（　　　　），定位用（　　　　）。

2. 任务描述

网站导航通常是一级导航超链接，如果导航文字过多则可以设计下拉菜单式导航。当单击或者滑过一级导航超链接时，它会自动展开对应的二级导航。请结合无序列表、盒子浮动和超链接等技术制作一个下拉菜单式导航。参考效果图如图 5-7 所示，导航文字名称可以自定义。

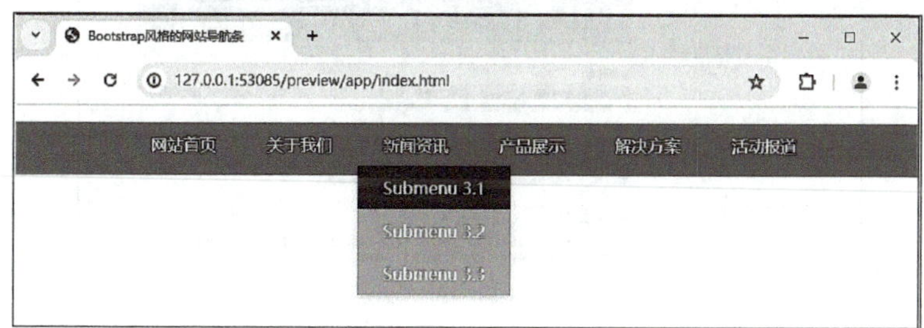

图 5-7　下拉菜单式导航效果图

3. 撰写 AIGC 提示词

根据前面的知识梳理和启发，结合 AIGC 工具来完成这个案例，应该如何撰写提示词？

请在下面写出来。

---

4. 编写代码

扫码观看视频

结合给出的 AIGC 提示词，在 AIGC 工具中提问，并阅读给出的参考代码。把参考代码放到网页编辑器中进行验证。请参考微课视频完成练习。

5.3 制作民宿详情网页

扫码观看视频

本次拓展练习要求制作民宿详情介绍网页，参考效果图如图 5-8 所示。请参考微课视频完成练习，具体要求如下。

1）第一部分展示民宿简要信息，显示民宿图片、民宿名称、民宿简介、民宿价格和订房按钮。

2）第二部分展示民宿详细信息，显示锚点导航子菜单、图片和相应的文字介绍。

3）页头部分省略。页脚部分可以延用首页页脚区的效果。

图 5-8　参考效果图

5.4 练习题

1. 选择题

1）在 W3C 的标准盒子模型中，默认情况下 box-sizing 属性的值为？（　　）

A．auto　　B．padding- box　　C．border –box　　D．content-box

2）下列哪个属性不是盒子模型所有的？（　　）

A．box-sizing　　B．target　　C．padding　　D．border

3）以下哪个属性可以用来调整元素的内边距？（　　）

A．box-sizing　　B．border　　C．padding　　D．margin

4）CSS 中的定位是用来做什么的？（　　）

A．控制元素位置　　B．设置元素样式

C．实现响应式设计　　D．调整元素布局

5）关于盒子模型的 position 定位模式中，下列哪个模式能实现让盒子模型一直固定显示在窗口某个位置中，浏览器网页滚动时其位置不会改变？（　　）

A．static　　B．relative　　C．fixed　　D．absolute

2. 判断题

1）块级元素不可以容纳内联元素和其他块元素。（　　）

2）黏性定位（sticky），可以被认为是相对定位和固定定位的混合。（　　）

3）在使用定位布局时，可能会出现盒子重叠的情况。此时，可使用 z-index 来控制盒子的前后次序（Z 轴），属性值越大，盒子越靠上。（　　）

4）盒子模型的宽度和高度属性不适用内联元素。（　　）

5）设置了浮动的盒子会互相贴靠一起显示在同一行，父级容器宽度装不下这些浮动的盒子，多出的盒子就产生溢出。（　　）

单元 6　CSS 弹性布局

6.1 制作美丽乡村新闻网页

1. 任务规划

1）延用单元 5 的站点文件夹，整理素材，建立新闻网页文件。

2）设计新闻网页的版面结构布局规划图，如图 6-1 所示，并将新闻网页规划成 3 个子模块：网页头部导航区、选项卡新闻列表区和页脚区。初步规划网页头部宽 100%，其他模块的宽度为 1200px，最小宽度为 400px，新闻网页的最终效果如图 6-2 所示。

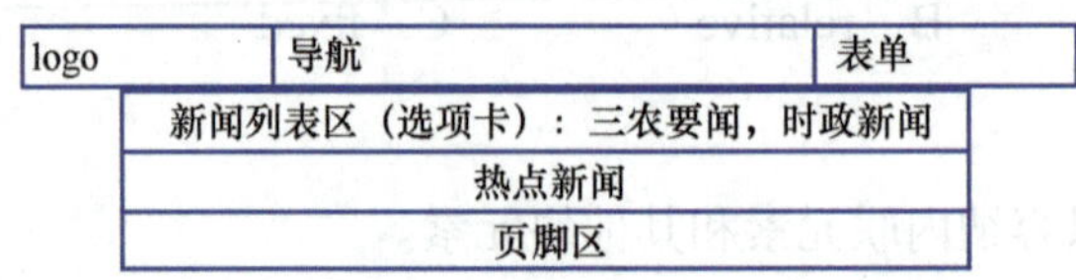

图 6-1　新闻网页的版面结构布局规划图

图 6-2　新闻网页的布局效果

3）编写新闻网页的总体布局的代码。

4）分别设计并编写各个子模块的代码。

扫码观看视频

扫码观看视频

2. 任务实施

（1）撰写 AIGC 提示词

结合 AIGC 来制作这个案例，应该如何撰写提示词？请在下面写出来。提示：可以从网页结构描述、色彩搭配、字体与排版和交互设计等方面提问。

____

____

（2）创建项目和网页文件

使用 VS Code 软件，重复使用单元 5 的站点文件夹作为项目文件夹，打开项目文件夹“D:\design\BeautifulRuralVillagesWebsite”，新建“new_Page.html”网页文件，并把相关的素材整理好之后放到对应的子文件夹中。在 css 子文件夹中创建“tabs.css”“newsstyles.css”和“new_card.css”3 个 CSS 文件，并把它链接到 HTML 网页中。

```
<title> 美丽乡村主题网站 </title>
<link rel="stylesheet" href="css/newsstyles.css">
<link rel="stylesheet" href="css/tabs.css">
<link rel="stylesheet" href="css/new_card.css">
```

（3）设计新闻网页的总体布局框架

1）撰写 AIGC 提示词。设计新闻网页总体布局框架的 AIGC 提问参考提示词如下。

> 仿照 Bootstrap 框架风格，使用 HTML5+CSS3 技术创建美丽乡村网站的新闻网页布局框架。
>
> 1）不能直接使用 Bootstrap 框架，要求 CSS 与 HTML 的代码相分离，并使用 Flex 布局，有响应式设计。
>
> 2）第 1 部分，创建网页头部区域，Flex 布局，容器宽为 100%，最小宽为 400px；居中对齐。
>
> 3）第 2 部分，创建主体内容区域（使用 main 标签），并在里面预留图片展示位，1 行 1 列，容器宽为 1200px，居中对齐。
>
> 4）在主体内容区里，继续添加新闻列表显示区，1 行 1 列，容器宽为 1200px，最小宽为 400px，居中对齐。
>
> 5）第 3 部分，创建页脚区，宽 90%，Flex 布局，最小宽为 400px，居中对齐。

2）整理 HTML 代码。把 AIGC 反馈的 HTML 代码保存到“new_page.html”文件中，替换新建文件的原始代码，如下。

```
<!DOCTYPE html>
<html lang="zh">
    <head>
        <meta charset="UTF-8">
        <meta name="viewport" content="width=device-width, initial-scale=1.0">
        <title> 美丽乡村 </title>
        <link rel="stylesheet" href="css/ newsstyles.css">
    </head>
    <body>
```

```
        <header class="header">
            <!-- 头部内容 -->
        </header>
        <main class="main">
            <section class="image-display">
                <!-- 图片展示位 -->
            </section>
            <section class="news-list">
                <!-- 新闻列表 -->
            </section>
        </main>
        <footer class="footer">
            <!-- 页脚内容 -->
        </footer>
    </body>
</html>
```

3）整理 CSS 代码。把 AIGC 反馈的 CSS 代码保存至“css/newsstyles.css”文件中，另外给头部区增加最小高度和下边框线，CSS 代码修改后如下。

```
* {/* 重置浏览器默认样式 */
    margin: 0; /* 重置浏览器默认样式 */
    padding: 0; /* 重置浏览器默认样式 */
    box-sizing: border-box;
}
body {/* 设置全局字体样式 */
    font-family: Arial, sans-serif;
}
.header {/* 头部区域 */
    width: 100%; /* 宽度为 100% */
    min-width: 400px; /* 设置最小宽度 */
    min-height: 100px;/* 设置最小高度 */
    border-bottom: #47A32B 1px solid;/* 添加一条细线 */
    margin: 0 auto; /* 居中 */
    display: flex;  /* 弹性布局 */
    justify-content:space-around; /* 居中对齐 */
    /* 添加头部具体内容样式 */
    position: sticky;/* 黏性定位 */
    top: 0;/* 黏性定位 */
    z-index: 100;/* 提升层级 */
    background-color: rgb(253, 253, 253); /* 设置背景颜色 */
    margin-bottom: 1rem; /* 设置底部边距 */
}
.main {/* 主体内容区域 */
    display: flex; /* 弹性布局 */
    justify-content: center; /* 居中对齐 */
}
.image-display {/* 图片展示位 */
```

```
    width: 1200px; /* 设置宽度 */
    display: flex; /* 弹性布局 */
    justify-content: center;
    /* 添加图片展示具体内容样式 */
}
.news-list {/* 新闻列表 */
    width: 1200px; /* 设置宽度 */
    min-width: 400px; /* 设置最小宽度 */
    display: flex; /* 弹性布局 */
    justify-content: center; /* 居中对齐 */
    /* 添加新闻列表具体内容样式 */
}
.footer {/* 页脚区域 */
    width: 1200px; /* 宽度为 1200px */
    min-width: 400px; /* 设置最小宽度 */
    margin: 0 auto; /* 居中 */
    display: flex; /* 弹性布局 */
    justify-content:space-around; /* 居中对齐并平均分布 */
    /* 添加页脚具体内容样式 */
}
@media (max-width: 1200px) {/* 响应式设计 */
    .image-display, .news-list {
        width: 100%; /* 宽度为 100% */
    }
}
```

4）在浏览器中查看效果。

◆ **经验分享**：

在 HTML 或者 CSS 文件中，写出注释，然后按 <Tab> 键，“通义灵码”会自动生成所注释的代码，再不断地按 <Tab> 键可以采纳代码。结合这个方法，可以书写粒度很小的模块化的代码片断。

例如，在 HTML 网页中写上注释“写一个简单的注册表单网页提交按钮的 CSS”，然后按 <Tab> 键，即可自动生成代码。

```
<!-- 写一个简单的注册表单网页提交按钮的 CSS -->
    <style>
        .button {
            background-color: #4CAF50;
            border: none;
            color: white;
            padding: 15px 32px;
            text-align: center;
            text-decoration: none;
            display: inline-block;
            font-size: 16px;
```

```
        margin: 4px 2px;
        cursor: pointer;
    }
</style>
```

（4）网页头部导航区的制作

1）初步分析和要求。可以参考单元 5 的首页头部导航区制作的方法。

2）复用单元 5 的首页头部导航区的 HTML 和 CSS 代码，这里省略。

（5）选项卡功能模块的制作

1）初步分析和要求。在内容主体并且标定的新闻列表的位置创建一个选项卡模块。该模块单独占据一行，宽度为 90%，高度初定为 600px，选项卡有 2 个网页容器且启用 Flex 布局，设置项目水平居中。

2）撰写 AIGC 提示词。新闻选项卡的 AIGC 提问参考提示词如下。

<section class="news-list"> <!-- 选项卡 --> </section>

根据上面的代码结构，仿照 Bootstrap 框架的风格，使用 HTML5+CSS3 技术，制作选项卡模块。

1）不能使用 Bootstrap、JavaScript 技术，要求 HTML 与 CSS 代码分离，用单选按钮与 CSS 兄弟选择器来实现。

2）该选项卡模块容器 2 行 1 列，宽度为 90%。第 1 行为“选项卡导航容器”，第 2 行是“选项卡内容容器”，高度为 600px。

3）选项卡内容有 2 个面板，它们都启用 Flex 布局，且设置里面的项目水平居中。

4）为每一行 CSS 代码给出注释。

3）整理本步骤 AIGC 反馈的代码，调整按钮标签位置，确保按钮标签、导航容器和内容容器都在同一级别，把 HTML 代码替换到“new_page.html”相应标签位置中，并清除原来引用的多余样式。该部分的 HTML 代码如下。

```
<section class="news-tabs-container">
    <!-- 选项卡容器 -->
    <input type="radio" id="tab1-radio" name="news-tabs" checked>
    <input type="radio" id="tab2-radio" name="news-tabs">
    <div class="news-tabs-nav"> <!-- 选项卡导航容器 -->
    <label for="tab1-radio" class="news-tab-label"> 三农要闻 </label>
    <label for="tab2-radio" class="news-tab-label"> 时政新闻 </label>
    </div>
    <!-- 选项卡内容容器 -->
    <div class="news-tabs-content">
        <div id="tab1" class="news-tab-pane">
            <!-- 网页 1 内容 -->
        </div>
        <div id="tab2" class="news-tab-pane">
            <!-- 网页 2 内容 -->
        </div>
    </div>
</section>
```

4）整理本步骤 AIGC 反馈的 CSS 参考代码，把 CSS 代码另存为“tabs.css”样式表文件并保存到 css 子文件夹中。该部分 CSS 代码整理修改后如下。

```
/* 整体容器样式 */
.news-tabs-container {
    padding-top: 1rem; /* 顶部留白 */
     width: 1200px; /* 宽度 */
     height: 800px; /* 高度 */
     margin: auto; /* 居中 */
     display: flex; /* 弹性布局 */
     flex-direction: column; /* 垂直布局，先导航后内容 */
}
/* 选项卡导航样式 */
.news-tabs-nav {
    display: flex; /* 弹性布局 */
    justify-content: center; /* 水平居中 */
    margin-bottom: 1rem; /* 底部留白 */
}
/* 隐藏单选按钮，仅通过样式控制其关联的标签 */
.news-tabs-container input[type="radio"] {
    display: none; /* 隐藏单选按钮 */
}
/* 选项卡标签样式 */
.news-tab-label {
    padding: 0.5rem 1rem; /* 内边距 */
    cursor: pointer; /* 鼠标悬停效果 */
    color: #333; /* 文字颜色 */
    text-decoration: none; /* 去除下画线 */
    border: 1px solid #CCC; /* 边框 */
    border-bottom: none; /* 去除底部边框 */
    margin-right: -1px; /* 重叠边框效果 */
    transition: background-color 0.3s; /* 平滑过渡背景色 */
}
/* 选中时的单选按钮关联标签样式 */
.news-tabs-container input[type="radio"]:nth-of-type(1):checked ~ .news-tabs-nav>.news-tab-label:nth-of-type(1),
.news-tabs-container input[type="radio"]:nth-of-type(2):checked ~ .news-tabs-nav>.news-tab-label:nth-of-type(2)
{
    background-color: #DFDFDF; /* 激活状态背景色 */
    border-color: #ADADAD; /* 激活状态边框色 */
}
/* 选项卡内容容器样式 */
.news-tabs-content {
    overflow: hidden; /* 隐藏超出内容 */
    display: flex;     /* 弹性布局 */
    flex-direction: row; /* 垂直布局 */
    justify-content:center; /* 水平居中 */
}
```

```
/* 单个选项卡网页默认隐藏 */
.news-tab-pane {
    display: none;
}
/* 与选中的单选按钮关联的选项卡内容显示 */
.news-tabs-container input[type="radio"]:nth-of-type(1):checked ~ .news-tabs-content > #tab1,
.news-tabs-container input[type="radio"]:nth-of-type(2):checked ~ .news-tabs-content > #tab2 {
    display: block; /* 使用弹性布局使得元素沿行方向排列 */
    display: flex; / * 弹性布局 */
    flex-direction: row; /* 设置元素排列方向为水平方向 */
    flex-wrap: wrap;/* 允许换行 */
    justify-content:center; /* 将元素在主轴方向上居中对齐 */
}
```

5）在浏览器中查看效果，可以根据实际效果对细节作调整。

（6）新闻列表项的制作

1）初步分析和要求。要求在选项卡网页里面显示新闻列表，每个列表项是一个 2 列的容器，列表左边有新闻的封面插图，右列划分为 3 行，分别显示标题、新闻简介和发布时间。按此要求，可以先设计完成一个单独列表项，再复用即可。

2）撰写 AIGC 提示词。新闻列表区的 AIGC 提问参考提示词如下：

<div id="tab1" class="news-tab-pane"> <!-- 网页 1 内容 --></div>

根据上面的代码结构，在标记“网页 1 内容”的位置，仿照 Bootstrap 框架的风格，使用 HTML+CSS3 技术创建一个新闻显示卡片。

1）要求 HTML 与 CSS 代码分离，不能使用 Bootstrap、JavaScript 技术，要求使用弹性布局。

2）创建一个卡片宽 90%，1 行 2 列，圆角。第 1 列宽 35%，用于显示图片，圆角，居中对齐。第 2 列须划分为 3 行，第 1 行显示标题，第 2 行显示正文前 3 行文字预览，第 3 行显示发布时间。

3）为卡片增加一个超链接，并且设置鼠标悬浮时卡片有阴影和大小变化响应。

4）为每一行 CSS 代码给出注释。

3）整理 AIGC 反馈的 HTML 代码，把 HTML 代码替换到“new_page.html”相应标签位置中，并清除原来引用的多余样式。

```
<a href="#" class="news-card">
  <div class="card-container">
<div class="image-column">
<img src="your-image-source.jpg" alt=" 新闻图片 " class="rounded-image"/>
</div>
    <div class="text-column">
        <div class="title-row"> 新闻标题 </div>
        <div class="preview-rows">
        新闻预览文本，这里是新闻的简短描述……<br>
        可能会有第二行……<br>
```

```
            有时甚至第三行……
            </div>
            <div class="date-row"> 发布日期 </div>
        </div>
    </div>
</a>
```

4）整理本步骤 AIGC 反馈的 CSS 参考代码，把 CSS 代码另存为“new_card.css”样式表文件并保存到 css 子文件夹中。该部分 CSS 代码整理修改后如下。

```
/* 新闻卡片容器基本样式 */
.news-card {
    display: inline-block; /* 显示为块级元素 */
    width: 90%; /* 宽度为 90% */
    border-radius: 10px; /* 圆角 */
    /* 设置元素的上下外边距为 1rem，保持水平方向外边距为 0，以聚焦垂直方向的布局 */
    margin: 1rem 0;
    text-decoration: none; /* 移除超链接下画线 */
    transition: transform 0.3s, box-shadow 0.3s; /* 平滑过渡效果 */
}
/* 鼠标悬停时的卡片效果 */
.news-card:hover {
    box-shadow: 0 4px 6px rgba(128, 128, 128, 0.5); /* 添加阴影 */
    transform: scale(1.02); /* 轻微放大 */
}
.card-container {/* 卡片内容容器，使用弹性布局 */
    display: flex;
    border-radius:inherit; /* 继承父容器的边框圆角 */
    overflow: hidden; /* 隐藏超出部分 */
    border: #D6D6D6 1px solid;/* 添加边框 */
    background-color: rgb(247, 251, 255);
}
/* 图片列样式 */
.image-column {
    flex-basis: 35%; /* 宽度占父容器的 35% */
    display: flex; /* 使用弹性布局 */
    justify-content: center; /* 图片居中 */
    align-items: center; /* 垂直居中 */
}
/* 图片圆角 */
.rounded-image {
    max-width: 100%; /* 最大宽度为 100% */
    height: auto; /* 高度自动调整 */
    border-radius: 10px 0 0 10px; /* 左侧圆角 */
}
/* 文本列样式 */
.text-column {
    flex-basis: 65%; /* 宽度占父容器的 65% */
```

```
    padding: 1rem; /* 内边距 */
}
/* 标题行 */
.title-row {
    font-size: 1.2em; /* 标题字体大小 */
    margin-bottom: 0.5rem; /* 标题行间距 */
}
/* 正文预览行 */
.preview-rows {
    line-height: 1.2; /* 控制行间距 */
    overflow: hidden; /* 隐藏多余内容 */
    display: -webkit-box; /* 对 Webkit 内核使用此属性实现文本溢出省略 */
    -webkit-line-clamp: 3; /* 显示 3 行 */
    -webkit-box-orient: vertical; /* 设置或检索伸缩盒对象的子元素的排列方式 */
}
/* 发布日期行 */
.date-row {
    color: #999; /* 日期颜色 */
    font-size: 0.8em; /* 日期字体大小 */
    margin-top: 0.5rem; /* 日期行间距 */
}
```

将本步骤整理好的新闻列表项（卡片）HTML 代码复制，并多次分别粘贴到 2 个选项卡面板所对应的标签里，再修改文字和图片。最终得到完整的新闻列表，在浏览器中查看效果，可参考效果如图 6-2 所示。

（7）页脚区的制作

1）初步分析和要求可以参考单元 5 的页脚区制作方法。

2）整理本步骤 AIGC 的参考 HTML 代码和 CSS 代码，方法与前面单元 5 案例的步骤类似，这里省略。延用单元 5 的页脚区的 HTML 和 CSS 代码。

3. 任务验证

在浏览器中查看整体效果，并对整个网页的其他细节作调整。最终美丽乡村新闻页的整体效果如图 6-2 所示。

6.2 制作瀑布流相册

1. 知识梳理

有以下标签或者属性：justify-content、flex-direction、align-content、align-items、order、flex-grow、flex-basis、flex-wrap 和 align-self。请选择合适的标签或者属性在下面的内容中填空。

容器换行用（　　　　），单个元素对齐用（　　　　），子元素主轴方向对齐用（　　　　），项目元素的原始尺寸用（　　　　），交叉轴方向多行 / 列对齐用（　　　　），交叉轴方向元素对齐用（　　　　），显示顺序排列修改用（　　　　），设置方向轴用

（　　　　），元素放大比例用（　　　　）。

2. 任务描述

瀑布流是比较流行的一种网站页面布局，视觉上表现为参差不齐的多栏展示效果，是一种多列等宽不等高的网页布局方式。当图片比较复杂或者图片尺寸比较复杂时，可以使用此类展示方式，这种展示方式可以使网页比较美观，让人有一种错落有致的感觉。现在请使用弹性布局技术，制作一个瀑布流相册效果的网页，如图 6-3 所示。

图 6-3　瀑布流相册效果

3. 撰写 AIGC 提示词

根据前面的知识梳理和启发，结合 AIGC 来制作这个案例，应该如何撰写提示词？请在下面写出来。

4. 编写代码

结合给出的 AIGC 提示词，在 AIGC 工具中提问，并阅读给出的参考代码。把参考代码放到网页编辑器中进行验证。请参考微课视频完成练习。

扫码观看视频

◆ 经验分享

瀑布流网页布局的注意事项如下：

1）图片尺寸管理：确保图片尺寸合适，避免因图片加载延迟影响网页渲染效果。

2）数据渲染：通常会从JSON或者数据库以Ajax方式异步加载图片数据，本案例没有演示数据加载，读者可以自行尝试。

3）性能优化：利用Ajax动态插入元素时，要实时获取元素底部高度，减少不必要的性能消耗。

4）内容布局：保持内容布局清晰，避免过于杂乱的布局影响用户体验。

6.3 制作新闻详情介绍网页

本次拓展练习要求制作新闻详情介绍网页，新闻详情页的参考图如图 6-4 所示。请参考微课视频完成练习，具体要求如下。

图 6-4　新闻详情页效果

扫码观看视频

1）第一部分展示新闻主图片、新闻主标题、发布时间、发布者或机构。

2）第二部分展示新闻详细内容，左侧显示锚点导航子菜单，主体位置是图片和相应的文字介绍。

3）页头部分省略。页脚部分可以延用首页页脚区的效果。

6.4 练习题

1. 选择题

1）设置属性 box-sizing: border-box 的意义是？（　　）

A．给元素设置的方形的边框

B．元素的总宽度和高度计算方式设置为包括边框和内边距

C．元素的总宽度和高度计算方式设置为包括内边距

D．元素的总宽度和高度计算方式设置为包括外边距

2）盒子模型开启弹性布局之后，会导致它的子元素的什么属性失效？（　　）

A．padding　　B．border　　C．float　　D．position

3）当容器有多余的空间时，弹性布局容器的子元素属性设置为 flex-grow: 0，其作用是？（　　）

A．让子元素变大　　B．让子元素不可见

C．让子元素变小　　D．让子元素保持不变

4）弹性布局容器中，能让子元素在主轴方向平均分布，并且左右空间都一样的属性是？（　　）

A．space-between　　B．center　　C．space-evenly　　D．space-around

5）flex-direction 属性决定了 Flex 容器中子元素（项目）的主轴方向，即项目的排列方向，下列哪个值是可以让子元素从下往上排列的？（　　）

A．row　　B．row-reverse

C．column　　D．column-reverse

2. 判断题

1）居中对属性的 justify-content: center 与 align-items: center 的作用是一样的，可以互换使用。（　　）

2）CSS 定义了一个盒子模型为弹性布局的容器，它就不能作为其他元素的子元素了。（　　）

3）在弹性容器内，绝对定位的子元素会脱离弹性流，不会影响其他兄弟元素的位置，但依然遵循弹性容器的边界。（　　）

4）没有开启 Flex 弹性布局的盒子，不能使用 justify-content。（　　）

5）媒体查询 @media (max-width: 767px) 的意义是用来定义当屏幕最大宽度为 767 像素时的样式规则，超出该宽度的设备屏幕不会采用该样式。（　　）

单元 7 CSS 动画

7.1 制作美丽乡村照片墙网页

1. 任务描述

完成美丽乡村照片墙网页的制作，效果如图 7-1 所示。它共有 2 行 3 列的图片墙效果，当用户把鼠标移入图片时，CSS 动画的变形（transform）属性将图片进行放大；鼠标移出时，恢复正常。为了使动画显得更加自然，将添加过渡（transition）属性，增加用户的交互性与视觉享受。

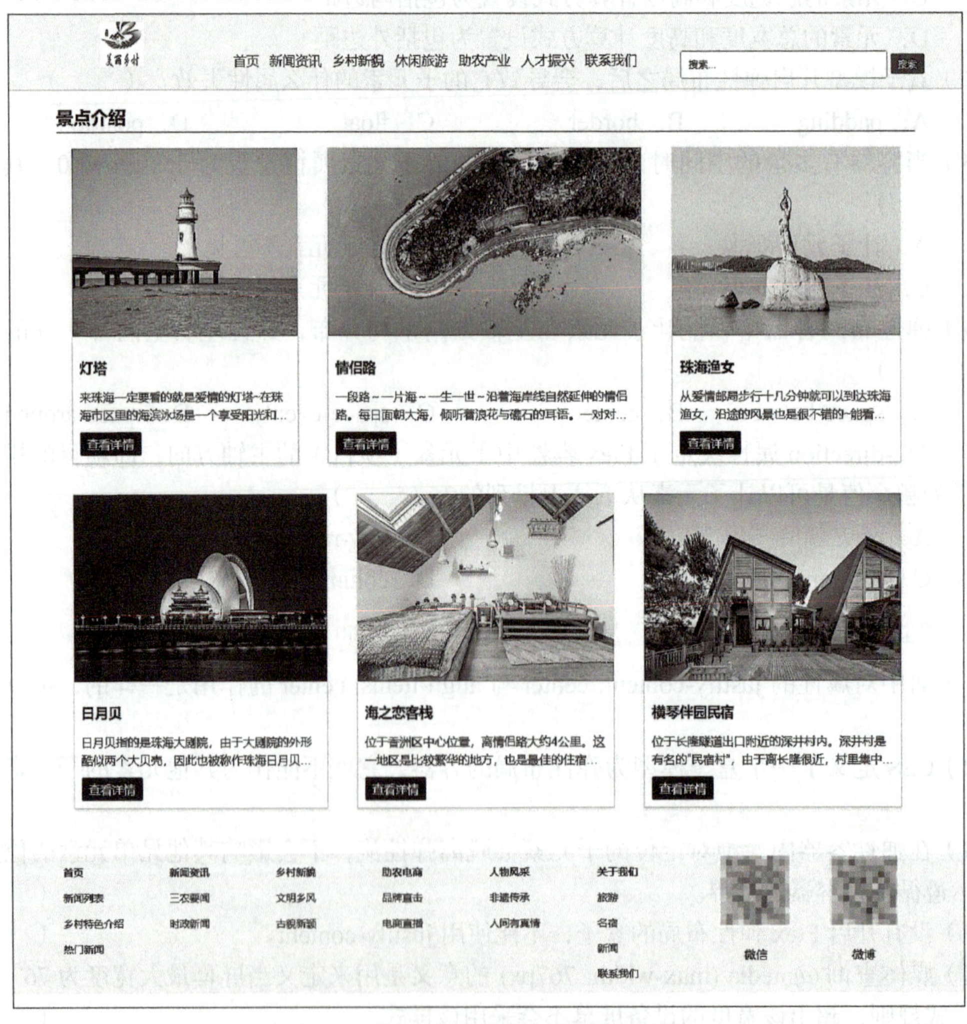

图 7-1　美丽乡村照片墙网页的制作效果

制作照片墙网页涉及的技术有 HTML 文字、HTML 超链接、HTML 图像、DIV 布局和 CSS 动画。每个景点介绍包括以下内容：一张图片、一个景点标题、景点摘要描述文字和一个超链接按钮。景点摘要描述文字最多显示 2 行，如果溢出则显示省略号。

2. 任务实施

（1）撰写 AIGC 提示词

结合 AIGC 来制作这个案例，应该如何撰写提示词？请在下面写出来。提示：可以从网页结构描述、色彩搭配、字体与排版和交互设计等方向提问。

扫码观看视频

扫码观看视频

扫码观看视频

____

____

（2）整理网页文件

1）使用 VS Code 软件，打开项目文件夹“D:\design\Beautiful Rural VillagesWebsite”，把相应的图片素材放入“img”文件夹，把网页模板文件“moban.html”另存为“AttractionsList.html”作为景点介绍网页。

网页模板文件“moban.html”是只有统一的页眉和页脚的网页文件，网页的主体内容可以添加，以获得统一的网页风格效果。

2）新建空白的“css/attractionslist.css”文件，并链接到“Attractionslist.html”中，代码如下。

```
<title> 景点介绍 - 美丽乡村主题网站 </title>
<link rel="stylesheet" href="css/styles.css">
<link rel="stylesheet" href="css/attractionslist.css">
```

（3）撰写 AIGC 提问参考提示词

制作照片墙网页的 AIGC 提问参考提示词如下。

```
<!—景点介绍列表区 -->
<section   class=" hot-product ">
    <div class="container"> 景点介绍 </div>
</section>
```

基于以上代码结构，仿照 Bootstrap 框架的风格，使用 HTML5+CSS3 分离技术制作：

1）不能使用 Bootstrap、Flex、JavaScript 技术，可以 DIV+CSS 和浮动布局。

2）第一部分为栏目标题：有一个标题文字“景点介绍”，标题有下边框线。

3）第二部分为图片列表：2 行 3 列；每一列的盒子有一个外边框，外边距为 20px。

4）每一个列里，上面是图片，下面是图片标题、图片摘要、查看详情的超链接按钮。

5）为每个盒子增加动画，鼠标滑过时放大，并且有阴影，添加适当的动画延迟效果。

6）图片摘要最多显示 3 行，如果文字溢出则显示省略号。

（4）整理 HTML 和 CSS 代码

1）整理 AIGC 的参考代码，它的 HTML 代码如下。

```
<!-- 栏目标题 -->
 <section class="hot-product">
  <div class="container">
       <h2 class="title"> 景点介绍 </h2>
  </div>
</section>
<!-- 图片列表 -->
<section class="image-list">
  <div class="item">
       <img src="image1.jpg" alt=" 景点 1">
       <div class="content">
            <h3> 景点名称 1</h3>
            <p class="summary"> 这是一段关于景点的简短摘要，可能会很长，但我们只显示前三行……</p>
            <a href="#"> 查看详情 </a>
       </div>
  </div>
  <!-- 重复上述 .item 结构以创建更多列 -->
</section>
```

HTML 代码保存在“AttractionsList.html”的相应位置。请读者自行替换超链接、文字和图像 URL。

◆ **经验分享**

在“通义灵码”插件的智能问答文本框中，预置了多个常用快捷指令，输入“/”即可看到相关快捷指令。

1）/help：学习如何使用通义灵码。

2）/explain code：解释选中的代码。

3）/generate unit test：为选中的代码生成单元测试。

4）/generate comment：为选中的代码生成方法注释或行间注释。

5）/generate optimization：为选中的代码生成优化建议和相关优化代码。

6）/clear context：当你在会话中时，单击后将清空上下文记忆。

2）整理 AIGC 的参考代码，它的 CSS 代码如下。

```
/* 定义网页主要内容区域的容器样式 */
.container {
     text-align: left;
     padding-top: 20px;
     /* border-bottom: 1px solid #CCC; */
     width: 90%; /* 手工添加的样式 */
     margin: 0 auto; /* 居中，手工添加的样式 */
}
/* 标题样式，去除默认的顶部间距 */
.title {
     margin-top: 0; /* 删除默认的标题样式 *
}
```

```
/* 定义图片列表的样式 */
/* 图片列表样式 */
.image-list {
    display: block;   /* 浮动元素需要设置 display 属性 */
    width: 90%;       /* 手工添加的样式 */
    margin: 0 auto;  /* 居中，手工添加的样式 */
}
/* 图片列表项的样式，设置为浮动元素并定义宽度及边距 */
.item {
    float: left; /* 浮动元素需要设置 float 属性 */
    width: calc(33.33% - 40px); /* 减去外边距 */
    margin: 20px; /* 减去外边距 */
    box-sizing: border-box; /* 减去外边距 */
    transition: transform 0.5s, box-shadow 0.5s; /* 添加过渡效果 */
    border: 1px solid #DDD; /* 添加边框 */
    overflow: hidden; /* 溢出部分隐藏 */
}
/* 鼠标悬停在图片列表项上时的样式，添加放大及阴影效果 */
.item:hover {
    transform: scale(1.05); /* 放大效果 */
    box-shadow: 0 0 20px rgba(0, 0, 0, 0.5); /* 添加阴影效果 */
}
/* 为奇数项和偶数项设置动画延迟，实现逐个显示的动画效果 */
.item:nth-child(odd) {
    animation-delay: 0.1s; /* 奇数项延迟 0.1 秒 */
}
.item:nth-child(even) {
    animation-delay: 0.2s; /* 偶数项延迟 0.2 秒 */
}
/* 图片样式，设置宽度自适应及高度自动调整 */
.item img {
    width: 100%;  /* 宽度自适应 */
    height: auto;   /* 高度自适应 */
}
/* 图片描述内容的样式，添加内边距 */
.content {
    padding: 10px; /* 添加内边距 */
}
/* 对图片描述进行截断，只显示三行 */
.summary {
    display: -webkit-box;   /* 显示方式 */
    -webkit-line-clamp: 3;  /* 显示行数 */
    -webkit-box-orient: vertical;   /* 显示方向 */
    overflow: hidden; /* 超出部分隐藏 */
    text-overflow: ellipsis; /* 超出部分显示省略号 */
}
/* 定义图片列表中超链接的样式 */
.image-list a {
    display: block;       /* 添加超链接样式 */
    text-align: center;   /* 居中 */
```

```
    margin-top: 10px;  /* 添加超链接间距 */
    color: #FFF; /* 超链接颜色 */
    text-decoration: none; /* 删除默认的超链接样式 */
    border:#007BFF 1px solid; /* 以下 2 个是手工添加，AIGC 没有提问，添加边框 */
    background-color: #000; /* 背景颜色 */
    width: 80px; /* 宽度 */
}
/* 鼠标悬停在超链接上时的样式，改变背景颜色 */
.image-list a:hover {
    background-color: #999;
}
```

CSS 代码保存在“css/attractionslist.css”文件中。请读者自行根据需要微调 CSS。它能实现放大效果和阴影效果，主要是以下代码在起作用。

```
/* 鼠标悬停在图片列表项上时的样式，添加放大及阴影效果 */
.item:hover {
    transform: scale(1.05); /* 放大效果 */
    box-shadow: 0 0 20px rgba(0, 0, 0, 0.5); /* 添加阴影效果 */
}
```

3. 任务验证

完善全部代码后，在浏览器中查看网页的整体效果，如图 7-1 所示。当鼠标移动到图片上时，会有图片放大和阴影效果，如图 7-2 所示。

图 7-2　导航区图片放大和阴影效果

7.2 制作客栈网页的遮罩效果

1. 知识梳理

有以下标签或者属性：@keyframes、animation、div、transform、translateX、translateY，请选择合适的标签或者属性在下面的内容中填空。

CSS3 动画通过定义关键帧（　　　　）和动画属性（　　　　），例如，animation-name、animation-duration 和 animation-iteration-count 等来创建平滑的过渡效果。在轮播图网页中，可以使用 CSS3 动画来创建图片的自动切换效果。通常，会将所有图片放在一个（　　　　）容器中，并使用 CSS3 动画来改变容器的（　　　　）属性从而模拟图片的左右滚动，改变容器的（　　　　）属性从而模拟图片的上下滚动。

2. 遮罩效果的实现

根据以下 AIGC 参考提示词，整理遮罩效果功能实现的技术文档，包括 CSS 代码、HTML 代码、代码解释和实现原理说明。

> 在 CSS 中实现一个 div 内两张尺寸相同的图片之间的遮罩效果，可以采用绝对定位结合透明度变化或者使用 CSS 的伪元素来实现遮罩层。
> 为以上 2 种实现方式进行代码举例，并给出相应的 CSS 代码和 HTML 代码。
> 为以上例子的遮罩效果实现原理作说明。

3. 任务描述

扫码观看视频

扫码观看视频

请根据要求制作遮罩效果的客栈网页，要求如下：

1）1 行 3 列显示客栈图片和简介。

2）每个客栈有 2 张图片，默认显示第 1 张图片，鼠标滑过时切换显示第 2 张图片。

3）每个客栈包括客栈标题、客栈摘要简介和一个查看详情的超链接按钮。要求客栈摘要简介文字只显示 3 行，溢出的文字以省略号表示。

遮罩效果的客栈网页效果，如图 7-3 所示。

图 7-3　遮罩效果的客栈网页效果图

4. 撰写 AIGC 提示词

根据前面的知识梳理和启发，结合 AIGC 来制作这个案例，应该如何撰写提示词？请在下面写出来。

____

____

7.3 制作新闻网页的动画效果

本次拓展练习要求对已经制作好的新闻网页进行动画美化，参考图如图 7-4 所示。请参考微课视频完成练习，具体要求如下。

扫码观看视频

扫码观看视频

1）这个网页已经制作完成，并不是重新制作。对它进行动画美化时，不能删除原来的 HTML 代码和 CSS 代码。

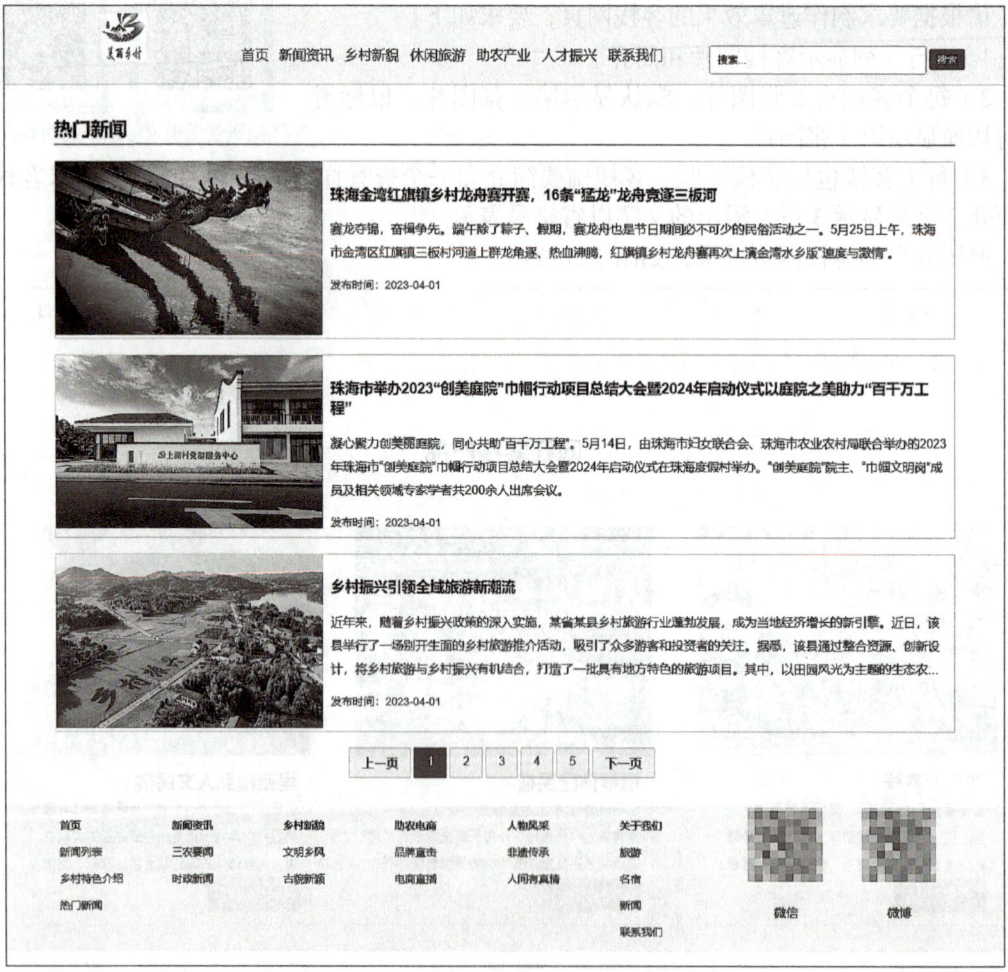

图 7-4　新闻网页的动画效果

2）可以复制新闻列表的 HTML 代码，提供给 AIGC 学习，以便制作相应的 CSS 动画效果。

3）当鼠标移动到一条新闻的盒子时，会对盒子放大，产生阴影的 CSS 动画效果。

4）当鼠标移动到一条新闻的盒子时，图片还会放大 1.1 倍，右边的新闻标题和摘要盒子会改变背景颜色。

7.4 练习题

1. 选择题

1）以下哪个 CSS 属性用于创建一个元素在鼠标悬停时改变颜色的过渡效果？（　　）

A．transition　　B．transform　　C．animation　　D．hover

2）在 CSS 中，要将一个元素旋转 45°，应该使用哪个属性和值？（　　）

A．transform: rotate(45deg);　　B．transition: rotate(45deg);

C．animation: rotate(45deg);　　D．transform: angle(45deg);

3）要创建一个元素从左边移动到右边的动画，应该使用哪个 CSS 属性？（　　）

A．transition: move(right);　　B．transform: translateX(100%);

C．@keyframes moveRight { … }　　D．animation: move(right);

4）在 CSS 中，要使一个元素在无限循环中淡入淡出，应该使用哪个属性和方法？（　　）

A．transition: opacity 0.5s infinite;

B．transform: fade();

C．@keyframes fadeInFadeOut { … }

D．animation: none infinite;

5）CSS 动画的 animation 属性通常包含哪些值？（　　）

A．animation-name 和 animation-duration

B．animation-name 和 transform

C．animation-name 和 animation-iteration-count

D．所有上述选项

2. 判断题

1）transition 属性允许定义元素在状态改变时的过渡效果，例如，鼠标悬停、单击等。（　　）

2）transform 属性只能用于改变元素的尺寸，不能用于旋转或移动元素。（　　）

3）使用 @keyframes 规则，可以定义多个关键帧，从而创建复杂的动画效果。（　　）

4）animation-duration 属性用于设置动画完成一个周期所需的时间。（　　）

5）animation-fill-mode 属性定义动画完成后元素的状态。例如，forwards 值将元素保持在动画的最后一个关键帧状态。（　　）

单元 8 JavaScript 基础

8.1 制作网页版计算器

1. 任务规划

完成“网页版计算器”的制作。该网页版计算器由三部分组成：页眉区、内容区和页脚区，其中页眉区和页脚区重用前面单元制作完成的首页的页眉区和页脚区内容，统一风格。内容区要求呈现常见计算器样式，有数字按键和加减乘除功能键等，用户单击按钮可以输入进行计算，方便开展业务。网页版计算器的界面效果如图 8-1 所示。

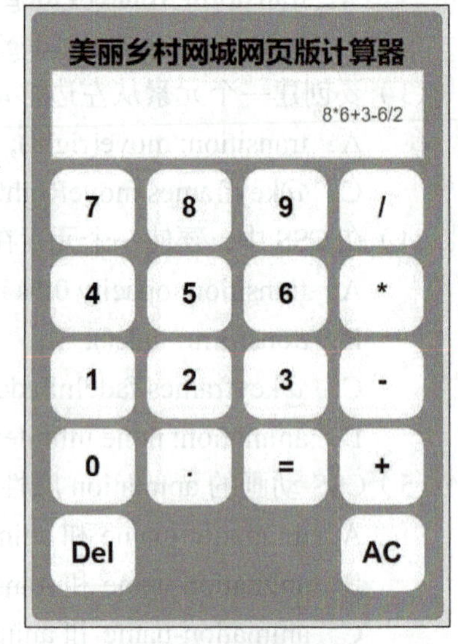

图 8-1 网页版计算器界面效果图

制作计算器界面主要使用了 DIV+CSS 布局和弹性盒子，分析如下。

内容区由 <main> 元素包含计算器主体，设置计算器主体居中效果。计算器主体由一个 div 主容器构成，里面包含一个标题元素、一个文本输出框和一个按钮弹性盒子，按钮弹性盒子中包含若干按钮。

计算器界面制作完成之后，编写 JavaScript 代码实现功能。然后进行功能测试。例如，输入“8*6+3-6/2”，单击“=”按钮进行计算，结果为“48.00”，测试效果如图 8-1 所示。

2. 任务实施

（1）撰写 AIGC 提示词

结合 AIGC 来制作这个案例，应该如何撰写提示词？请在下面写出来。提示：可以从网页结构描述、色彩搭配、字体与排版和交互设计等方向提问。

____

____

（2）创建项目文件

使用 VS Code 软件，打开项目文件夹“D:\design\Beautiful RuralVillages Website”，在根目录新建“calculator.html”网页、“css/calculator.css”样式文件和“js/calculator.js”JavaScript 文件。打开“calculator.html”网页并添加超链接文件。

```
<title> 美丽乡村主题网站 -- 网页版计算器 </title>
<link href=" css/calculator.css " rel="stylesheet" type="text/css">
<script type="text/javascript" src="js/calculator.js"></script>
```

（3）编写代码

1）网页版计算器网页布局 AIGC 提问参考提示词如下。

创建一个 DIV+CSS 布局的网页版计算器，中间为内容区域 <main>。

<main> 背景为草绿色，包含一个居中的 div 盒子，用于放置计算器主体。

计算器主体由一个 div 主容器构成，居中显示，里面包含一个标题、一个文本输出框和一个按钮弹性盒子。

按钮弹性盒子中一行排列 4 个按钮，按钮包含“0 ～ 9 数字”按钮、“小数点”按钮、“加”“减”“乘”“除”按钮、“等于”按钮和“删除”按钮等。

2）整理 AIGC 的参考代码，它的 HTML 代码如下。

```
<!DOCTYPE html>
<html lang="zh">
    <head>
        <meta charset="UTF-8">
        <meta name="viewport" content="width=device-width, initial-scale=1.0">
        <title> 美丽乡村主题网站 -- 网页版计算器 </title>
        <link rel="stylesheet" href="css/styles.css">
    </head>

    <body>
        <!-- 网页版计算器内容表区 -->
        <main>
            <div class="calculator">
                <h2>
                    美丽乡村网站网页版计算器
                </h2>
                <input class="output" name="" id="output" value="" disabled="disabled" />
                <div id="" class="calbox">
                    <button>7</button><button>8</button><button>9</button><button>/</button>
                    <button>4</button><button>5</button><button>6</button><button>*</button>
                    <button>1</button><button>2</button><button>3</button><button>-</button>
                    <button>0</button><button>.</button><button>=</button><button>+</button>
                    <button>Del</button><button>AC</button>
                </div>
            </div>
        </main>
    </body>
</html>
```

3）整理 AIGC 的参考代码，保存到“css/calculator.css”样式文件，并把它链接到“calculator.html”网页中，它的 CSS 代码如下。

```
main{
    background-color: aquamarine;
    padding: 5px 0;
}
/* 计算器容器的样式 */
.calculator{
    width: 400px;
    border: solid 1px white;
    background: #15A0D5;;
    margin: 0px auto;
    padding: 20px;
    border-radius: 10px;
}
.calculator h2{
    margin: 0;
    padding:0;
    font-size: 30px;
    text-align: center;
}
/* 计算器显示运算结果的文本框样式 */
.calculator .output{
    width: 356px;
    height: 50px;
    padding: 20px;
    font-size: 20px;
    text-align: right;
    background: white;
}
/* 放置计算器按钮的容器样式 */
.calculator .calbox{
    width: 400px;
    margin-top: 10px;
    display: inline-flex;/* 行内弹性布局 */
    flex-wrap: wrap;
    justify-content: space-between;  /* 容器内的空白空间均匀分布到子元素之间 */
}
/* 按钮通用样式 */
.calculator button{
    border: solid 1px white;
    padding: 0;
    margin: 0 0 10px 0;
    width: 90px; /* 4 个按钮并排要小于父容器宽度，且 5 个按钮并排要大于容器宽度 */
```

```
    height: 80px;
    background: #FFF;
    cursor: pointer;
    color: black;
    font-size: 30px;
    font-weight: bold;
    border-radius: 20px;
}
```

4）网页版计算器功能实现 AIGC 提问参考提示词如下。

编写 JavaScript 代码，实现网页版计算加减乘除四则混合运算功能。用户在输入所有运算数之后，单击“=”按钮再进行计算。

5）对 AIGC 给出的参考代码，结合 HTML 代码修改完善，并保存到“js/calcultor.js”文件中，整理网页版计算器 JavaScript 功能代码如下。

```
document.addEventListener('DOMContentLoaded', function() {
  // 获取结果输出显示框对象
    const output = document.querySelector('.output');
  // 获取所有计算器主体中的按钮对象
    const buttons = document.querySelectorAll('.calbox button');
  // 为每个按钮添加单击事件监听器
  buttons.forEach(button => {
      button.addEventListener('click', function() {
        if (button.textContent == '=') {
            try {
                // 计算表达式并显示结果
                output.value = eval(output.value);
            } catch (e) {
                output.value = " 计算出现错误 ";
            }
        } else if (button.textContent == 'Del') {
          // 删除最后一个字符
          output.value = output.value.slice(0, -1);
        }else if (button.textContent == 'AC') {
          // 清空结果
          output.value = '';
        }else {
          // 添加按钮上的数字或操作符到输出框
          output.value += button.textContent;
        }
    });
  });
});
```

3. 任务验证

完善代码后，在浏览器中查看效果。输入一些简单的四则运算，测试它的运算的准确性。

8.2 制作网页贷款计算器

1. 知识梳理

有以下方法或属性：innerHTML、textContent、toFixed()、parseFloat()、parseInt()、indexOf()、splice()、join()、isNaN()、search()、charAt()、toString() 和 length。请选择合适的方法或者属性在下面的内容中填空。

检测数字用（　　　　），转换成整数用（　　　　），设置元素文本内容用（　　　　），转成字符串用（　　　　），查找字符串位置用（　　　　），获取字符串长度用（　　　　）。

2. 任务描述

请结合学到的网页知识制作一个贷款计算器。贷款计算器的参考效果如图 8-2 所示，也可以制作成其他效果，用户的输入可以使用文本框、下拉列表和单选框等。

3. 撰写 AIGC 提示词

根据前面的知识梳理和启发，结合 AIGC 来制作这个案例，应该如何撰写提示词？请在下面写出来。

____

____

4. 编写代码

结合给出的 AIGC 提示词，在 AIGC 工具中提问，并阅读给出的参考代码。把参考代码放到网页编辑器中进行验证。请参考微课视频完成练习。

扫码观看视频

8.3 制作表单注册验证网页

本次拓展练习要求制作一个表单注册验证网页，表单注册验证页面的效果图如图 8-3 所示，具体要求如下。

扫码观看视频

完成表单注册验证网页制作，其中的页眉区和页脚区可以复用前面案例的代码。

注册时“用户名”不能为空，两次输入的密码必须一致且长度不少于 6 位。国内手机必须是 11 位数字，电子邮箱必须是合法的，否则不能提交注册。请参考微课视频完成练习。

贷款计算器

贷款金额(元): 1000
贷款(年)利率: 5%
贷款期数(月): 12
还款方式: ◉ 等额本息 ○ 等额本金
计算

还款计划表

期数	应还利息	应还本金	总还款额	剩余本金
1	4.17	83.33	87.50	916.67
2	3.82	83.33	87.15	833.33
3	3.47	83.33	86.81	750.00
4	3.12	83.33	86.46	666.67
5	2.78	83.33	86.11	583.33
6	2.43	83.33	85.76	500.00
7	2.08	83.33	85.42	416.67
8	1.74	83.33	85.07	333.33
9	1.39	83.33	84.72	250.00
10	1.04	83.33	84.38	166.67
11	0.69	83.33	84.03	83.33
12	0.35	83.33	83.68	-0.00
总利息: 27.08				

图 8-2　贷款计算器的参考效果

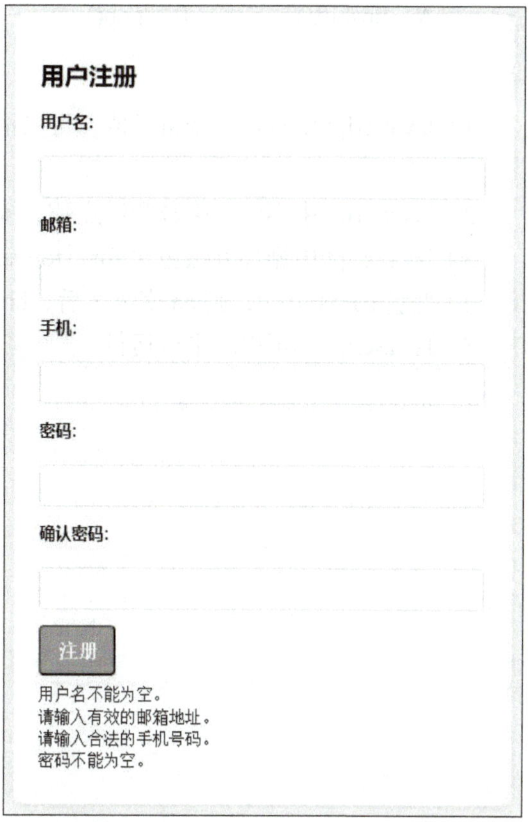

用户注册

用户名:

邮箱:

手机:

密码:

确认密码:

注册

用户名不能为空。
请输入有效的邮箱地址。
请输入合法的手机号码。
密码不能为空。

图 8-3　表单注册验证页面的效果图

8.4 练习题

1. 选择题

1）以下哪条语句会产生运行错误？（　　）

A. var obj = ( );　　B. var obj = [ ];

C. var obj = { };　　D. var obj = //;

2）以下哪个单词不属于 JavaScript 保留字？（　　）

A. with　　B. parent　　C. class　　D. void

3）在 JavaScript 中，下列哪个选项是用于终止循环的语句？（　　）

A. break　　B. for　　C. exit　　D. switch

4）在 JavaScript 中，alert("33" > "6") 的运行结果正确的是？（　　）

A. true　　B. T　　C. false　　D. F

5）从队列数组队头删除数据可以使用哪个函数？（　　）

A．unshift()　　B．pop()　　C．shift()　　D．push()

2. 判断题

1）JavaScript 中直接给变量赋值，可以不使用 var 关键字声明，网页也不会报错。（　　）

2）JavaScript 中不区分整数和浮点数，统一用 number 表示。（　　）

3）JavaScript 中循环方法包含 for、foreach 和 while 等。（　　）

4）变量 aa = bb = 0，则 aa 变为 3 后，bb 也等于 3。（　　）

5）JavaScript 不可以跨平台运行。（　　）

单元 9　JavaScript 进阶

9.1　渲染美丽乡村网站首页

1. 任务规划

通过 Ajax 异步请求数据，完成“美丽乡村网站首页”的新闻列表的渲染，实现内容的动态更新。新闻列表的数据以 JSON 格式存放在本地网站，代码格式如下。

```
[{
    "title": " 珠海金湾红旗镇乡村龙舟赛开赛，16 条“猛龙”龙舟竞逐三板河 ",
    "date": "2023-05-27",
    "link": "#",
    "source": " 本站 "
 },
 {
    "title": " 珠海市举办 2023“创美庭院”巾帼行动项目总结大会 ",
    "date": "2023-04-02",
    "link": "#",
    "source": " 珠海新闻网 "
 },
……更多的 JSON 数据

]
```

新闻列表的每个数据项有标题、发布时间、超链接和来源等信息，鼠标经过时会显示来源和发布时间提示。首页新闻列表的效果如图 9-1 所示。

新闻列表

珠海金湾红旗镇乡村龙舟赛开赛，16条“猛龙”龙舟竞逐三板河

珠海市举办2023“创美庭院”巾帼行动项目总结大会暨2024年启动仪式以庭院之美助力“百千…

乡村振兴引领全域旅游新潮流

用心守护绿色农资 共筑粮食安全防线

国内首部！珠海就乡村风貌提升作专项立法

市农发中心自主选育“珠玉甜10号”通过省级审定

图 9-1　首页新闻列表的效果

任务具体步骤如下。

1）获取新闻数据：从本地的数据文件异步获取新闻数据。

2）动态创建新闻列表项：根据获取的数据，创建 HTML 元素并填充内容。

3）添加交互效果：鼠标悬停时，显示新闻的来源和发布时间。单击标题时，跳转到新闻网页。

2. 任务实施

（1）撰写 AIGC 提示词

扫码观看视频

结合 AIGC 来制作这个案例，应该如何撰写提示词？请在下面写出来。提示：可以从网页结构描述、色彩搭配、字体与排版和交互设计等方向提问。

____

____

（2）编写代码

结合给出的 AIGC 提示词，在 AIGC 工具中提问，并阅读生成的参考代码。把参考代码放到网页编辑器中进行修改。

1）使用 VS Code 软件，打开项目文件夹“D:\design\BeautifulRural VillagesWebsite”，打开“index.html”网页，结合“通义灵码”等 AIGC 插件编写网页。

2）新闻列表布局和异步请求数据 AIGC 提问参考提示词如下。

> 创建一个新闻列表，每个列表项显示标题，鼠标经过时会显示新闻来源和发布时间的提示，单击标题时跳转到相应的网页。
>
> 新闻列表的数据来自 Ajax 异步请求网站目录下的“data/data.json”文件，每个数据项有标题、发布时间、超链接和来源等信息。不要使用 jQuery 库。

3）对 AIGC 给出的参考代码，在 HBuilderX 或者 VS Code 等软件中进行加工和处理，清空首页原来静态的新闻列表数据，整理后的 HTML 和 CSS 代码如下。

```
<!-- 新闻列表区 -->
<section id="news-list" class="section">
  <div class="container">
    <div class="column left"> <img src="img/show_p1.jpg" alt=" 新闻图片 " width="100%" height="auto"> </div>
    <div class="column right">
    <h2 class="title"> 新闻列表 </h2>
    <ul class="news-items">
      <!-- 清空原来的静态列表项 -->
    </ul>
   </div>
  </div>
</section>
```

重写或者新增部分 CSS 代码，保存到“css/styles.css”文件中。CSS 代码如下。

```
/* 设置列表项样式 */
.news-items li {
    overflow: hidden; /* 溢出部分隐藏 */
    text-overflow: ellipsis; /* 溢出部分省略号 */
```

```
    white-space: nowrap; /* 不换行 */
    margin-bottom: 10px; /* 设置下边距 */
     cursor: pointer; /* 鼠标指针变为手型，表示可单击 */
}
 /* 定义列表提示框的样式 */
.tooltip {
    display: none; /* 默认隐藏提示框 */
    position: absolute; /* 提示框位置为绝对定位，便于控制位置 */
    background: #333; /* 背景色 */
    color: #FFF; /* 文字颜色 */
    padding: 5px; /* 内边距 */
    font-size: 12px; /* 字体大小 */
    border-radius: 3px; /* 边框圆角 */
}
```

4）对 AIGC 给出的参考代码，结合 HTML 代码修改完善，整理异步请求数据并渲染的 JavaScript 功能代码如下。

```
// 等待文档加载完成后再执行脚本，确保操作的 DOM 元素已经存在
document.addEventListener('DOMContentLoaded', function() {
    // 定义存放新闻数据的 JSON 文件路径
    var url = 'data/data.json'; // 请根据实际情况调整文件路径
    // 使用 XMLHttpRequest 对象发起一个 GET 请求来获取 JSON 数据
    var xhr = new XMLHttpRequest();
    xhr.open('GET', url, true); // 第三个参数为 true 表示异步请求
    // 设置请求完成后的回调函数
    xhr.onreadystatechange = function() {
        // 检查请求是否完成且状态码为 200，表示请求成功
        if (xhr.readyState === 4 && xhr.status === 200) {
            // 将接收到的字符串形式的 JSON 数据转换为 JavaScript 对象
            var data = JSON.parse(xhr.responseText);
            // 获取网页中用于展示新闻列表的元素
            var newsList = document.querySelector('.news-items');
            // 清空 newsList 中的现有内容，以便重新填充
            newsList.innerHTML = '';
            // 遍历数据对象数组，为每一项创建 HTML 元素并添加到网页
            data.forEach(function(item) {
                // 创建列表项 <li>
                const li = document.createElement('li');
                // 创建超链接 <a>，包含新闻标题并指向详情网页
                const a = document.createElement('a');
                a.href = item.link; // 设置超链接地址
                a.textContent = item.title; // 设置显示的文本为新闻标题
                a.target = '_blank'; // 设置在新标签页中打开超链接
                // 创建提示框 <span>，用于显示来源和日期
                const tooltip = document.createElement('span');
```

```
                tooltip.className = 'tooltip'; // 为提示框添加 CSS 类名
                tooltip.textContent = `来源：${item.source} | 发布时间：${item.date}`; // 设置提示内容
                // 为超链接添加鼠标悬停事件监听器，显示提示框
                a.addEventListener('mouseover', function() {
                    tooltip.style.display = 'block'; // 显示提示框
                    // 计算并设置提示框的位置
                    tooltip.style.top = `${a.offsetTop + a.offsetHeight}px`;
                    tooltip.style.left = `${a.offsetLeft}px`;
                });
                // 为超链接添加鼠标移出事件监听器，隐藏提示框
                a.addEventListener('mouseout', function() {
                    tooltip.style.display = 'none'; // 隐藏提示框
                });
                // 将超链接和提示框添加到列表项中，再将列表项添加到 newsList
                li.appendChild(a);
                li.appendChild(tooltip);
                newsList.appendChild(li);
            });
        }
    };
    // 发送 Ajax 请求
    xhr.send();
});
```

3. 任务验证

完善代码后，在 VS Code 中的网页上单击鼠标右键，在弹出的快捷菜单中选择“Open with Live Server”命令启动测试服务器，如图 9-2 所示。它会自动打开网页，在浏览器中查看效果，JSON 的新闻数据能正确读取出来。

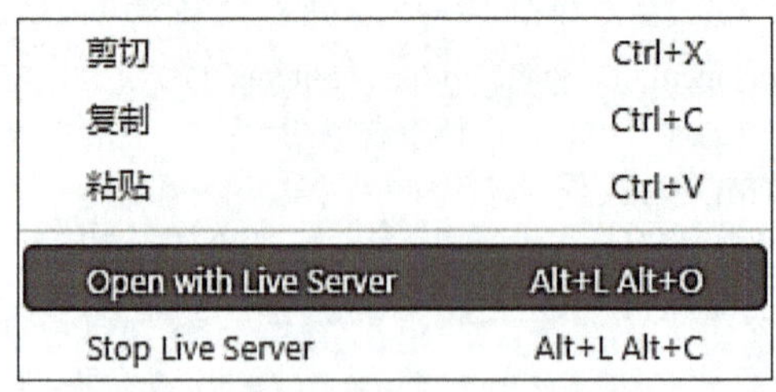

图 9-2　启动 Live Server 服务器

◆ 经验分享

对于 Ajax 请求 JSON 数据的网页，不能直接打开网页浏览器查看效果，需要把网站部署到 Web 服务器中查看。VS Code 软件中的 Live Server 支持 Web 服务器查看，具体的安装方法详见单元 1。如果选用其他 Web 服务器，由读者自行配置。

9.2 制作 Tab 选项卡效果

1. 知识梳理

有以下方法或属性：onclick()、onresize()、onload()、onsubmit()、getElementById()、addEventListener()、getElementsByClassName()、querySelector()、setAttribute() 和 createElement()。请选择合适的方法或者属性在下面的内容中填空。

网页加载完成用（　　　　），通过类名获取元素用（　　　　），设置元素属性用（　　　　），创建一个元素用（　　　　），添加事件用（　　　　），提交表单用（　　　　）。

2. 任务描述

请结合学到的网页知识制作 Tab 选项卡效果。Tab 选项卡效果如图 9-3 所示，单击选项卡标题，下方切换显示对应的内容；单击“关闭”按钮可以关闭选项卡。在前端开发中，该效果经常用于管理网页，用户可以在同一网页打开多个功能模块。

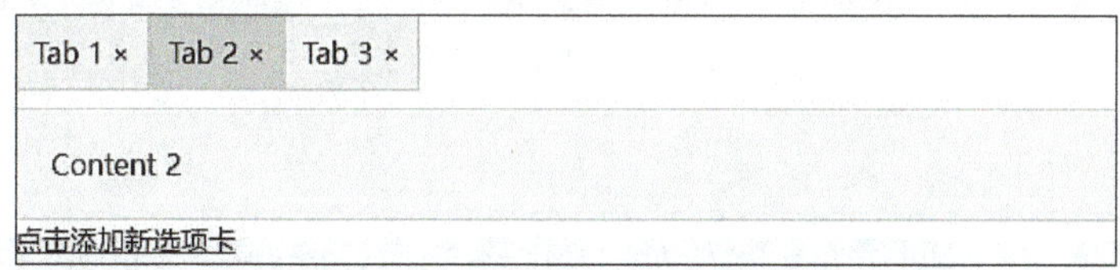

图 9-3　Tab 选项卡效果

3. 撰写 AIGC 提示词

根据前面的知识梳理和启发，结合 AIGC 来制作这个案例，应该如何撰写提示词？请在下面写出来。

____

____

4. 编写代码

结合给出的 AIGC 提示词，在 AIGC 工具中提问，并阅读给出的参考代码。把参考代码放到网页编辑器中进行验证。请参考微课视频完成练习。

扫码观看视频

9.3 制作直播评论弹幕网页

本次拓展练习要求制作一个直播评论弹幕网页，直播评论弹幕的效果图如图 9-4 所示，具体要求如下。

扫码观看视频

完成直播评论弹幕的制作，用一个视频模拟直播源；未登录的用户不能发表评论，已登录的用户显示“用户名”且可以发表评论，模拟异步方式提交登录；模拟异步方式每隔一段时间从服务器读取评论数据，逐条随机位置、字体大小等进行弹幕播放；用户可以定义弹幕速度、关闭弹幕功能。请参考微课视频完成练习。

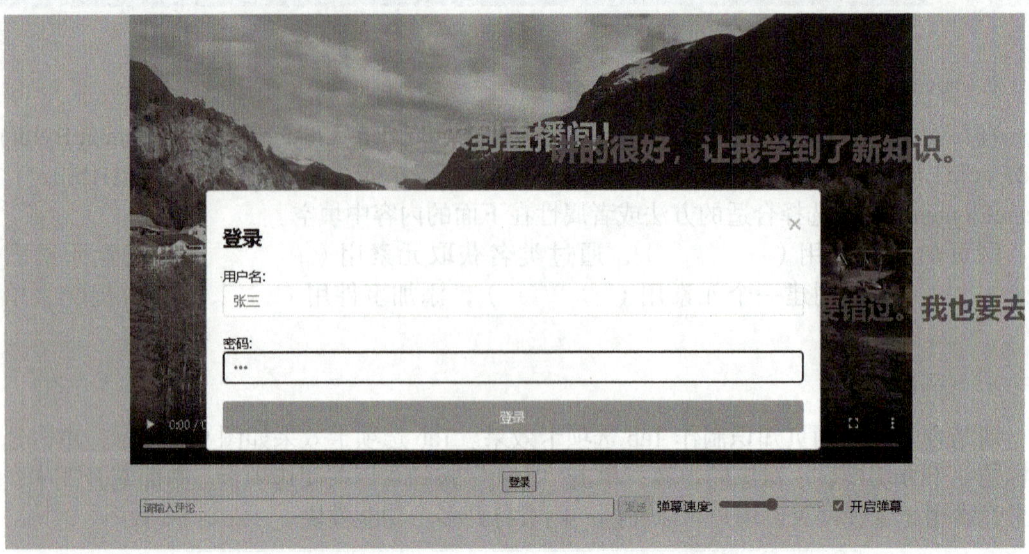

图 9-4　直播评论弹幕效果图

9.4 练习题

1. 选择题

1）以下不属于浏览器对象 window 的选项是？（　　）

A. session　　B. document　　C. location　　D. history

2）在 JavaScript 中，用于在指定毫秒数后调用函数或表达式的函数是？（　　）

A. Timeout()　　B. setInterval()　　C. setTimeout()　　D. Interval()

3）产生当前日期的方法是？（　　）

A. Date()　　B. new Date()　　C. Now()　　D. new Now()

4）下列哪个事件处理程序可用于在用户单击按钮时执行函数？（　　）

A. onchange　　B. onclick　　C. onClick　　D. onsubmit

5）在 JavaScript 中，以下哪个不属于赋值运算符？（　　）

A. =　　B. +=　　C. -=　　D. ==

2. 判断题

1）alert 函数会阻塞网页中其他未执行代码的执行。（　　）

2）JavaScript 中循环方法包含 for、foreach 和 while 等。（　　）

3）Error 不是 JavaScript 的内置对象。（　　）

4）JavaScript 中不必有明确的数据类型。（　　）

5）JSON 是 JavaScript 的一个库。（　　）

单元 10 制作数字智慧党建网站

10.1 项目描述

传统的电子党建是以传统电子政务为基本模式的网站互动模式，通过基础网站实现党务信息公开和共享，群众通过浏览具有固定网址的网页实现党务信息的获取，了解当前的党务动态，是一种单向的信息交流模式。智慧党建（Smart Party Building，SPB）基于移动互联网、大数据和云计算技术，依托手机、平板计算机等智能设备，使信息交互双向流动，具备数据分析、智能反馈和精准传达等特性，更适合现在的移动互联网、自媒体时代环境。

数字智慧党建网站项目可以利用先进的信息技术，构建一个集党员管理、学习交流、信息发布和数据分析于一体的综合性平台。该项目将提高党建工作的信息化水平，促进党员间的互动与学习，优化党内资源的配置与使用，从而增强党组织的凝聚力和战斗力。通过数字化手段，推动党建工作的创新发展，提升党组织的整体工作效能。

本单元的教学项目是创建数字智慧党建网站前台的网站主页、图片列表网页、新闻列表网页和新闻详情网页；创建数字智慧党建网站后台的用户列表功能网页、注册网页和登录网页。结合这些具有代表性的网页，可以创建数字智慧党建网站不同功能模块的网页。

10.2 网站规划

在制作网站之前，需要对网站进行整体规划，以保证网站项目能正常开展并按进度完成。通常，网站规划包括目标和目标受众分析、内容规划、用户体验和界面设计、技术实现、搜索引擎优化（SEO）和网站推广与营销等几个主要的方面。

1. 内容规划

在规划数字智慧党建网站的内容时，可以根据网站的定位和目标受众，设计清晰的网站栏目结构。前台网站栏目和后台网站栏目参考，见表 10-1 和表 10-2。

表 10-1 前台网站栏目参考

父级栏目	子级栏目
党建动态	政策解读、会议精神
党员服务	个人信息、活动报名、党费缴纳
学习交流	党课学习、视频资源、PPT 资源、在线考试、经验分享

（续）

父级栏目	子级栏目
组织生活	支部活动、民主生活会、主题党日
互动社区	社区讨论、留言板
资讯中心	党建新闻、时政要闻、社会热点

表 10-2　后台网站栏目参考

父级栏目	子级栏目
用户管理	用户列表、用户角色管理、用户权限设置、用户登录日志
内容管理	文章管理、图片管理、视频管理、专题管理、内容审核
党建动态管理	政策解读管理、会议精神管理、活动管理
党费管理	党费缴纳记录、党费催缴通知、党费统计报表
活动报名管理	活动发布、报名名单、报名审核
学习交流管理	党课资源管理、在线考试管理、经验分享审核
组织生活管理	支部活动管理、民主生活会管理、主题党日管理
系统设置	网站基本设置、模板管理、角色权限管理、数据备份与恢复
互动社区管理	社区帖子管理、留言板管理
资讯中心管理	党建新闻管理、时政要闻管理、社会热点管理

2. 技术实现

数字智慧党建网站的技术实现依托于先进的 Web 开发框架和数据库技术，确保网站的高可用性、稳定性和安全性。同时，利用大数据和人工智能技术，网站能够智能分析用户行为，提供个性化的党建服务。结合本书学习的知识，数字智慧党建网站主要开发静态 HTML 网页，不涉及数据库和网页编程知识。本单元将着重使用以下技术。

1）HTML5 和 CSS3。利用 HTML5 标准，可以创建结构清晰、语义明确的网页内容。CSS3 重点用于实现网页的样式设计和布局。

2）静态内容管理。由于不涉及数据库，所有内容将以静态文件的形式管理，例如，HTML、CSS、JavaScript 文件以及图片、视频等多媒体资源。

3）图片和视频优化。考虑到网站加载速度和用户体验，需要对图片和视频进行优化处理，例如，压缩、格式转换等，可以使用专业的图片处理工具和视频编辑软件来完成这些任务。

3. 搜索引擎优化（SEO）

在 SEO 中，HTML 标签扮演着重要的角色，它们帮助搜索引擎理解和索引网页内容。以下是一些 SEO 相关的 HTML 标签。

1）<title>：定义网页的标题，显示在浏览器的标签页上，并在搜索引擎结果页面中作为首要可见内容。它是搜索引擎结果页面（SERP）中最重要的 SEO 标签之一。

2）<meta name="description">：提供网页的简短描述，通常显示在搜索引擎结果页面的标题下方。良好的描述可以吸引用户点击。

3）<meta name="keywords">：虽然现代搜索引擎不再直接依赖此标签进行排名，但某些搜索引擎可能仍然使用它作为参考。此外，它对于网站内部搜索功能仍然有用。

4）<h1> 到 <h6>：定义标题和子标题。<h1> 是最重要的标题，通常用于页面主要内容的标题。搜索引擎会给予这些标题额外的权重。

5）<alt>：用于图像标签 <img>，提供图像的文字描述。这对于搜索引擎理解图像内容以及提高网站对视觉障碍用户的可访问性都很重要。

6）<meta name="robots">：用于指示搜索引擎如何索引和跟随网页上的超链接。例如，robots="noindex" 会阻止搜索引擎索引页面。

7）<meta name="viewport">：用于响应式网站设计，控制网页在不同设备和屏幕尺寸上的呈现方式。这对于移动 SEO 特别重要。

8）<header>、<footer>、<nav>、<article> 和 <section> 等语义化标签：这些标签提供了页面内容的结构化信息，有助于搜索引擎更好地理解网页内容和组织结构。虽然它们不直接影响排名，但有助于搜索引擎更好地理解网页。

10.3 制作管理后台的注册网页和登录网页

1. 任务规划

根据用户表（tbUser）的数据表格结构定义，创建注册网页和登录网页的表单功能。MySQL 数据库格式的用户表（tbUser）的表格结构定义见表 10-3。

表 10-3　用户表（tbUser）表格结构

序号	英文名称	字段类型	备注和约束条件	中文名称
1	id	INT	主键，自增	用户 id
2	username	VARCHAR(50)	唯一，非空	用户名
3	password	VARCHAR(50)	非空，加密存储，6 ～ 12 位，数字和字母的组合	密码
4	email	VARCHAR(100)	唯一，邮箱验证	邮箱
5	phone	VARCHAR(20)	唯一，手机号验证	手机号
6	real_name	VARCHAR(50)	非空	真实姓名
7	gender	ENUM('M', 'F')	可选值：M（男），F（女）	性别
8	birthdate	DATE		出生日期
9	created_at	TIMESTAMP		创建时间
10	updated_at	TIMESTAMP		更新时间

对于用户注册网页，需要尽可能完整地呈现以上数据表结构的字段定义，用户注册网页效果如图 10-1 所示。对于用户登录网页，仅需要呈现“用户名”和“密码”2 个字段定义，用户登录网页效果如图 10-2 所示。

智慧党建用户注册

欢迎加入我们!

用户名:

请输入用户名

密码:

密码必须包含6到12个字符，且至少包含一个数字和一个字母

邮箱:

请输入邮箱

手机号:

请输入11位手机号

真实姓名:

请输入真实姓名

性别:

男

出生日期:

年 /月/日

注册 重置

图 10-1　用户注册网页效果

智慧党建用户登录

欢迎加入我们!

用户名:

请输入用户名,6-50个字符

密码:

密码必须包含6到12个字符，且至少包含一个数字和一个字母

登录 重置

图 10-2　用户登录网页效果

2. 任务实施

扫码观看视频

结合给出的 AIGC 提示词，在 AIGC 工具中提问，并阅读生成的参考代码。把参考代码放到网页编辑器中进行修改。网页编写的过程效果图和操作截图比较多，这里不一一列出，请读者参考微课视频和配套素材文档的详细步骤和效果来完成。

（1）制作用户注册网页

1）创建项目和网页。使用 VS Code 软件，项目文件夹为“D:\design\SmartPartyBuilding”，项目名称为“SmartPartyBuilding”，新建“reg/reg.html”网页，结合“通义灵码”等 AIGC

插件编写网页。

2）撰写 AIGC 提示词。用户注册网页的 AIGC 提问参考提示词如下。

< 把表 10-3 用户表（tbUser）表格结构复制到这里 >

基于以上表结构，仿照 Bootstrap 框架的风格，使用 HTML5+CSS3 技术创建一个用户注册网页：

1）不能直接使用 Bootstrap 框架，CSS 和 HTML5 的代码分离，做好响应式设计。

2）主色调为红色系。设计一个红色背景白色文字的 div 盒子，宽度为 100%，高度为 500px。接着才是白色背景的表单 div 盒子。

3）表单提供必要的验证。验证直接写在 HTML5 表单标签中，不使用 JavaScript 实现。

4）为 SEO 相关的 HTML 标签添加内容。

5）为 HTML5 代码给出简要的注释，针对每行 CSS 代码给出注释。

3）整理 HTML 代码。把 AIGC 给出的 HTML 参考代码复制到“reg/reg.html”网页中。在 HBuilderX 或者 VS Code 等软件中进行加工和处理，整理后的代码如下。

```
<!DOCTYPE html>
<html lang="zh-CN">
    <head>
        <meta charset="UTF-8">
        <meta name="viewport" content="width=device-width, initial-scale=1.0">
        <title> 智慧党建用户注册 - 官方注册入口 </title>
        <meta name="description" content=" 智慧党建官方网站用户注册网页，加入我们，共同参与党的
建设和学习。">
        <link rel="stylesheet" href="../css/reg.css">
    </head>
    <body>
        <main>
                <!-- 100% 宽的红色盒子 -->
            <div class="container-fluid">
              <header>
                <h1 class="text-center"> 智慧党建用户注册 </h1>
              </header>
              <div class="container">
                <form action="#" method="post" >
                  <!-- 用户名 -->
                  <div class="form-group">
                    <label for="username"> 用户名：<span class="required">*</span></label>
                    <input name="username" type="text" required class="form-control" id="username"
placeholder= " 用户名须为 6 到 50 个字符 " pattern=".{6,50}" title=" 用户名须为 6 到 50 个字符 ">
                  </div>
                  <!-- 密码 -->
                  <div class="form-group">
                    <label for="password"> 密码：<span class="required">*</span></label>
                    <input name="password" type="password" required class="form-control" id="password"
placeholder= " 密码须包含字母和数字，长度 6 到 12 位 " pattern="^(?=.*[A-Za-z])(?=.*\d)[A-Za-z\d]{6,12}$"
title=" 密码须包含字母和数字，长度 6 到 12 位 ">
```

```
                </div>
                <!-- 邮箱 -->
                <div class="form-group">
                    <label for="email"> 邮箱：<span class="required">*</span></label>
                    <input name="email" type="email" required class="form-control" id="email" placeholder=
" 请输入正确的邮箱 ">
                </div>
                <!-- 手机号 -->
                <div class="form-group">
                    <label for="phone"> 手机号：<span class="required">*</span></label>
                    <input name="phone" type="tel" required class="form-control" id="phone" placeholder="
请输入正确的手机号 " pattern="^1[3-9]\d{9}$" title=" 请输入正确的手机号 ">
                </div>
                <!-- 真实姓名 -->
                <div class="form-group">
                    <label for="real_name"> 真实姓名：<span class="required">*</span></label>
                    <input name="real_name" type="text" required class="form-control" id="real_name"
placeholder= " 请输入真实姓名 ">
                </div>
                <!-- 性别 -->
                <div class="form-group">
                    <label for="gender"> 性别：</label>
                    <select name="gender" required="required" class="form-control" id="gender">
                        <option value="M"> 男 </option>
                        <option value="F"> 女 </option>
                    </select>
                </div>
                <!-- 出生日期 -->
                <div class="form-group">
                    <label for="birthdate"> 出生日期：</label>
                    <input name="birthdate" type="date" required="required" class="form-control" id="
birthdate" max="2999-01-01" min="1949-01-01">
                </div>
                <!-- 提交按钮 -->
                <button type="submit" class="btn btn-primary"> 注册 </button>
                <button type="reset" class="btn btn-primary"> 重置 </button>
            </form>
        </div>
        <div class="footer"><!-- 不写内容，只作盒子高度 --></div>
    </div>
</main>
</body>
</html>
```

4）整理 CSS 代码。把 AIGC 给出的 CSS 参考代码复制到“css/reg.css”网页中。如果“css/reg.css”没有 CSS 注释，则可以选择“通义灵码”→“生成注释”命令，如图 10-3 所示。

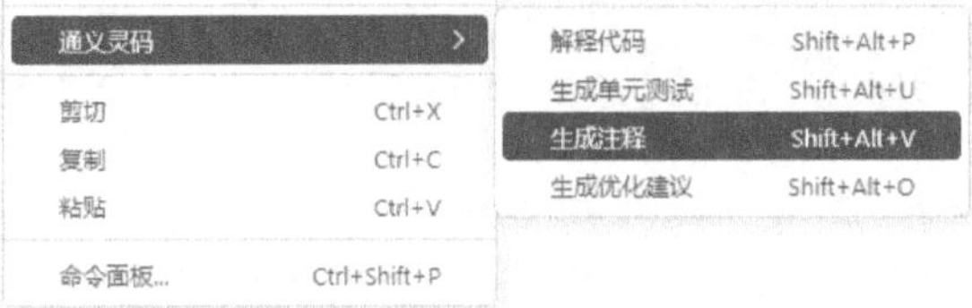

通义灵码 >
剪切 Ctrl+X
复制 Ctrl+C
粘贴 Ctrl+V
命令面板... Ctrl+Shift+P
解释代码 Shift+Alt+P
生成单元测试 Shift+Alt+U
生成注释 Shift+Alt+V
生成优化建议 Shift+Alt+O

图 10-3　“生成注释”级联菜单

整理后的代码如下。

```
/* 基础样式：定义全局的字体、背景颜色、文本颜色以及容器的基本样式 */
body {
    font-family: Arial, "Microsoft YaHei", sans-serif; /* 设置使用的字体 */
    background-color: #F0F0F0; /* 设置背景颜色 */
    color: #333; /* 设置文本颜色 */
    padding: 0px; /* 移除默认的边距和填充 */
    margin: 0px; /* 移除默认的边距和填充 */
}
/* 定义一个充满整个屏幕宽度且高度为 500px 的红色绝对定位容器 */
.container-fluid{
    width: 100%; /* 容器宽度占满整个屏幕 */
    height: 500px; /* 容器高度 */
    background-color: red; /* 容器背景颜色 */
    position: absolute; /* 绝对定位，让后面的表单盒子能重叠 */
}
/* 设置网页标题头部样式 */
header{
    color: white; /* 标题颜色 */
    margin-top: 100px; /* 标题与顶部的距离 */
    font-size: 26px; /* 标题字体大小 */
}
/* 定义主容器样式，包括最大宽度、居中显示、内边距和背景色 */
.container {
    max-width: 600px; /* 容器最大宽度 */
    margin-top: 50px;  /* 容器与顶部的距离 */
    margin-left: auto;  /* 容器向左对齐 */
    margin-right: auto;   /* 容器向右对齐。左和右的 auto 实现居中显示 */
    padding: 40px;  /* 容器的内边距 */
    background-color: white; /* 容器背景颜色 */
}
/* 文本居中显示 */
.text-center {
    text-align: center; /* 文本居中显示 */
}
/* 表单样式：定义表单元素的基本样式及必填项的提示 */
.form-group {
    margin-bottom: 20px; /* 表单组的垂直外边距 */
}
/* 定义表单控件的基本样式 */
.form-control {
```

```
    width: 100%; /* 表单控件宽度占满其父元素 */
    padding: 15px; /* 内边距增加输入框的舒适度 */
    border: 1px solid #DDD; /* 输入框边框样式 */
    border-radius: 3px; /* 输入框圆角 */
    box-sizing: border-box; /* 确保边框和内边距不会影响元素宽度 */
}
/* 为必填项添加红色 * 号提示 */
.required::after {
    content: '*'; /* 必填项标志 */
    color: red; /* 必填项标志颜色 */
    margin-left: 3px; /* 标志与文本之间的间距 */
}
/* 定义按钮的基本样式 */
.btn {
    display: inline-block; /* 按钮以行内块级元素显示 */
    padding: 10px 20px; /* 内边距增加按钮的舒适度 */
    background-color: #FF3333; /* 按钮默认背景颜色 */
    color: #FFF; /* 按钮文本颜色 */
    border: none; /* 按钮无边框 */
    border-radius: 3px; /* 按钮圆角 */
    cursor: pointer; /* 鼠标悬停时显示为指针 */
    font-weight: bold; /* 文本加粗 */
    transition: background-color 0.3s; /* 背景颜色过渡效果 */
}
/* 鼠标悬停时按钮的背景颜色变化 */
.btn-primary:hover {
    background-color: #CC0000; /* 按钮鼠标悬停时的背景颜色 */
}
/* 定义页脚的高度 */
.footer{
    height: 100px;
}
/* 响应式设计：针对屏幕宽度小于 480px 的设备调整样式 */
@media screen and (max-width: 480px) {
    .container {
        margin: 20px; /* 调整容器外边距以适应小屏幕 */
    }
}
```

5）网页测试。完善代码后，在浏览器中查看用户注册页效果，如图 10-1 所示。

◆ 经验分享

以上任务步骤生成的参考代码并不是唯一的。因为每个平台的 AIGC 训练模型的参数和技术都不完全相同，AI 训练模型也会不断地迭代更新，它生成的 HTML 代码和 CSS 代码也不会完全相同。读者可以根据实际情况调整 HTML 和 CSS 代码效果。

不能完全依赖 AIGC 生成网页的全部代码，对于细节部分或者特定的需求功能，需要前端开发程序员进行优化和补充。

（2）制作用户登录网页

1）创建网页。用户注册网页和用户登录网页的效果大体相似，不需要从零开始编写，可以把“reg/reg.html”网页另存为“login/index.html”网页。

2）整理 HTML 代码。把 <div class="footer"></div> 代码块放到表单结束标签 </form> 之后，再删除多余的表单元素，整理后的代码如下。

```
<!DOCTYPE html>
<html lang="zh-CN">
    <head>
        <meta charset="UTF-8">
        <meta name="viewport" content="width=device-width, initial-scale=1.0">
        <title> 智慧党建用户登录 - 官方注册入口 </title>
        <meta name="description" content=" 智慧党建网站用户登录网页，加入我们，共同参与党的建设和学习。">
        <link rel="stylesheet" href="../css/reg.css">
    </head>
    <body>
        <main>
            <!-- 100% 宽的红色盒子 -->
          <div class="container-fluid">
            <header>
              <h1 class="text-center"> 智慧党建用户登录 </h1>
            </header>
            <div class="container">
              <form action="#" method="post" >
                <!-- 用户名 -->
                <div class="form-group">
                  <label for="username"> 用户名：<span class="required">*</span></label>
                  <input name="username" type="text" required class="form-control" id="username" placeholder=" 用户名须为 6 到 50 个字符 " pattern=".{6,50}" title=" 用户名须为 6 到 50 个字符 ">
                </div>
                <!-- 密码 -->
                <div class="form-group">
                <label for="password"> 密码：<span class="required">*</span></label>
                <input name="password" type="password" required class="form-control" id="password" placeholder=" 密码须包含字母和数字，长度 6 到 12 位 " pattern="^(?=.*[A-Za-z])(?=.*\d)[A-Za-z\d]{6,12}$" title=" 密码须包含字母和数字，长度 6 到 12 位 ">
                </div>
                <!-- 提交按钮 -->
                <button type="submit" class="btn btn-primary"> 登录 </button>
                <button type="reset" class="btn btn-primary"> 重置 </button>
              </form>
               <!-- 这个盒子放到表单后面了 -->
                 <div class="footer"><!-- 不写内容，只作盒子高度。--></div>
            </div>
          </div>
```

```
    </main>
    </body>
    </html></body>
</html>
```

CSS 代码不需要重新编写，它与注册用户的 CSS 代码是一样的。

温馨提示

读者可以根据网页设计的需要，结合 AIGC 代码编程插件，为网页添加相应的 CSS 动画效果。例如，可以使用 opacity 和 transition 属性来创建淡入淡出效果；使用 transform：translateX() 或 transform：translateY() 可以实现滑动效果；使用 linear-gradient 和 animation 可以创建动态变化的背景。

3）网页测试。完善代码后，在浏览器中查看用户登录页效果，如图 10-2 所示。

10.4 制作管理后台的用户列表网页

1. 任务规划

根据表 10-3 的用户表（tbUser）的数据表格结构定义，结合 AIGC 工具生成若干测试数据。

结合 DIV+CSS 设计“厂”字形布局，左边放置表 10-2 的后台网站二级栏目，并使用“手风琴”效果，右边设置内联框架用于接收左边各导航的网页。

设计用户表的列表网页，包括表头按“真实姓名”和“性别”搜索的表单功能、用户表的列表和分页条等，如图 10-4 所示。

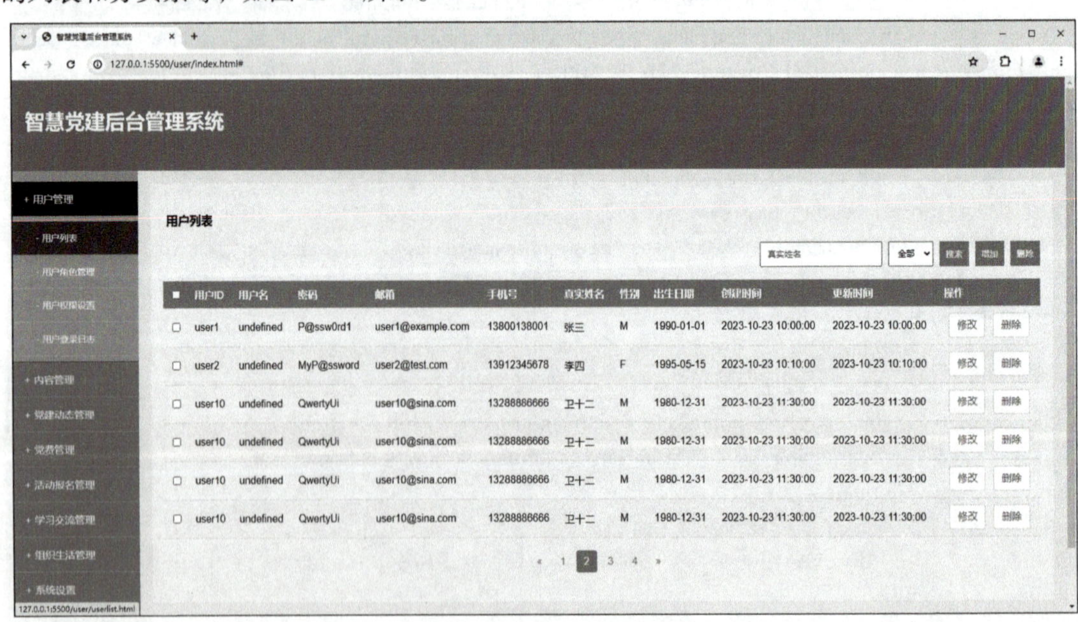

图 10-4　用户注册网页效果

2. 任务实施

扫码观看视频

扫码观看视频

结合给出的 AIGC 提示词，在 AIGC 工具中提问，并阅读和修改生成的参考代码。请读者参考微课视频和配套素材文档的详细步骤和效果来完成。

（1）制作测试数据

1）撰写 AIGC 提示词。生成用户测试数据的 AIGC 提问参考提示词如下。本操作可以在“文心一言”等工具中完成。

> *< 把表 10-3 用户表（tbUser）表格结构复制到这里 >*
>
> *基于以上表结构，生成 10 条测试数据，以 Word 表格效果形式呈现，表头各字段的名称使用表 10-3 的“中文名称”。*

2）整理数据格式。“文心一言”AIGC 工具反馈的结果如图 10-5 所示。把它里面的表格复制到 Word 或者 Excel 软件中进行必要的格式整理，并保存下来，以备后面的任务使用。格式整理过程省略，请读者自行完成。

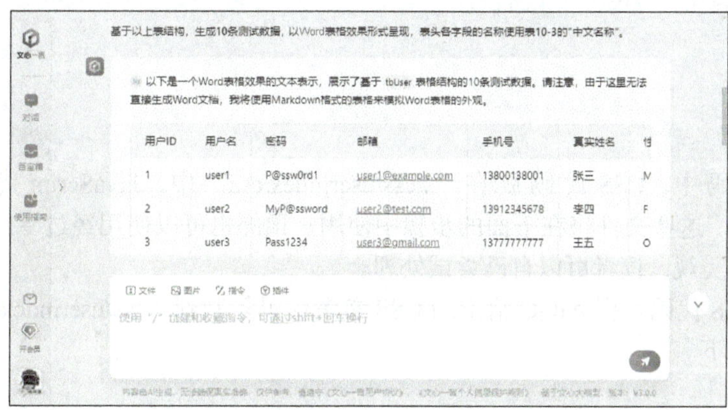

图 10-5　用户列表页测试数据的 AIGC 反馈结果

（2）制作内联框架网页

1）创建网页。在项目“SmartPartyBuilding”中新建“user/index.html”网页，结合“通义灵码”等 AIGC 插件编写网页。

2）撰写 AIGC 提示词。后台管理系统框架布局网页的 AIGC 提问参考提示词如下。

> *使用 HTML 和 CSS，设计左右型布局。其中左边固定宽度为 200px，右边自适应宽度，并且高度占满除了顶部盒子之外的全部高度，对代码给出必要的注释。*

3）整理 HTML 代码。把 AIGC 给出的 HTML 参考代码复制到“user/index.html”网页中，整理后的代码如下。

```
<!DOCTYPE html>
<html lang="en">
    <head>
        <meta charset="UTF-8">
        <meta name="viewport" content="width=device-width, initial-scale=1.0">
        <title> 智慧党建后台管理系统 </title>
```

```
        <link rel="stylesheet" href="../css/userindex.css">
        <script src="../js/accordion.js"></script>
    </head>
    <body>
        <div class="header">
            <!-- 顶部盒子内容 -->
            <h1> 智慧党建后台管理系统 </h1>
        </div>
        <div class="main">
            <div class="left-column">
                <!-- 左边盒子内容 -->
                <p> 左边内容区域，宽度固定为 200px</p>
            </div>
            <div class="right-column">
                <!-- 右边盒子内容 右边内容区域，宽度自适应占满剩余空间 -->
                <iframe src="blank.html" frameborder="0" scrolling="auto" width="100%" height="100%" id=
"mainframe" name="mainframe"></iframe>
            </div>
        </div>
    </body>
</html>
```

在以上代码中，CSS 代码放在“../css/userindex.css”中，JavaScript 代码放在“../js/accordion.js”中。这些文件将在下面的步骤中使用。顶部也可以使用经过专门设计的图片来代替，它会更加美观，读者可以自己尝试处理。

4）整理 CSS 代码。把 AIGC 给出的 CSS 参考代码复制到“css/userindex.css”网页中，整理后的代码如下。

```
body, html {
    margin: 0; /* 移除默认的 body 和 html 的边距和边框 */
    padding: 0;  /* 移除默认的 body 和 html 的边距和边框 */
    height: 100%; /* 设置 body 和 html 的高度为 100% 以便子元素可以继承 */
}
.header {
    background-color: red; /* 红色背景示例 */
    height: 100px;  /* 顶部盒子高度为 100px */
    padding: 20px; /* 增加内边距 */
    text-align: center; /* 文本居中对齐 */
    text-align: left;  /* 左对齐 */
    color: white;   /* 文字白色 */
}
.main {
    display: flex; /* 使用 Flexbox 布局 */
    flex-direction: row; /* 子元素水平排列 */
    height: calc(100% - 140px); /* 高度为 100% 减去顶部盒子的高度（高度为 100+20+20=140px）*/
}
.left-column {
```

```
    width: 200px; /* 左边盒子固定宽度 */
    background-color: lightcoral; /* 浅红色背景示例 */
    /* padding: 20px; 增加内边距 */
}
.right-column {
    flex-grow: 1; /* 右边盒子自适应剩余空间 */
    background-color: #EEE; /* 浅灰色背景示例 */
    padding: 20px; /* 增加内边距 */
}
```

5）网页测试。完善代码后，在浏览器中查看内联框架页效果，如图 10-6 所示。

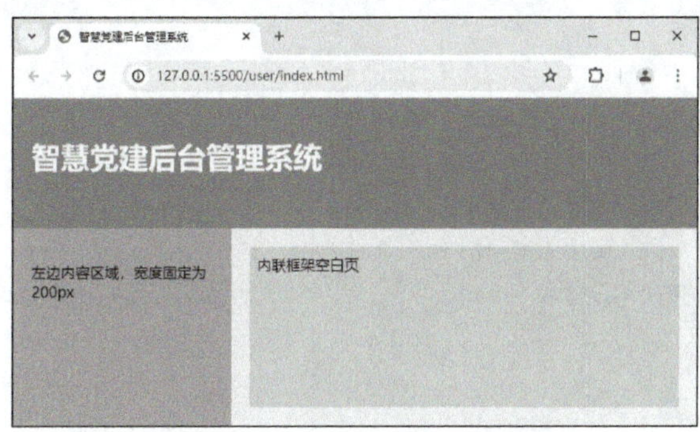

图 10-6　内联框架页效果图

（3）制作左边导航菜单

1）撰写 AIGC 提示词。生成左边导航菜单的 AIGC 提问参考提示词如下。本操作可以在“通义灵码”插件工具中完成。

<把表 10-2 的参考栏目数据复制到这里>

基于以上数据，使用红色配色风格，使用 HTML5+CSS3+JavaScript 技术，为管理后台系统的左边垂直导航菜单给出一个示例，最少要展现 3 个父级菜单，每个父级菜单下有 2 个子菜单。每次保证只有一个父级菜单展开。

2）整理代码。把 AIGC 给出的 HTML 参考代码复制到“user/index.html”网页的 <div class="left-column"> 代码块里；把 CSS 代码复制到“css/userindex.css”文件的后面，并做好注释说明；把控制左边导航切换的 JavaScript 代码复制到“js/accordion.js”文件中。

整理后的代码比较长，完整的代码请查看本书配套的素材资源，左边的导航部分代码如下。

```
<div class="left-column">
    <!-- 左边盒子内容 -->
    <!-- <p> 左边内容区域，宽度固定为 200px</p> -->
    <div class="sidebar">
        <ul>
            <li class="menu-item"> <a href="#">+ 用户管理 </a>
                <ul class="submenu">
                    <li><a href="userlist.html" target="mainframe">- 用户列表 </a></li>
                    <li><a href="#">- 用户角色管理 </a></li>
                    <li><a href="#">- 用户权限设置 </a></li>
```

```
            <li><a href="#">- 用户登录日志 </a></li>
          </ul>
        </li>
        <li class="menu-item"> <a href="#">+ 内容管理 </a>
          <ul class="submenu">
            <li><a href="#">- 文章管理 </a></li>
            <li><a href="#">- 图片管理 </a></li>
            <li><a href="#">- 视频管理 </a></li>
            <li><a href="#">- 专题管理 </a></li>
            <li><a href="#">- 内容审核 </a></li>
          </ul>
        </li>
<li class="menu-item"> <a href="#">+ 党建动态管理 </a>
          <ul class="submenu">
            <li><a href="#">- 政策解读管理 </a></li>
            <li><a href="#">- 会议精神管理 </a></li>
            <li><a href="#">- 活动管理 </a></li>
          </ul>
        </li>
        <!-- 更多菜单项 -->
      </ul>
    </div>
</div>
```

对于用户列表的 URL 需要修改，并且 target 指向右边网联框架的 name 属性，同时也修改内联框架的 src 的 URL，代码如下。

```
<li><a href="userlist.html" target="mainframe">- 用户列表 </a></li>
……
<iframe src="userlist.html" frameborder="0" scrolling="auto" width="100%" height="100%" id="mainframe"
name="mainframe"></iframe>
```

3）网页测试。完善代码后，在浏览器中查看效果，如图 10-7 所示。

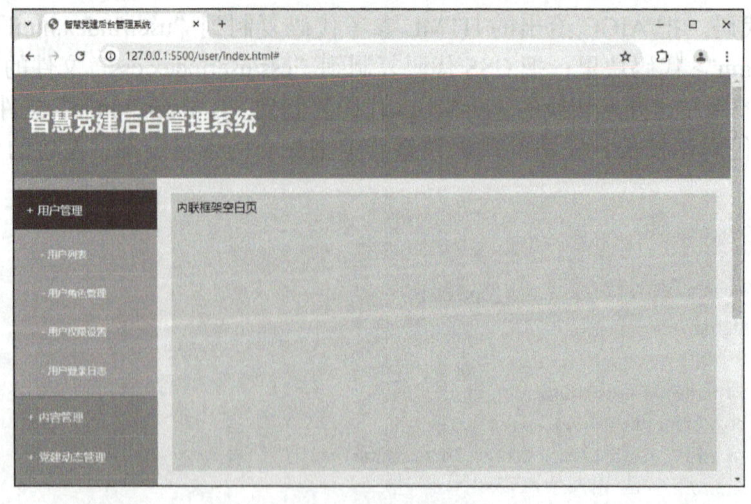

图 10-7　左边导航效果图

◆ 经验分享 ：

以上任务步骤是让 AIGC 工具生成垂直导航的示例代码，然后结合项目和任务的要求进行修改和完善。

大型网站的功能比较复杂，实现技术也很复杂，AIGC 工具不能一键生成全部项目的代码，程序员可以拆分功能模块，然后对每个功能模块进行处理。这是开发大型网站项目经常会使用到的技巧。

（4）制作用户列表网页

1）在项目“SmartPartyBuilding”中新建“user/userlist.html”网页，结合“通义灵码”等 AIGC 插件编写网页。

2）撰写 AIGC 提示词。用户列表网页的 AIGC 提问参考提示词如下。本操作可以在“通义灵码”插件工具中完成。

< 把前面步骤整理好的测试数据复制到这里 >

基于以上数据，仿照 Bootstrap 框架的风格，使用 HTML5+CSS3+JavaScript 技术，设计管理后台系统的用户列表网页。

1）不能直接使用 Bootstrap 框架，CSS 和 HTML5 的代码分离，做好响应式设计。

2）主色调为红色系。

3）第一部分为用户数据列表的搜索功能，按真实姓名和性别进行搜索，提供“搜索、增加、删除”三个按钮。表单进行验证，验证直接写在 HTML5 表单标签中，不使用 JavaScript 实现。

4）第二部分为用户数据列表，显示 8 条数据，首列显示全选的 checkbox 控件，最后列添加“修改、删除”的超链接，以斑马线表格效果呈现，并对每一行产生 hover 背景变化。

5）为用户数据列表实现全选功能。

6）为用户数据列表实现删除前的提示确认功能。

7）第三部分为分页条。

8）对 HTML5 代码给出简要的注释，每行 CSS 代码给出注释。

3）整理 HTML 代码。将 AIGC 给出的 HTML 参考代码复制到“user/userlist.html”，整理后的代码如下。

```
<!DOCTYPE html>
<html lang="en">
    <head>
        <meta charset="UTF-8">
        <meta name="viewport" content="width=device-width, initial-scale=1.0">
        <title> 用户列表 </title>
        <link rel="stylesheet" href="../css/userlist.css"> <!--CSS 文件 -->
        <script src="../js/userlist.js"></script> <!--Java Script 文件 -->
    </head>
    <body>
        <header>
          <h3> 用户列表 </h3>
```

```
</header>
<!-- 搜索功能表单 -->
<section class="search-form">
  <form>
    <input name="search-name" type="text" required="required" id="search-name" placeholder=" 真实姓名 ">
    <select id="search-gender">
      <option value=""> 全部 </option>
      <option value="M"> 男 </option>
      <option value="F"> 女 </option>
    </select>
    <button type="submit"> 搜索 </button>
    <button type="button" id="add-user"> 增加 </button>
    <button type="button" id="delete-users"> 删除 </button>
  </form>
</section>
<!--  以下是数据，将从 Java Script 中的数组中读取。日后可以换成从数据库中读取 -->
<table id="user-list">
  <thead>
    <tr>
      <th><input type="checkbox" id="selectAll"></th>
      <th> 用户 id</th>
      <th> 用户名 </th>
      <th> 密码 </th>
      <th> 邮箱 </th>
      <th> 手机号 </th>
      <th> 真实姓名 </th>
      <th> 性别 </th>
      <th> 出生日期 </th>
      <th> 创建时间 </th>
      <th> 更新时间 </th>
      <th> 操作 </th>
    </tr>
  </thead>
  <tbody>
    <!-- 数据行将由 Java Script 动态插入此处 -->
  </tbody>
    <!-- 也可以直接在 <table> 的 <tbody> 内部添加以下内容，它将不使用 JavaScript 的方式 -->
</table>
<!-- 以下是分页 -->
<div id="pagination" class="pagination">
    <a href="#" class="page-link" data-page="1">&laquo;</a>
    <a href="#" class="page-link" data-page="1">1</a>
    <a href="#" class="page-link active" data-page="2">2</a>
    <a href="#" class="page-link" data-page="3">3</a>
    <a href="#" class="page-link" data-page="4">4</a>
```

```
            <a href="#" class="page-link" data-page="5">&raquo;</a>
        </div>
    </body>
</html>
```

4）整理 JavaScript 代码。将 AIGC 给出的 JavaScript 参考代码复制到“js/userlist.js”，整理后的代码如下。

```
document.addEventListener('DOMContentLoaded', function() {
    const userList = [
        // 用户数据
    {
        id: 1,
        userId: 'user1',
        password: 'P@ssw0rd1',
        email: 'user1@example.com',
        phoneNumber: '13800138001',
        realName: ' 张三 ',
        gender: 'M',
        birthDate: '1990-01-01',
        createTime: '2023-10-23 10:00:00',
        updateTime: '2023-10-23 10:00:00'
    },
    // 以此类推，直到所有用户数据被添加
    ];
    // 渲染用户列表
    function renderUsers(users) {
        const tbody = document.querySelector('#user-list tbody');
        tbody.innerHTML = users.map(user => `
            <tr>
                <td><input type="checkbox" data-id="${user.id}"></td>
                <td>${user.userId}</td>
                <td>${user.username}</td>
                <td>${user.password}</td>
                <td>${user.email}</td>
                <td>${user.phoneNumber}</td>
                <td>${user.realName}</td>
                <td>${user.gender}</td>
                <td>${user.birthDate}</td>
                <td>${user.createTime}</td>
                <td>${user.updateTime}</td>
                <td>
                    <a href="#" class="modify"> 修改 </a>
                    <a href="#" class="delete"> 删除 </a>
                </td>
            </tr>
        `).join('');
```

```
    }
  // 选中所有用户复选框
    function selectAll() {
        const checkboxes = document.querySelectorAll('#user-list input[type="checkbox"]');
        // 根据全选复选框的状态，同步所有用户复选框的状态
        checkboxes.forEach(checkbox => checkbox.checked = document.getElementById('selectAll').checked);
  }
  // 删除选中的用户
  function deleteUsers() {
      const checkboxes = document.querySelectorAll('#user-list input[type="checkbox"]:checked');
     // 如果没有选中任何用户，则提醒选择用户
      if (checkboxes.length === 0) return alert(' 请至少选择一个用户 ');
     // 如果确认删除，执行逻辑并从网页移除选中用户行
      const ids = Array.from(checkboxes).map(checkbox => checkbox.dataset.id);
      if (confirm(' 确定要删除选定的用户吗？ ')) {
          // 实现删除逻辑
          console.log(' 删除用户 :', ids);
          checkboxes.forEach(checkbox => checkbox.closest('tr').remove());
      }
   }
  // 事件监听：全选复选框状态改变时，同步所有用户复选框状态
  document.getElementById('selectAll').addEventListener('click', selectAll);
  // 事件监听：删除按钮单击时，删除选中的用户
  document.getElementById('delete-users').addEventListener('click', deleteUsers);
  // 初始化网页时，渲染用户列表
  renderUsers(userList);
});
```

5）整理 CSS 代码。整理后的代码比较长，完整的代码请查看本书配套的素材资源。

6）如果 AIGC 工具给出的参考代码不全，或者需要再优化，读者可以再追问。以下是一些追问的问题参考。追问时，对一个问题单独追问，以获得更清晰的回复反馈。

> 它的分页组件没有给出，请补充分页组件。
> JavaScript 中的用户数组是空白，请结合前面的测试数据，生成用户数组 JavaScript 代码。
> 对“修改、删除”超链接，生成一个按钮样式的超链接，以更美观。
> 当前的表单元素是左对齐。要求表单元素右对齐，不是左对齐。

AIGC 工具会根据追问，再次给出优化的代码。这时把相关新的代码覆盖到源代码中即可。

例如，以下是对表单元素右对齐的追问，AIGC 工具给出的 CSS 代码建议，它会自动识别前面给出的代码，并做补充或者重写。

```
.search-form form {
    display: flex;
    justify-content: flex-end; /* 右对齐 */
    gap: 10px;
}
.search-form input, .search-form select {
```

```
    width: auto; /* 或者设定一个固定宽度，根据需要调整 */
    flex-grow: 1; /* 允许输入框和选择框根据可用空间伸缩 */
    margin-right: 10px; /* 可选：为右侧添加一些间距 */
}
.search-form button {
    margin-left: auto; /* 将按钮推向左侧，实现与其他表单项对齐的效果 */
}
```

7）网页测试。完善代码后，在浏览器中查看效果，如图 10-4 所示。

10.5 制作网站的图片列表网页

1. 任务规划

结合 DIV+CSS 设计“上中下型”的网页布局，上部是网站标题名称、网站 banner 图片和网站导航超链接，中部是图片列表和分页条，下部是版权内容，如图 10-8 所示。

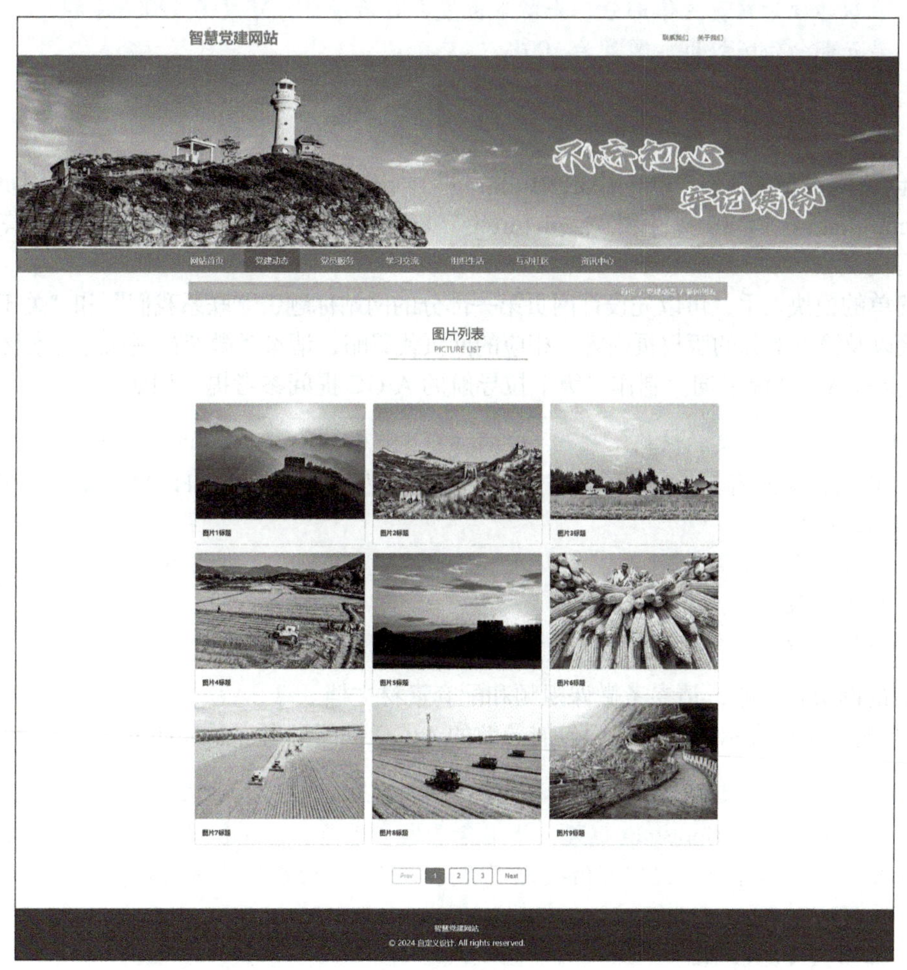

图 10-8　图片列表网页效果

2. 任务实施

扫码观看视频

扫码观看视频

结合给出的 AIGC 提示词，在 AIGC 工具中提问，并阅读和修改生成的参考代码。因为案例代码和截图比较多，请读者参考微课视频和配套素材文档的详细步骤和效果来完成，以下仅给出简要步骤。

1）撰写 AIGC 提示词。制作网页整体框架 AIGC 提问参考提示词如下。本操作可以在“文心一言”等工具中完成。

> 仿照 Bootstrap 框架的风格，使用 HTML5+CSS3+JavaScript 技术创建图片列表网页的框架：
> 1）不能直接使用 Bootstrap 框架，CSS 和 HTML5 的代码分离，做好响应式设计。
> 2）主色调为红色系。
> 3）第一部分为网站标题，包括网站标题，“联系我们”和“关于我们”的超链接，宽度为 1200px。
> 4）第二部分为网页轮播图，先留下位置，日后设计，宽度为 100%。
> 5）第三部分是网站导航菜单，先留下位置，日后设计，宽度为 1200px。
> 6）第四部分为网页主体部分，先留下位置，日后设计，宽度为 1200px。
> 7）第五部分为版权页，宽度为 100%。
> 8）为 SEO 相关的 HTML 标签添加内容。
> 9）对 HTML5 代码给出简要的注释，每行 CSS 代码给出注释。

2）创建网页。在项目“SmartPartyBuilding”中，新建“files/picturelist.html”网页，新建“css/picturelist.css”CSS 文件和“js/picture.js”JavaScript 文件，结合“通义灵码”等 AIGC 插件编写网页。

从简单的模块入手，可以先设计网页第一部分的网站标题、“联系我们”和“关于我们”的超链接以及第五部分的版权页内容。相应的网页代码略，请参考微课视频和配套素材文档。

3）撰写 AIGC 提示词。制作二级下拉导航的 AIGC 提问参考提示词如下。

> 仿照 Bootstrap 框架的风格，使用 HTML5+CSS3 技术创建网站的导航菜单：
> 1）不能直接使用 Bootstrap 框架，使用盒子模型布局，CSS 和 HTML5 的代码分离，做好响应式设计。
> 2）父菜单有 8 个菜单。
> 3）每个父菜单有 3 个子菜单。
> 4）当鼠标滑到某个父菜单时，会显示相应的子菜单。

相应的网页代码略，请参考微课视频和配套素材文档。

4）撰写 AIGC 提示词。制作面包屑导航的 AIGC 提问参考提示词如下。

> 仿照 Bootstrap 框架的卡片效果风格，使用 HTML5+CSS3 技术创建网页的面包屑导航：
> 1）不能直接使用 Bootstrap 框架，使用盒子模型布局，CSS 和 HTML5 的代码分离。
> 2）创建面包屑导航，文字超链接为“首页”“党建动态”“新闻列表”。
> 3）文字右对齐。
> 4）主色调为红色系。

相应的网页代码略，请参考微课视频和配套素材文档。

5）撰写 AIGC 提示词。制作网页主体内容的标题的 AIGC 提问参考提示词如下。

> 仿照 Bootstrap 框架的卡片效果风格，使用 HTML5+CSS3 技术创建网页的标题：
> 1）不能直接使用 Bootstrap 框架，使用盒子模型布局，CSS 和 HTML5 的代码分离。
> 2）为新闻列表制作网页的过渡标题，有一条底部边框线。
> 3）当鼠标移动到它上面时，它会倾斜一点，并加粗文字。
> 4）主色调为红色系。

相应的网页代码略，请参考微课视频和配套素材文档。

6）撰写 AIGC 提示词。制作图片列表的 AIGC 提问参考提示词如下。

> 仿照 Bootstrap 框架的卡片效果风格，使用 HTML5+CSS3 技术创建图片列表网页：
> 1）不能直接使用 Bootstrap 框架，使用盒子模型布局，CSS 和 HTML5 的代码分离，做好响应式设计。
> 2）2 行 3 列。在一个 div 里：图片在上面，下面是图片的标题。
> 3）在一个 div 里，当鼠标移动时，它对整个 div 盒子有动画效果：产生阴影，同时图片会放大一点。
> 4）有分页部件。
> 5）主色调为红色系。

相应的网页代码略，请参考微课视频和配套素材文档。

7）网页测试。完善代码后，在浏览器中查看图片列表页的效果，如图 10-8 所示。

10.6 制作网站的新闻列表网页

1. 任务规划

把前面制作好的“图片列表网页”另存为“新闻列表网页”，基于这个原型来设计新闻列表网页可以减少开发时间和工作量。

新闻标题以卡片效果呈现，左边是新闻的封面小图，右边是新闻标题和新闻的摘要等文字内容，并加上合适的 CSS 动画效果，如图 10-9 所示。

扫码观看视频

2. 任务实施

结合给出的 AIGC 提示词，在 AIGC 工具中提问，并阅读和修改生成的参考代码。请读者参考微课视频和配套素材文档的详细的步骤和效果来完成。

1）创建文件。在项目“SmartPartyBuilding”中，把“files/picturelist.html”网页另存为“files/newslist.html”，新建“css/newslist.css”CSS 文件，结合“通义灵码”等 AIGC 插件编写网页。

2）删除原来图片列表的内容。

3）撰写 AIGC 提示词。制作新闻列表的 AIGC 提问参考提示词如下。

> 仿照 Bootstrap 框架的卡片效果风格，使用 HTML5+CSS3 技术创建新闻列表网页：
> 1）不能直接使用 Bootstrap 框架，使用盒子模型布局，CSS 和 HTML5 的代码分离，做好响应式设计。
> 2）2 行 3 列。在一个 div 里：图片在左面，右面是新闻的一些内容，包括新闻的标题、

新闻的发布时间、新闻的摘要和新闻的阅读数量。

3）对图片和新闻标题创建超链接。

4）新闻的发布时间和阅读数量在同一行，发布时间左对齐，阅读数量右对齐。

5）在一个 div 里，当鼠标移动到它上面时，它对整个 div 盒子有动画效果：产生阴影，同时图片会放大一点。

6）主色调为红色系。

分页条可以使用前面图片列表的分页条代码，不需要向 AIGC 提问。相应的网页代码略，请参考微课视频和配套素材文档。

4）网页测试。完善代码后，在浏览器中查看新闻列表页的效果，如图 10-9 所示。

新闻列表

NEWS LIST

积极运用互联网大数据等新兴技术，创新党组织活动内容方式推进智慧党建

发布日期: 2023-04-01 阅读量: 123

"智慧党建"是现代社会党建工作的一种新理念。它是运用互联网、大数据等新一代信息技术，实现党建信息资源融合共享，稳步提升新时代党建科学化水平。促使党的建设多维度全覆盖、党建措施智慧生成的实现，从而提升党的执政能力和治理能力。...

积极运用互联网大数据等新兴技术，创新党组织活动内容方式推进智慧党建

发布日期: 2023-04-01 阅读量: 123

"智慧党建"是现代社会党建工作的一种新理念。它是运用互联网、大数据等新一代信息技术，实现党建信息资源融合共享，稳步提升新时代党建科学化水平。促使党的建设多维度全覆盖、党建措施智慧生成的实现，从而提升党的执政能力和治理能力。...

积极运用互联网大数据等新兴技术，创新党组织活动内容方式推进智慧党建

发布日期: 2023-04-01 阅读量: 123

"智慧党建"是现代社会党建工作的一种新理念。它是运用互联网、大数据等新一代信息技术，实现党建信息资源融合共享，稳步提升新时代党建科学化水平。促使党的建设多维度全覆盖、党建措施智慧生成的实现，从而提升党的执政能力和治理能力。...

积极运用互联网大数据等新兴技术，创新党组织活动内容方式推进智慧党建

发布日期: 2023-04-01 阅读量: 123

"智慧党建"是现代社会党建工作的一种新理念。它是运用互联网、大数据等新一代信息技术，实现党建信息资源融合共享，稳步提升新时代党建科学化水平。促使党的建设多维度全覆盖、党建措施智慧生成的实现，从而提升党的执政能力和治理能力。...

积极运用互联网大数据等新兴技术，创新党组织活动内容方式推进智慧党建

发布日期: 2023-04-01 阅读量: 123

"智慧党建"是现代社会党建工作的一种新理念。它是运用互联网、大数据等新一代信息技术，实现党建信息资源融合共享，稳步提升新时代党建科学化水平。促使党的建设多维度全覆盖、党建措施智慧生成的实现，从而提升党的执政能力和治理能力。...

图 10-9　新闻列表网页效果

10.7 制作网站的首页

1. 任务规划

把前面制作好的“新闻列表网页”另存为“网站首页”，基于这个原型来设计网站首页以减少开发时间和工作量。

制作“关于智慧党建”模块，以图片、文字和小图标的形式展示。

复用“新闻列表”和“图片列表”模块，重复在首页中呈现。

扫码观看视频

扫码观看视频

制作“工匠人物”模块，以图片墙效果呈现，可以复用“图片列表”模块。

制作“友情链接”模块，2 列 5 行显示相应的图片。网站首页效果如图 10-10 所示。

图 10-10　网站首页效果

2. 任务实施

结合给出的 AIGC 提示词，在 AIGC 工具中提问，并阅读和修改生成的参考代码。请读者参考微课视频和配套素材文档的详细步骤和效果来完成。

1）创建文件。在项目“SmartPartyBuilding”中，把“files/newslist.html”网页另存为“index.html”，新建“css/ index.css”和“csscase.css”CSS 文件，结合“通义灵码”等 AIGC 插件编写网页。

2）删除原来新闻列表的内容，保留 3 条新闻。删除新闻的分页条。

3）撰写 AIGC 提示词。制作“关于智慧党建”模块的 AIGC 提问参考提示词如下。

> 仿照 Bootstrap 框架的卡片效果风格，使用 HTML5+CSS3 技术创建网站简介网页：
>
> 1）不能直接使用 Bootstrap 框架，使用盒子模型布局，CSS 和 HTML5 的代码分离。
>
> 2）第一部分是 1 行 1 列，里面放文字，并居中对齐。
>
> 3）第二部分是 1 行 4 列。在一个 div 里：图片在上面，下面是一个标题和一个摘要。
>
> 4）做好响应式设计。

请参考微课视频和配套素材文档，“关于智慧党建”模块的效果如图 10-11 所示。

关于智慧党建

数字智慧党建网站项目可以利用先进的信息技术，构建一个集党员管理、学习交流、信息发布、数据分析于一体的综合性平台。该项目将提高党建工作的信息化水平，促进党员间的互动与学习，优化党内资源的配置与使用，从而增强党组织的凝聚力和战斗力。通过数字化手段，推动党建工作的创新发展，提升党组织的整体工作效能。

科学性

根据工作流程的反馈，做出科学调整，以改进党建工作效果。

实时化

将平台与每一个党员建立联系，并保证信息在手机、电脑上的同步更新。

信息化

对信息数据的收集与利用打破了时空上的限制，还能创新服务模式。

移动性

移动智能时代的到来推动了移动终端的普及，可以随时随地学习、办公。

图 10-11 “关于智慧党建”模块的效果

4）撰写 AIGC 提示词。制作“工匠人物”模块的 AIGC 提问参考提示词如下。

仿照 Bootstrap 框架的卡片效果风格，使用 HTML5+CSS3 技术创建工匠人物案例图片网页：

1）不能直接使用 Bootstrap 框架，使用盒子模型布局，CSS 和 HTML5 的代码分离。

2）1 行 4 列。在一个 div 里：图片在上面，下面是一个标题。

3）做好响应式设计。

请参考微课视频和配套素材文档。

5）制作“图表列表”模块。复用“工匠人物”模块的代码，可以完成“图表列表”模块的制作。“图片列表”模块的效果如图 10-12 所示。

图片列表

PICTURE LIST

图片案例标题1　图片案例标题2　图片案例标题3　图片案例标题4

图片案例标题5　图片案例标题6　图片案例标题7　图片案例标题8

图 10-12 “图片列表”模块的效果

6）撰写 AIGC 提示词。制作“友情链接”模块的 AIGC 提问参考提示词如下。

仿照 Bootstrap 框架的卡片效果风格，使用 HTML5+CSS3 技术创建友情链接图片网页：
1）不能直接使用 Bootstrap 框架，使用盒子模型布局，CSS 和 HTML5 的代码分离。
2）1 行 5 列。在一个 div 里：图片在上面，下面是一个标题，不需要边框。
3）做好响应式设计。

请参考微课视频和配套素材文档，“友情链接”模块的效果如图 10-13 所示。

图 10-13　“友情链接”模块的效果

7）网页测试。完善代码后，在浏览器中查看网站首页效果，如图 10-10 所示。

◆ 经验分享

以上案例网页中的图片需要自行提前设计好，AIGC 不能生成满足具体网站需求的图片。案例图片可以参考本书的配套素材。